Luna

Seelengefährtin

Das Meer türkis und der Himmel blau. Auf den Klippen sitzt du eng neben mir, und wir schauen in eine Richtung, wo Wasser und Himmel verschmelzen. Ich beiße noch ein Stück von dem roten mehligen Apfel ab. Ein winziger Wurm ringelt sich im Fruchtfleisch, reckt seinen Stecknadelkopf zur Sonne. Ich reiche dir das Apfelstückchen – ein Boot mit seinem blinden Passagier. Vorsichtig nimmst du es entgegen. Nun beiße ich für mich ab. Geduldig wartest du, bis du erneut an der Reihe bist. Süßer Apfelsaft tropft aus deinem schönen schwarzen Maul.

Die Haltbarkeit des Hundes

Am Tag danach beobachte ich, wie sie ihre Nase einem Gebilde in der feuchten Wiese nähert, mit dem ich keine Bekanntschaft machen möchte. Sie wedelt, und ich freue mich. Ihre Rute – mein Stimmungsbarometer. Mein Hund tut etwas, das mir nie in den Sinn käme, und … macht mich froh. An diesem frühen Septembermorgen … über den See wabern lang gezogene Nebelschwaden … begreife ich, dass mich Luna lieben lehrte. Wie sonst soll ich es nennen, wenn ich ein Verhalten, das mir eigentlich zuwider ist, nicht nur akzeptiere, sondern mich sogar darüber freue, weil sie sich freut? Und das bedingungslos. Ist das nicht ein Merkmal echter Liebe?

Hunde, so dozierte die Trainerin in der Welpenschule, können nicht lieben. Wir glauben das nur, weil wir es uns wünschen. Oder weil wir uns schämen?

Vielleicht ist die Treue, die man Hunden nachsagt, nichts anderes als eine in Fell gekleidete Liebe. Es ist mir egal, ob mein Hund mich liebt. Ich jedenfalls liebe ihn. Diesen schwarzen, weichen, manchmal semiduftenden, mit Begeisterung abschleckenden Seehund mit den schönen braunen

Augen. Wobei ich jetzt nicht aufzählen werde, warum meiner der tollste Hund der Welt ist, denn das kann jeder Hundebesitzer.

Die Zeit mit dem tollsten Hund der Welt scheint sich dem Ende zuzuneigen. Statistisch sowieso. »Die Haltbarkeit des Labradors«, hörte ich kürzlich im Radio, »beträgt zehn bis vierzehn Jahre.« Aber statistisch ist noch lange nicht gefühlt, wie ich aus der Vorhersage des Wetters weiß. Und was bis vor wenigen Tagen als statistischer Wert nichts mit meinem Leben zu tun hatte, bringt es als Diagnose zum Einstürzen. Nicht nur bei mir.

»Ich habe des Öfteren darüber nachgedacht, warum Hunde ein derart kurzes Leben haben, und bin zu dem Schluss gekommen, dass dies aus Mitleid mit der menschlichen Rasse geschieht; denn da wir bereits derart leiden, wenn wir einen Hund nach zehn oder zwölf Jahren verlieren, wie groß wäre der Schmerz, wenn sie doppelt so lange lebten?«

Sir Walter Scott

Luna ist der schwarze Schatten einer Schriftstellerin. Bei vielen meiner Bücher hat sie mich begleitet und sich auf langen Spaziergängen angehört, was im nächsten Kapitel geschehen soll oder warum das aktuelle Kapitel noch einmal neu durchdacht werden muss. Sie hat sich dabei stets in Zurückhaltung geübt, doch schnurgerade die richtige Fährte verfolgt, und wenn wir nach Hause kamen und sie ihre Faksimiles großzügig auf dem Fußboden verteilte, wusste ich immer, wie es weitergeht.

Jetzt weiß ich das nicht. Und es tut unendlich weh, obwohl sich eigentlich nichts geändert hat: Der Hund ist derselbe, nur gibt es nun eine schwarze Wolke über ihm, wie eine Überschrift, und ich starre auf die Prophezeiung. Das ist der erste Fehler. *Schau nicht auf das Etikett. Schau, was drin ist,* ermahne ich mich.

Ein kräftiges Herz und ziemlich viele Muskeln. Eventuell ein paar Dinge, die nie ans Licht kommen werden, wie mein verschollener Fahrradschlüssel. Hast du einen Hund, hast du einen Sündenbock. Der Hund macht es dem Menschen leicht. Mit dem kann man nämlich nicht diskutieren. *Ich finde es jetzt nicht so toll, dass du mit schmutzigen Pfoten über die hellen Fliesen tappst. Musst du dich gerade hier schütteln?* Also lässt man das bleiben. Es wäre entspannend, auch für die Beziehung zu anderen Menschen, wenn man nicht erwarten würde, das Gegenüber müsste einen verstehen.

Achte nicht auf die Angst. Vergiss, was sein könnte. Es könnte auch anders sein. Schau genau hin. Luna liegt in ihrem Korb und schläft wie immer nach dem Frühstück, und manchmal zucken ihre Pfoten im Traum. Sie weiß nichts von dem Ding, das in ihrer Milz entdeckt wurde, das da nicht hingehört. Knapp drei Zentimeter groß, ein Zufallsbefund nach einem Schlangenbiss, den sie, wie durch ein Wunder, überlebte. Sie ist ganz die Alte. Aber leider zu alt. »Mit fast zwölf Jahren hat sie doch ein schönes Alter erreicht«, meinte die Tierärztin.

Ich bin die Große. Ich bin die Chefin. Als Rudelführerin habe ich jede Situation unter Kontrolle. Das erwartet Luna von mir, dann fühlt sie sich sicher. Sie muss nicht entscheiden, ich entscheide. Gehen wir nach rechts oder links, bleibt sie vor dem Obstgeschäft neben den Kirschen oder Blumen sitzen, legt sie sich in ihren Korb oder darf sie Frisbee spielen, was fällt in den Napf?

Das alles entscheide ich.

Ich werde auch entscheiden, ob sie die Todesspritze bekommt. Und wann und wo. Vielleicht auch nicht. Sicher ist nur eins: Ich bin die Große, und ich muss mich jetzt zusammenreißen, damit alles ist wie immer und wir einen schönen Abschied hinkriegen. Von dem sie am besten nichts merkt. Wenn es ein Milztumor sein sollte, platzt er möglicherweise beim Spielen, und dann geht es ganz schnell. Inneres Verbluten, keine Schmerzen, versicherte mir die Tierärztin. »Rufen Sie mich jederzeit an, dann schläfere ich sie ein.«

Tock, tock, klopft es aus ihrem Korb, die Rute auf dem Boden. Wie so manches Mal fühle ich mich ertappt. Als hätte sie meine Gedanken gelesen. Einem Hund macht man nichts vor. Ich kenne die Koordinaten, Algorithmen, morphogenen Felder nicht, auf die sie sich bezieht. Ist es mein Geruch? Die Dynamik meiner Bewegungen? Immer weiß sie mehr als ich, und indem ich sie beobachte, erfahre ich, wie es mir geht – und ihr, da sie darauf reagiert. Mein schwarzer Hundling, wie der Wildfang in Bayern genannt wird, ist der Spiegel meiner Seele, sehr viel Es und angeblich kein Ich, darüber thront die Chefin, die nun über sich hinauswachsen muss.

Letzte Woche am See, als ich dachte, wir wären nach dem Schlangenbiss über den Berg, schwammen wir mindestens eine halbe Stunde lang, mein Seehund und ich. Vom Ufer aus beobachtete uns ein älterer Mann. Oft schon habe ich diese ganz besonderen Blicke gespürt, wie der Lichtstrahl eines Projektors, und statt Staub tanzen dort die Erlebnisse mit einem verstorbenen Hund. Manchmal hat auch jemand zu mir gesagt: »Ihr Hund erinnert mich an meinen Jockel.« So etwas wollte ich nie hören, es kam mir vor wie ein schlechtes Omen.

Der alte Mann hatte auch einen Hund gehabt, der zwar schon lange tot war, doch unvergessen. Ich konnte ihn wedeln sehen in seinem Blick.

»Warum halten Sie jetzt keinen Hund mehr?«, fragte ich ihn.

»Ich bin zu alt«, erwiderte er.

Diese Antwort hatte ich schon einige Male gehört und mir immer gedacht, dass man doch auch einen älteren Hund aus dem Tierheim zu sich nehmen kann, wenn einem ein Welpe zu anstrengend ist.

»Wissen Sie«, fuhr der Mann fort, »wenn man älter ist, wird die Haut dünner. Nicht bloß die im Gesicht und am restlichen Körper. Auch die Seelenhaut wird dünner. Ich habe so viel erlebt, das wehgetan hat. Gute Freunde sind gestorben, andere haben schwere Schicksalsschläge erlitten, und auch ich selbst musste einiges verdauen. Da ist keine Kraft mehr, sich noch einmal von etwas zu verabschieden, das man so tief ins Herz geschlossen hat, wie man es eben nur bei einem Hund tut.«

Mit Mitte dreißig habe ich meinen damaligen Mann verloren und eine Gnadenfrist erhalten, denn mein Atem, den ich in seine Lungen blies, als er plötzlich wie tot auf der Straße lag, hielt ihn noch sechzehn Stunden auf der Intensivstation am

Leben, er erlangte das Bewusstsein nie mehr. Für mich waren diese sechzehn Stunden sein größtes Geschenk. Ich konnte beginnen, das Undenkbare, das Unvorstellbare wie eine in der Ferne schwebende Prophezeiung zu einem neuen Kapitel meines Lebens zu erkennen, um es in den folgenden Tagen und Wochen und Monaten zu begreifen und zu akzeptieren. Seither weiß ich, dass der Abschied von einem sterbenden Menschen die Richtung weist, wohin die Trauer wandern wird. Es ist leichter, vor dem Abschied wegzulaufen. Doch er holt einen immer wieder ein. Und dann dauert er länger, viel länger, wenn er überhaupt gelingt.

Was ich in Worte fassen kann, macht mir keine Angst. Und was ich in Worte gefasst habe, das wabert nicht mehr zerstörerisch in meinen Gefühlen herum: Auch das Leben eines Hundes ist endlich. Sodass ich jetzt aufstehen kann und Luna zum Spazierengehen auffordere. Sobald ich den Stuhl zurückschiebe, wird sie ohnehin hochspringen und sich schütteln. *Endlich hört sie auf, auf dem Tisch herumzuhacken, und wir gehen raus.* Ja, Luna, das machen wir. Und ich bin die Große und benehme mich, als wäre heute vorgestern, und du bist fit wie vier Turnschuhe für dein Alter. Denn das, was in dir lauert, macht dir keine Probleme, sondern allein mir. Drei Zentimeter Unheil. Solange das nicht wächst, ist alles gut. Vielleicht bewegt es sich nicht, obwohl die Tierärztin mich darauf vorbereitete, dass bei einem Milztumor die Lebenserwartung äußerst kurz sei. Aber vielleicht ist es ja gar keiner, mutmaßte die Tierhomöopathin. Ärzte irren sich. Das Ding muss kein Tumor, kann auch ein Überbleibsel des Schlangenbisses sein.

Seltsamerweise habe ich das Gefühl, ich müsste mich beim Tier schneller damit abfinden als bei einem Menschen. Wenn es um ein Menschenleben geht, muss man kämpfen bis zum letzten Atemzug, darf nie die Hoffnung verlieren. Und bei einem Hund? Den niemand fragen kann? Aber wird denn der Mensch gefragt? Und das Tier, das man nicht fragen kann oder doch? Vielleicht sagt es deutlich, was es will, und es liegt an uns, ob wir es mit unseren verkümmerten Sinnen hören können. Aber wer die Stimme eines Tieres hören kann, hört auch heller bei Menschen. Dennoch ist bei einem Tier rasch etwas wider die Natur, was dem Menschen zugemutet wird.

»Und – woran arbeiten Sie zurzeit?«, fragt mich der Architekt, den ich mittags gelegentlich treffe. Manchmal denke ich, er legt es darauf an, späht ab zwölf Uhr dreißig alle paar Minuten aus seinem Küchenfenster, ob die Blonde mit dem schwarzen Hund heute auf dem Feldweg auftaucht, der an seinem Haus vorbeiführt. Der Architekt findet mein Leben wahnsinnig interessant. All die berühmten Leute, die ich kennenlerne, für die ich Bücher schreibe als Ghostwriterin, die fremden Leben, in denen ich mich bewege, als wäre es mein eigenes. Immer wieder versucht er, mir Details zu entlocken, aber ich sage nichts. Ghostwriting ist ein Priesteramt, bei dem ich das Beichtgeheimnis wahre. Manchmal aber, häufig im Frühling, wenn der März Säcke voller Saatgut Übermut aus dem bayerischen Föhn schüttet. Dann entwischt mir die eine oder andere Andeutung. Die man so oder anders verstehen kann. Schnell setze ich ein neutrales Priesterinnen- oder Psychoanalytikerinnen-Gesicht auf und schaue zu, wie Luna nach einer Maus gräbt; fette Erdbrocken schleudern durch die Luft. Am nahen Waldrand beschwert sich ein Eichelhäher.

»Und Sie fragen die Leute alles, auch intime Details?«, erkundigt sich der Architekt neugierig.

Ich nicke und mir fällt auf, dass sich unsere Berufe ähneln. Ich baue Häuser aus Wörtern. Zurzeit zimmere ich wohl eher einen Sarg aus Buchstaben, korrigiere ich mich im Stillen und frage mich, wer da reinpassen soll. Der Hund nicht, wohl eher ich, wenn ich so was denke. Selbst wenn eine schwarze Wolke über dem Hund schwebt, kann eine viel größere über mir schweben, in viel höherer Entfernung, sodass sie mit bloßem Auge noch gar nicht zu erkennen ist. Aber wenn die runterfällt, dann wächst kein Gras mehr.

»Ist es wieder mal geheim?«, fragt der Architekt mich.

Ich nicke. Manche meiner Bücher sind sogar streng geheim. Niemand außer den beteiligten Personen weiß, dass ich sie geschrieben habe. In vielen ist mein Name irgendwo, manchmal recht klein, im Innenteil erwähnt. Eitel darf man nicht sein in meinem Job.

»Eine bekannte Persönlichkeit also?«, fragt er.

»Ziemlich«, sage ich. Luna wälzt sich grunzend in … ich nehme an Schafkötteln.

»Männlich oder weiblich?«, fragt er.

»Weiblich«, sage ich.

»Attraktiv?«

»Das kann man wohl sagen.«

»Musikbranche?«, fragt er, und an seinem Gesicht sehe ich, dass er bereits eine Idee hat.

Ich schweige.

»Von der hätte ich gerne ein Autogramm«, teilt er mir mit. Seine Stimme klingt ein wenig atemlos.

Im wedelnden Vorbeilaufen hinterlässt Luna einen dunklen Fleck auf seiner hellen Hose.

Der Bauch

Mit meinem verstorbenen Mann war ich oft in der Toskana bei Freunden gewesen, und als ich eine Weile nach seinem Tod allein dorthin fuhr, begrüßte mich die Hündin Lilly von Erika und Andreas mit einem kugelrunden Bauch. Ich betrachtete den Bauch lang und gründlich und sagte dann zu Erika, die sich Sorgen machte, wo sie den Nachwuchs unterbringen sollte: »Einen von den Welpen nehme ich gerne. Am liebsten ein Mädchen, und wenn es dir recht ist, würde ich es Luna nennen.«

Luna heißt die Tochter von Erika, und ich fand den Namen wohltönend und für einen italienischen Hund passend. Ich hielt Luna für einen seltenen Hundenamen und hatte keine Ahnung, dass vier bis fünf Hunde sich angesprochen fühlen, wenn man *Luna* über eine Hundewiese ruft. Weitere zehn Hunde sollten sich gemeint fühlen, reagieren aber nicht, weil sie gerade anderweitig beschäftigt, sprich schlecht erzogen sind. Es gibt aber auch Hundebesitzer, die sich von frischgebackenen Eltern anstecken lassen und sich in der Originalität der Hundenamen überbieten. Hunde haben es leichter als Kinder, ihnen wird es auch mit fünf oder sechs oder zehn Jahren egal sein, wie sie heißen; Artgenossen werden sie kaum deswegen hänseln. Banane, Frau Schmitt, Monster, Herbert, Samsung, Salami, Satan, Katze, Killer, Hackfleisch – so laufen sie als vierbeinige Beweise für die Kreativität ihrer Besitzer durchs Revier.

Der Name Luna sollte mich an Italien erinnern und ein bisschen auch an meinen Mann, mit dem ich so oft dort war. Nein, ich glaubte nicht, dass er in Luna wiedergeboren werden würde. Nein, ich glaubte nicht, dass er mir aus dem Jenseits den Wunsch nach einem Hund einflüsterte, um weiterhin in meiner Nähe zu sein. Aber schön wär so etwas schon. Für einen kleinen Welpen ist es allerdings keine günstige Ausgangssituation, den verstorbenen Lebenspartner ersetzen zu sollen. Und dann womöglich ein Faible für Skifahren entwickeln und bei Mozart feuchte Augen kriegen müssen, je nachdem, welche Vorlieben der Verstorbene pflegte. Aber all das dachte ich nicht, als ich den kugelrunden Bauch von Lilly anschaute. Da waren Welpen drin. Einen davon wollte ich gerne zu mir nehmen.

Als Kind habe ich oft Lassie gespielt und meinen Eltern mit nasser Zunge über die Gesichter geschleckt, was zu wenig Begeisterung führte. Da mein Vater an einer Tierhaarallergie leidet, gab es bei uns zu Hause keine Tiere. Meine Spielkameradinnen hatten Hamster und Meerschweinchen. Ich tröstete mich mit Büchern, die ich kiloweise aus der Bücherei schleppte. Lassie, Blitz, der schwarze Hengst, Fury und Polizeihund Rex hießen einige Begleiter meiner Kindheit.

Als ich älter war, erzählte mir mein Vater, dass er eine Zeitlang einen Hund gehabt hatte. Ein französischer Soldat war am Eingang einer Schieferhöhle erschossen im Wald aufgefunden worden, ein Schäferhund saß neben ihm. Als man den Leichnam begraben hatte, irrte der Hund durch die Gegend. Mein Vater teilte seine karge Kost mit dem Tier. In diesen Monaten kurz vor Kriegsende litten die meisten Menschen großen Hunger. Trotz der Fliegerangriffe rechts und links der Mosel, wo die Familie meines Vaters Zuflucht gesucht hatte, war es eine schöne Zeit für meinen Vater: wegen Jupp, wie er den Hund genannt hatte. Doch eines Tages war Jupp weg. »Brauchst ihn nicht mehr rufen«, teilte ihm ein Nachbar mit. »Wir haben ihn gegessen.« Bald darauf bekam mein Vater eine Tierhaarallergie.

Als er mir von Jupps Ende erzählte, weil er mich für alt genug hielt, war der Große, der immer auf mich aufpasste, einen Wimpernschlag lang kleiner als ich, was mich verstörte. Dann aber begriff ich zum ersten Mal in meinem Leben, dass mein Papa nicht immer zu den Großen gehört hatte, sondern auch einmal ein Kleiner gewesen war. Da streifte mich der Hauch einer Ahnung, wie es sein könnte, wenn ich größer als mein Papa wäre, wenn mein Papa so klein wäre, wie unser Opa geworden war. »Er benimmt sich manchmal wie ein kleines Kind«, sagte meine Mutter, auf das man gut aufpassen musste, damit es keine Spülmaschinentabs aß oder die Treppe herunterfiel.

So ein Hund, der brennt sich in deine Seele ein.

Das ist nicht nur traurig, es ist auch tröstend, denn solange ich lebe, lebt Luna. Erst wenn ich tot bin, erlischt ihr Bild in dieser Welt. Vielleicht auch nicht. Möglicherweise hat sich Luna in die Seele der vielen Kinder eingebrannt, die sie an meinem früheren Wohnort so oft zum Spielen abholten. Der kleine Simon und Sophie, Fritz und Tanja. Vielleicht erzählen sie eines Tages ihren Kindern von dem schwarzen Hund der Schriftstellerin, die am Rand des Dorfes in dem Hexenhäuschen voller Efeu wohnte, das im Herbst im Abendlicht rot leuchtete, als würde das Haus brennen. »Ich weiß jetzt nicht mehr genau, wie der Hund hieß, aber es war ein Weiberl, und wir haben sie oft abgeholt zum Spielen. Halt, jetzt fällt es mir ein. Luna! Luna hat sie geheißen. In den Ferien durfte ich bei der Frau übernachten. Weil ich doch damals eine Leseschwäche hatte, habe ich vor dem Einschlafen Luna vorgelesen. Die Schriftstellerin hat meinen Eltern einen Zeitungsartikel gegeben, dass es die Leselust fördert, wenn Kinder Hunden vorlesen.«

Und so könnten die Kinder des kleinen Simon es weitererzählen. Solange von Luna gesprochen würde, wäre sie genauso wenig vergessen wie Jupp.

Optimismus und Grammatik

Was willst du, einen Hund? Spinnst du! Wie soll denn das gehen?

Weißt du, wie teuer so ein Hund in der Haltung ist?

Und wenn er dir ins Haus pinkelt?

Du wirst überall Flöhe haben!

Und dann bellt er dauernd!

Wenn er jemanden beißt?

Was sagt dein Vermieter dazu?

Da kannst du nie mehr in den Urlaub fahren!

Der wird dauernd weglaufen, und du hast nur Ärger.

Ständig musst du raus. Auch wenn es regnet.

Und was machst du, wenn du mal krank bist? Wer geht dann mit dem Hund?

Ich werde einfach nicht krank, sagte ich. Weil ich doch immer Gassi gehen muss. Da kann ich mir Kranksein gar nicht leisten.

Das stellst du dir zu leicht vor, warnten meine Eltern. Ich vermute, meine Eltern haben sich immer alles ganz schwer vorgestellt, um sich später überraschen zu lassen, wie einfach es dann doch war. Was sie allerdings nie freute, da ja schon immer das nächste Schwere vor ihnen stand. Ich habe einige Zeit gebraucht, um herauszufinden, dass man links und rechts neben dem Schweren vorbeischauen kann. Und dort lag Lilly auf der Seite mit einem dicken Bauch mit Welpen drin, und einer davon würde meiner sein.

Warum kam ich auf diese Idee?

Weil ich mir als Kind immer einen Hund gewünscht hatte und weil ich nun schmerzlich erfahren hatte, wie schnell ein Leben vorbei sein kann, und dann war keine Zeit mehr, sich Wünsche zu erfüllen. Weil dieser Wunsch in meiner Macht lag. Ich konnte mir auch wünschen, eine weltberühmte Schriftstellerin zu sein. Aber vor mir wölbte sich kein dicker Bauch eines Kritikers, vollgestopft mit lobenden Rezensionen und Literaturpreisempfehlungen. Bloß Lillys Bauch. Und da war eine Luna drin. Mein Hund.

»Und wenn es kein Weiberl wird?«

»Dann heißt er eben Luno.«

»Komischer Name.«

»Grammatik geht vor«, behauptete ich leichthin und schaute doch immer wieder mal zu dem Berg der Unbilden. *Ich kann nie mehr in den Urlaub fahren. Meine Nachbarn werden mich hassen. Wie viel Geld kostet ein Haustier im Monat? Was mache ich, wenn der Hund mir nicht folgt? Beißt der? Was mache ich, wenn er aggressiv ist? Und am schlimmsten: wenn wir nicht zueinanderpassen?*

Grammatik und Verantwortung gehen bei mir Hand in Hand. Ich würde einen Hund, der nicht zu mir passt, in kein Tierheim bringen oder an einer Autobahnraststätte aussetzen. Dazu hatte ich zu viel Fantasie und Einfühlungsvermögen. Was in meinem Beruf von Vorteil ist, wäre beim

Aussetzen eines Hundes ein Ausschlusskriterium. Ich würde an diesen Hund gefesselt sein bis an mein oder bis an sein Lebensende.

Mit Anfang zwanzig hielt ich eine Katze. Sie beging Selbstmord aus dem achten Stockwerk, ich verübelte es ihr nicht, denn ich war selten zu Hause. Damals war ich sicher keine Tierfreundin und erschlug Fliegen ohne Anflug eines schlechten Gewissens. Aber die Zeiten haben sich geändert. Unsere Gesellschaft ist immer tierfreundlicher geworden. Tiere haben jetzt auch vor dem Gesetz eine »Seele«. Um etwas zu ändern, hilft ein Gesetz nicht viel. Aber die Nähe zu einem Tier führt in die Nähe vieler Tiere. Wenn ich denke: *»Das tue ich meinem Hund nicht an«,* wie kann ich es dann einem anderen antun? Es sind doch beides Hunde. Oder Katzen. Und wenn ich den Kreis erweitere: Wenn ich weiß, dass ein Hund Gefühle hat, dann kann ich davon ausgehen, dass eine Kuh auch Gefühle hat.

Die Frage ist, ob ich es wissen will. Denn natürlich ist es angenehmer, der Kuh keine Gefühle zuzugestehen.

Es kommt darauf an, wie viel Empathie man zulassen möchte oder kann. Das bestimmt die Richtung des eigenen Lebens. Luna hat mich weicher gemacht und somit auch verletzlicher. Darunter leide ich jetzt. Und ich bedaure es kein bisschen.

Einige Monate nachdem mein Mann gestorben war, lud mich eine alleinlebende Freundin zum Essen ein. Beim Dessert vertraute sie mir an: »Wenn ich sehe, wie sehr du leidest, dann weiß ich, dass es gar nicht so schlimm ist, alleine zu sein. So bleibt mir das erspart, was du jetzt durchmachst.«

Ohne zu zögern, erwiderte ich: »Was ich jetzt erlebe, ist das Resultat einer wunderbaren Vergangenheit, von der ich keine Sekunde missen möchte. Und ich weiß, dass ich mich eines Tages wieder verlieben werde, egal, wie schwer diese Zeit der Trauer nun für mich ist.«

Ich habe mich dann auch wieder verliebt, und Luna rückte im Rudel von Platz zwei auf drei.

Der Schlangenbiss

Ich stand im Bad, die Tür war offen, da hörte ich, wie Johannes seiner Schwester am Telefon Lunas Krankengeschichte erzählte. Es interessierte mich, wie er die letzten Tage erlebt hatte – anders als ich? Jahrelang hatte er Luna vor allem am Wochenende gesehen, wir wohnten erst seit Kurzem zusammen. Trotzdem war er von Anfang an dabei gewesen. Als Freund hatte er mit mir das Für ohne Wider eines Hundes erwogen, als meinen Freund stellte ich Johannes vor, als wir den Welpen Luna abholten vor knapp zwölf Jahren. An Johannes' Stimme hörte ich, wie betroffen er noch immer war:

»Micha war mit Luna, einer Freundin und ihrem Hund in einem sumpfigen Naturschutzgebiet spazieren. Auf einmal zitterte Luna am ganzen Körper. Die Freundin ist Ärztin und meinte, das sähe nach einem Schock aus. Vierzig Minuten mussten sie zurück zum Auto gehen, währenddessen schwoll zuerst Lunas Backe, dann ihr ganzes Gesicht monsterartig an, sodass sie schließlich eher wie ein Nilpferd denn wie ein Hund aussah. Micha vermutete einen Bienen- oder Wespenstich und gab Luna zu Hause das homöopathische Mittel Apis sowie Fenistil … Nein, sie ist nicht zum Tierarzt gefahren, weil es Sonntag war und weil sich Luna beim Tierarzt immer so aufregt. Ich kam erst abends nach Hause, wir riefen dann doch beim tierärztlichen Notdienst an, eine Ärztin meinte, sie hätte erst mal nichts anderes gemacht, wir sollten abwarten. Am nächsten Tag ging es Luna sehr schlecht, sie konnte kaum laufen. Wir brachten sie zur Tierärztin, sie bekam eine Kortisoninfusion, abends nochmal eine. Ihre Blutwerte rauschten in den Keller. Im Laufe der Nacht verschlechterte sich ihr Zustand so sehr, dass wir sie in die Klinik fuhren; sie konnte nicht mehr laufen, war ausgekühlt und apathisch.«

Ich sah die Ärztin vor mir. Sie hatte mit leichtem wienerischen Akzent gesprochen, deshalb klangen alle »Fallbeile« aus ihrem Mund niedlich.

»Wenn Sie den Hund nicht zur Behandlung hier lassen, stirbt er in der nächsten Stunde.«

Das sagte Johannes am Telefon nicht. Vielleicht war ihm der Dialekt der Ärztin gar nicht aufgefallen? Vielleicht erinnerte er sich an ihr Parfüm, das mir entgangen war, oder roch sie nach Desinfektionsmittel? Und woran erinnerte Luna sich? Wusste sie das alles noch? Was war ihr geblieben von den Nächten in der Fremde am Tropf?

Johannes fuhr fort mit seinem Bericht: »Wir beschlossen, Luna eine Nacht in der Klinik zu lassen, daraus wurden drei, und es wurde nicht besser. Am Telefon teilte man uns mit, dass wir uns über Euthanasie Gedanken machen sollten. Da sind wir sofort losgefahren und holten Luna heim. Wir erwarteten, ein sterbendes Tier zu sehen, sie freute sich so sehr über uns, dass sie vor Wedeln fast umkippte. Zu Hause wollte sie erst mal was fressen. Unsere hiesige Tierärztin, die sich bereit erklärt hatte, zu uns zu kommen, um Luna einzuschläfern, schlug vor, ihr am nächsten Tag eine Bluttransfusion zu geben. In der Folge des Schlangenbisses war das gesamte blutbildende System zusammengebrochen. Unsere Tierärztin hatte am nächsten Morgen eine Sterilisation auf dem OP-Plan. ›Eine Berner Sennenhündin, neun Monate, kerngesund. Mit dem Besitzer habe ich schon gesprochen. Er ist einverstanden mit einer Blutspende.‹ Wir fragten nach:

›Ja, kann man denn so einfach Blut von einem Hund in den anderen laufen lassen?‹

›Ja, beim ersten Mal ist das kein Problem. Wenn Ihre Luna die Nacht überlebt, können Sie morgen kommen.‹«

Luna ist eine Kämpferin. Sie hatte neue Lebenskraft, weil sie daheim war, bei ihrem Rudel. Wir wollten sie nicht aufregen, indem wir ihr Bett nach oben brachten. Alles sollte so sein wie immer. Nicht ganz, denn Johannes und ich legten uns auf den harten Küchenboden und bewachten unseren sterbenden Hund, der immer lebendiger wurde. Manchmal kam die heiße Zunge aus dem aufgeschwollenen Gesicht, und was all die Jahre zuvor lästig und unangenehm gewesen war, erfüllte uns mit Freude. Luna schleckte mir das Herz ab. Wir schöpften Hoffnung.

Am nächsten Vormittag hielt ich die Glasflasche mit dem dickflüssigen himbeerroten Lebenssaft in der Hand, der Tröpfchen für Tröpfchen in Luna hineinfloss. Sie lag am Boden auf der Seite, Johannes streckte sanft ihr Bein, denn sobald sie es anwinkelte, stoppte der Blutfluss.

»Ob sie spürt, dass ihr das hilft, dass wir ihr helfen wollen?«, fragte ich Johannes.

»Ich glaube, schon«, meinte er. »Wir haben ihr doch noch nie etwas Böses getan, und ihr Vertrauen in uns ist grenzenlos.«

Ich nickte. Das war es. Grenzenloses Vertrauen. Wir trugen die Verantwortung, wollten das Richtige tun. Wir konnten sie ja nicht fragen. Und wie sollten wir das in ihre Sprache übersetzen? Luna, sag mal, willst du ein bisschen Blut kriegen von einem Berner Sennenhund? Okay, die apportieren nicht, aber das hat bestimmt keine Folgen für dich, du bist so ein Apportierstar, da musst du dir keine Gedanken machen.

Ich dachte über die vergangenen Stunden nach, während ich auf die Kanüle starrte. *Euthanasie,* dachte ich. *Dass man das jetzt so nannte, bei einem Hund! War hier dasselbe Tabu um den Tod gewachsen wie beim Menschen?*

Bluttransfusion, dachte ich, und dann gleich weiter zur *Herztransplantation,* weil es irgendwie zusammenzugehören schien.

Neulich hatte ich einen Artikel gelesen über organtransplantierte Menschen, die nach dem Eingriff wesensverändert waren. Ein Schreiner, dem ein Herz transplantiert wurde, wollte nach der Operation plötzlich unbedingt Klavier spielen. Recherchen ergaben, dass er das Herz eines Pianisten erhalten hatte. Wie würden sich die dreihundert Milliliter Berner Sennenhund bei Luna bemerkbar machen? Ihr bester Kumpel, Moll, ist ein Berner Sennenhund. Würde der das wittern? Was merken Hunde? Und wie viel oder wenig davon können wir wahrnehmen mit unseren eingeschränkten

Möglichkeiten? Allein die Nase des Hundes verfügt über etwa zweihundert Millionen Geruchssinneszellen, die des Menschen über fünf. Hunde leben in einer Welt aus Gerüchen. Und was gehört noch alles zur Grundausstattung Hund, wovon wir Menschen nicht mal wissen, dass es das gibt? Wie heißt dieser Sinn, mit dem sie in unseren Seelen lesen?

Unfassbar! Eine Blutspende für einen Hund!

In Syrien ist Bürgerkrieg, da gibt es nicht mal Krankenhäuser für Menschen, und mein Hund kriegt Kortisoninfusionen, intensivmedizinische Behandlung und frisches Blut.

Ist das richtig? Warum habe ich ein schlechtes Gewissen? Ich möchte, dass Luna lebt, solange sie Freude dran hat. Der Schlangenbiss ist wie ein Unfall, sie könnte auch vor ein Auto gelaufen sein. Vor einer Woche hätte ich gesagt: niemals eine Bluttransfusion für einen Hund. Aber es begann so harmlos mit einem Zittern, dann wurde es ein Schock, dann das Kortison, die Klinik, dort eine Untersuchung nach der anderen. Wie sich der Patient in der Intensivmedizin fühlt, steht nicht zur Diskussion. Seine Werte sind von Interesse.

Vor einigen Jahren schrieb ich ein Buch über Sterben in Würde und war oft zu Besuch in einem Münchner Hospiz, wo ich mich auch mit Patienten unterhielt, die dort Bewohner oder Gäste genannt werden. Ich lernte viel über das Leben im Angesicht des Sterbens. Die Beschäftigung mit dem Tod macht das Leben schöner und kostbarer. Seltsam, dass so viele Menschen ihn scheuen wie der Teufel das Weihwasser. Eines der Münchner Hospize liegt in einem Wohngebiet, und es gab Nachbarn, die sich regelmäßig beschwerten, weil so oft

Leichenwägen vorfuhren. Das sei ein Schock für die Kinder und ob die Toten nicht nachts abgeholt werden könnten statt am helllichten Tag.

Im Hospiz hörte ich erschütternde Berichte über die wenig einfühlsame Behandlung durch Krankenhausärzte, und ich nahm nun einigermaßen erstaunt zur Kenntnis, dass Intensivmedizin keinen Unterschied zwischen Mensch und Tier zu machen scheint.

Als wir Luna am ersten Tag in der Klinik besuchten, fragte ich eine Mitarbeiterin, ob es eine Stiftung oder einen Verein gäbe, der einspringt, wenn Tierhalter die Kosten der Behandlung nicht zahlen können.

Sie schaute mich an, als wollte ich Insolvenz anmelden. Dann schüttelte sie den Kopf.

»Also hätten Sie uns mit der sterbenden Luna in dieser Nacht weggeschickt?«

»Wenn Sie die Rechnung nicht zahlen, ja.«

Ich stellte mir vor, ich wäre Hartz-IV-Empfängerin und würde Leergut sammeln, um das Futter für meinen Hund zu verdienen. Mein Leben könnte sehr einsam werden. Vielleicht wäre ich auch krank? Aber jeden Morgen würde ich aufstehen, um Gassi zu gehen. Mein Hund, meine Katze wären für mich eine Nabelschnur zum Leben. Dem Tier könnte ich alles erzählen, was mich bewegt und bedrückt, und ich könnte es streicheln, seine Wärme spüren. Das würde mich zufrieden machen, vielleicht sogar hin und wieder glücklich, und ansonsten würde ich es schon irgendwie schaffen. Ich hätte viel Zeit zum Lesen, das hatte ich mir doch immer gewünscht. Es ist nicht so einfach, trotzdem rauszugehen, wenn man arm ist. Da gehört man nicht mehr dazu, das lassen einen die anderen spüren, wenn auch nur aus Hilflosigkeit oder der Angst, selbst so zu enden. Nach dem Motto: Halte dich fern von dem, was du fürchtest. Und dann zieht man sich zurück. Ich hätte die Nase voll von den klugen Ratschlägen anderer, die alles besser wissen würden und sich nicht einfühlen könnten. Ein Tier gibt keine Ratschläge. Es ist einfach da. Das ist sein Ratschlag. Es akzeptiert dich, wie du bist, und wertet nicht. Es fragt nicht nach deinem Kontostand. So kann ein Tier schon mal zum Ersatz für andere Menschen werden. Was soll daran verwerflich sein? Lieber ein Tier als niemanden.

Mit dem Schlangenbiss waren plötzlich so viele Fragen, Gedanken und Gefühle aufgetaucht. Die Schlange hatte ihr Gift in meine heile Welt gespritzt. Auf einmal sah ich überall Boten, Vorankündigungen, die man ja immer nur sieht, wenn etwas passiert ist und man nach ebensolchen sucht, die man ohne ein Unglück längst vergessen hätte.

Eine Woche vor dem Schlangenbiss hatte ich bei einer Freundin auf der Schwäbischen Alb übernachtet. Nachts tobte ein Gewitter über dem Dorf, und als ich zur Toilette ging, wollte Luna, die im Erdgeschoss schlief, mit mir nach oben in mein Zimmer. Vor Gewittern fürchtet sie sich. Grell zuckten die Blitze vor den Fenstern.

»Na, dann komm mit«, lud ich sie ein, und sie zögerte keine Sekunde. Ich legte ihre Decke an das Fußende meines Bettes. Luna hatte noch nie in meinem Bett geschlafen. Luna legt sich nie auf ein Sofa. Luna kennt ihren Platz. Doch nun folgte sie meiner Aufforderung sehr zaghaft und verlegen, die Lefzen leckend, und rollte sich am äußersten Rand des Futons zu einer Kugel zusammen … Die Blitze, die noch fünfzehn Minuten zuckten, ehe schwer der Regen herunterprasselte, erleuchteten hell mein Glück. Nun erschien mir diese Nacht wie der erste Bote des Abschieds. In der Hundesprache sieht der womöglich anders aus:

Auf einem Bauernhof, an dem wir oft vorbeigehen, lebte ein alter Schäferhund, in den Luna vernarrt war. Eines Tages war die Hundehütte leer, der Bauer teilte mir mit, dass »der Nando hi is«, also gestorben war. Da sah ich aus den Augenwinkeln, dass Luna direkt vor die Hundehütte eine Wurst setzte. »Letzter Gruß«, kommentierte der Bauer.

Hühnerherzen in der rosaroten Zone

Luna ist dann doch keine Italienerin geworden. Lilly, die schon neun Jahre alt war, konnte die Welpen nicht austragen.

Es war Februar 2001 und in meinem Hexenhäuschen alles vorbereitet für den Neuzugang. Johannes, der sich in der rosaroten Zone zwischen ein Freund und mein Freund befand, hatte ein Regal für die Hundesachen an die Wand gedübelt. Ich hatte Spielzeug, eine Bürste, Futter und eine Leine mit Halsband angeschafft sowie Angebote für eine Tierhalterhaftpflichtversicherung eingeholt, ein Hundekörbchen besorgt, und neben dem Sofa stapelten sich ein Dutzend Bücher zur Hundeerziehung. In einem Tierladen hatte ich mich ausführlich beraten lassen und war von dem Besitzer aufgefordert worden, das Dosenfutter ruhig selbst einmal zu probieren: »Sie können das zu Hause kurz anbraten, dann merken Sie, so schlecht schmeckt das gar nicht. Ich schütte mir gern einen Klecks Ketchup drüber.«

Er schnalzte mit der Zunge, hielt mir eine Dose unter die Nase, öffnete sie und forderte mich mit hochgezogenen Augenbrauen auf, zu riechen. Wie ein Clown sah er aus, doch er scherzte nicht. Das war keine Weinprobe, das waren Hühnerherzen. »Aha«, machte ich. Und hatte schon wieder ein schlechtes Gewissen. Anderswo schmierten sich die Leute so was aufs Brot. Wenn sie Brot hatten.

Warum bloß dachte ich immer wieder, dass ich zu viel Geld für ein Tier ausgeben würde? Nein, es war nicht das Geld, es war die Aufmerksamkeit, der Stellenwert des Tieres – ein Erziehungsrelikt? Ich sah mich von außen, quasi jung verwitwet und jetzt einen Hund, da dauert es nicht mehr lang, und sie dreht vollends durch. So als wäre die Anschaffung des Hundes ein Eingeständnis. Wofür, das war mir nicht ganz klar. Aber es schien ein erster Schritt in Richtung Verschrobenheit zu sein. Ich würde nun komisch werden. Oder noch komischer. Ich würde mich den Menschen entfremden und nur noch guttural kommunizieren. Andererseits hörte ich nun öfter von dem hohen Flirtfaktor eines Hundes. »Mit einem Hund im Schlepptau hast du jede Menge Gesprächsstoff«, erklärte mir eine Freundin.

»Und welchen?«, fragte ich.

»Na ...«, sie grinste, »hat er sein Geschäft schon erledigt?«

Solche und ähnliche Fragen beschäftigten mich in der Prä-Luna-Zeit tatsächlich. Wie konnte man sein Leben mit so einem Flohträger verbringen? Einer wandelnden Bazillenschleuder? Hunde wälzten sich in Aas und Scheiße. Und überhaupt: Disqualifizierten sich Hundebesitzer als reife Menschen? Mit einem Tier ist es einfach auszukommen. Wer ein Tier hält, zeigt, dass er mit Menschen nicht klarkommt. Womöglich charakterlich ein feiner Kerl, aber eben ohne Abitur. Großes Herz, aber bloß Volksschule. Oder intelligent, aber nicht sozialverträglich. So oder ähnlich werde ich wohl gedacht haben, denke ich mir heute, obwohl ich einige Intellektuelle mit einer Affenliebe für Hunde und Katzen kannte, aber ich kannte auch eine Menge höchst gebildeter Männer, die am liebsten über Fußball sprachen.

Hin und wieder wurde ich Zeugin, wie sich Tierhalter mit ihren Vierbeinern unterhielten, oder hörte, was sie in sie hineininterpretierten. Womöglich sparte das die Kosten für eine Psychoanalyse? Man redet ständig und bekommt keine Antwort, die man sich dann selber gibt und damit das Therapieziel erreicht.

»Ja, gell, das ist schade, dass das Gassi schon vorbei ist.«

Neurotische Fixierung auf Vergangenes.

»Aber wir sind ja gleich daheim beim Papa.«

Kastration des Ehemannes.

»Und da darfst du dann ein schönes Schlafi machen.«

Suggestivrhetorik zur Manipulation.

»Aber vorher kriegst du noch ein feines Fressi.«

Orale Triebbefriedigung.

Unterm Strich hat sich die Krankenkasse dieses Frauchens mehrere tausend Euro gespart, denn sie hat ihre Vergangenheitsfixierung erfolgreich in die Gegenwart transformiert, sich mit der Beziehung zu ihrem Mann arrangiert, indem sie das Beste daran lösungsorientiert in den Fokus ihrer Aufmerksamkeit stellte, ist insgesamt gelassener geworden und hat ihre Essstörung in den Griff bekommen. Der Unterhalt von Haustieren sollte von Krankenkassen übernommen werden, zumal die gesundheitsfördernden Begleiterscheinungen auf der physischen Ebene dokumentiert sind: Das Leben mit einem Hund regt den Kreislauf an, senkt hohen Blutdruck, der Körper schüttet Glückshormone aus. Gassi an der frischen Luft gleicht den Kortisonspiegel aus. Schulkinder, in deren Haushalt ein Hund lebt, können sich besser konzentrieren, sind ausgeglichener und kontaktfreudiger. Auch steuerlich sollte ein Hund absetzbar sein. Dass Bürohunde das Betriebsklima positiv beeinflussen, ist bekannt. Wer Stress hat, geht eine Runde knuddeln, und danach stimmt die Bilanz.

Nein, ich wollte keinen Hund, um ein Manko auszugleichen, sondern um mir einen Traum zu erfüllen. Selbstverständlich würde ich keine so durchgeknallte Hundebesitzerin werden wie viele andere, die ich als abschreckende Beispiele kennengelernt hatte. Selbstverständlich waren viele meiner Freundinnen genau solche Mütter geworden, wie sie es niemals hatten werden wollen und auch geschworen hatten. Aber dann kommt das Kind, und alles ist anders. Später ist man immer klüger. Wie soll man auch etwas beurteilen können, das einem so fremd ist wie die Vorliebe für Pferdeäpfel und tote Mäuse?

Ich wurde gnadenlos davor gewarnt, mit offenen Augen in mein Unglück zu laufen: Mit einem Hund legst du dich an die Kette. Du bist dann kein freier Mensch mehr. Eine Freundin fragte mich entsetzt, als hätte ich angekündigt, eine Scheinehe einzugehen, drei Dinge. Erstens: Wie viel beträgt die Hundesteuer im Jahr? Zweitens: Hast du dich schon nach einem wirklich guten Tierarzt erkundigt? Drittens: Auf welche Deckungssumme beläuft sich die Hundehaftpflichtversicherung?

»Diese Fragen habe ich alle geklärt«, erwiderte ich.

Sie gab nicht auf, bohrte weiter und landete schließlich einen Treffer im Tempel meiner Kreativität. Mit tief besorgtem Gesichtsausdruck wies sie in mein Arbeitszimmer und fragte, ob der Teppich geklebt oder gelegt sei.

»Denn wenn du beabsichtigst, den Hund dort reinzulassen, wäre es besser, der Teppich wäre gelegt.«

Fragend schaute ich sie an.

»So kannst du ihn besser reinigen lassen.«

Ich lachte. »Das ist mein Arbeitszimmer. Da kommt kein Hund rein.«

Sie lächelte mit falscher Milde. »Ob der Hund das akzeptiert?«, und setzte einen überlegenen Gesichtsausdruck auf, als wäre sie mit Hunden groß geworden, in Wirklichkeit war sie klein geblieben. Aber sie kannte andere Leute, die Hunde hatten. Meine Freundin kannte immer welche, die das hatten, was sie wollte, weshalb sie Gründe dafür fand, warum sie es nicht brauchte und die anderen Fehler begingen.

Später setzten wir uns nach oben, und sie zeigte auf die Steine, die in einem Glasregal lagen: »Das räumt der Hund ab.«

»Der Hund hat im ersten Stock nichts zu suchen«, sagte ich.

Wieder dieses milde Lächeln. Womit speiste sie es eigentlich? Und wieso gab sie mir dauernd das Gefühl, ich würde einen schwerwiegenden Fehler machen? Sie war sich offenbar sicher, ich würde den Hund, der sich als Irrtum erweisen würde, ins Tierheim geben und bis an mein Lebensende an einem schlechten Gewissen leiden. Unter Umständen würde ich wegen dieser Dummheit nicht in den Himmel kommen. Davor wollte sie mich bewahren. Ich stemmte meine Fantasien dagegen und erzählte ihr von der frischen Luft, den langen Gassis, und abends würde ich zusammen mit dem Hund ein gutes Buch lesen. Gerade der Hund schenke mir die Ruhe dazu, hin und wieder würde ich ihm einen Satz vorlesen, einen jener Sätze, die öfter gelesen gehören, weil sie sich erst in ihrer vollendeten Stilblüte entfalten können, wenn es einen Zuhörer gibt. Diese Botanik machte sie sprachlos, nicht aber mildelos: Hauptsache, ich würde ihr später nicht vorwerfen, sie hätte es unterlassen, mich zu warnen.

Ich hatte mir zwei Wochen im Februar freigehalten, um den Neuzugang einzugewöhnen, der im Dezember zur Welt hätte kommen sollen. Weil Lilly in Italien ihren Nachwuchs nicht austragen konnte, rief ich bei einer Reihe von Tierheimen an und erfuhr, dass es zurzeit keine Welpen gab. Ein Welpe musste es aber sein, denn ich hatte Angst vor großen Hunden. Nicht dramatisch, aber ein bisschen schon. In der Pubertät bin ich von einem Windhund angegriffen worden. Ohne ersichtlichen Grund raste er wild bellend auf mich zu und biss mir in den Oberschenkel. Meine Liebe zu Lassie konnte diesen Schock nicht heilen. Wenn mir in Zukunft beim Joggen ein freilaufender Hund begegnete, wurde mir heiß. Ich blieb stehen, weckte damit die Neugier des Hundes, der mich anteilnehmend beschnupperte. *Hallo, was ist mit dir los? Wieso bleibst'n du stehen, is was? Hallo, willst du mir zufällig ein Leckerli geben? Hast du Lust, mir mal 'nen Stock zu werfen, das wär echt supi! Hallo, wer bist du denn? Ich bin die Luna Nummer siebentausendzweihundertzwölf in diesem Revier.*

Ich verkrampfte innerlich und äußerlich. Gleich würde der Hund mich in Stücke reißen. Ich hasste die Herrchen und

Frauchen, die riefen: »Der tut nichts!« Oder, was noch schlimmer war: »Der will nur spielen!«

Ich hatte in der Prä-Luna-Zeit keine Ahnung, dass ich den Kontinent von der Frau zum Frauli wechseln würde, dass ich die Hundesprache lernen und erkennen würde, woran ich es sehen konnte – ob der mit mir spielen oder mich zerfleischen wollte –, ja, dass es auf einmal nur noch zwei Geschlechter geben würde: Herrchen und Frauchen. Als Frauli sollte ich bald schon Frauen und Männern begegnen, die sich so benahmen, wie ich mich benommen hatte. Frauen und Männer schrumpfen mit Hunden und Kindern auf ein »i« am Ende. Vielleicht sind Herrli und Frauli, Herrchen und Frauchen aber auch nur eine Verlegenheitslösung. Manchmal sagt ein Herrli zum Hund: Geh zu deiner Mama. Und meint damit nicht die Hundemama, sondern seine Frau.

Schnauze im Schritt

Ein Hüne im Fahrstuhl, wahrscheinlich Star in seinem Fitnessstudio, die Muskelpakete sprengen schier seine braune UPS-Uniform. Ein dünnes »Ups« entfährt ihm, als Luna und ich überraschend im ersten Stock einsteigen. Er versucht sich an die Wand zu drücken, was aussichtslos ist, da er und sein Paket eine Fahrstuhlseite fast komplett belegen. Sofort, dienstbeflissen geradezu, wendet er sich an den Hund. »Na du. Was bist du denn für ein Kerlchen?« Seine Stimme passt nicht zu den Muskelsträngen, baumelt nur noch an einer faserigen Sehne und klingt atemlos. Er redet mit Luna, um sie sich gut gesinnt zu machen, damit sie ihn nicht zerfleischt. So wie ich schneeballwerfenden Jungs etwas Nettes zurufe, damit sie mich nicht beschießen. So wie auch ich früher bei Begegnungen mit Hunden, denen ich nicht ausweichen konnte, an ihr Gewissen appellierte. *Ich bin lieb zu dir, ich tu dir nichts, du tust mir auch nichts, okay?* Um die unbedingte Gültigkeit dieser Vereinbarung zu unterstreichen, behandelte ich die Vierbeiner wie vernunftbegabte Wesen, die hoffentlich in der Lage wären, meine vielen Suggestivfragen, die ich ihnen besänftigend ums Maul schmierte, wohlgesinnt zu bestätigen: »Du bist ein ganz ein Lieber, gell. Du willst ja nur mal schnuppern.

Nein, ich hab leider nichts zu fressen für dich. Du bist aber ein ganz ein Braver, gell.«

Allein meine Tonlage, die mir selbst unangenehm auffiel, diese gewisse Atemlosigkeit und das hörbare Herzklopfen in der Stimme straften meine Besänftigungsversuche Lügen. Natürlich gab es was zu fressen. Mich nämlich. Und natürlich verstanden die meisten Hundebesitzer und -besitzerinnen das nicht, wo ihre Begleiter doch so lieb waren. *Mein Bobberle, der duud doch keiner Seele was zuleide. Der is Vegedaria.* Dass ich anderer Meinung war, traute ich mich nicht zu äußern. Ein Hund ist eine Waffe, und wenn ich jetzt was sage, dann entsichert Herrli sie und drückt ab. Fass!

Total durchgeknallt. Ich selbst. Was mir danach, wenn Bobberle weg war, immer sofort einleuchtete. Aber so ist es mit dunklen Gestalten in dunklen Ecken, schwarzen Männern, die im Wald hinter Bäumen lauern oder in Tiefgaragen hinter Betonsäulen. Angsträume, Angstmacher. Der schwarze Hund hält einen der vorderen Plätze auf der Angstliste. Was Luna nicht weiß. Ich schon. Aber ich bin eben auch nur ein Mensch und als Frauli, wie Männer uns zuweilen bescheinigen, hormonellen Schwankungen unterworfen, die ich nicht kontrollieren kann.

Manchmal bin ich aber auch bloß mit dem falschen Fuß aufgestanden, oder der UPS-Kurier hat mir vor einer Woche einen Parkplatz weggeschnappt. Was er sicher vergessen hat, da es zu seinem Job gehört. Ich habe es nicht vergessen und kläre ihn darüber auf, dass er meinem Hund das falsche Geschlecht übergestülpt hat. »Das ist kein Kerl!«

UPS zuckt zusammen.

Einen Moment lang genieße ich die Macht der Waffe Hund. Der Kurier ist zirka dreißig Zentimeter größer und vierzig Zentimeter breiter als ich. Dann schäme ich mich ordnungsgemäß und stelle Luna als sehr freundliches Mädchen vor, ehe er sich noch bei Luna entschuldigt. Ich schaffe es, einen der schlimmsten Sätze der berühmten Liste zu verschlucken: »Die tut nichts.« Er steht auf Platz drei hinter »Die will nur spielen« und »Die ist ganz lieb«. Ja, was soll sie denn tun? Hackfleisch machen, na klar. Stattdessen bin ich selbst haschiert und schäme mich schon wieder. Diesmal, weil das mit der Benennung ziemlich schwierig ist.

Ich könnte sagen: »Luna ist eine Hündin.« Aber bei Hündin assoziiere ich in Gegenwart eines solchen Muskelpaketes in einer solch engen Hose mit solchen Goldkettchen und einer solchen Solariumbräune leider häufig läufig. Und dann wird es sexuell. Überhaupt wird es ständig sexuell mit Hund, dafür kann ich nichts, nicht ich beginne nun im Schritt des UPS-Mannes herumzuschnüffeln. Aber ich beginne mir Gedanken zu machen, warum Luna das macht. Müffelt es da? Wonach? Ich will das nicht wissen, aber mein Hund stößt mich förmlich mit der Nase drauf. Und gleichzeitig glaube ich zu wissen, wie der Mann sich fühlt. Auch ich habe im Lauf meines Lebens einige Hundeschnauzen im Schritt ertragen müssen und mich gefragt, ob die anderen jetzt denken, sie hat ihre Tage oder sie hatte eben Sex. Ich grinse in mich hinein. Der Kurier wirft einen gequälten Blick zum Display neben der Fahrstuhltür, doch wir sind erst im vierten Stockwerk, und er möchte ins zwölfte. Nein, er entscheidet sich anders, drückt schnell auf die Sechs und steigt aus. Mit seinem großen Paket fahre ich weiter. Kurz spiele ich mit dem Gedanken, es im achten Stock in den Flur zu schieben. »Such das Paket, such!« Was ich natürlich nie tun würde. Aber lustig wäre es schon, das Gesicht des UPS-Mannes zu beobachten, der mir letzte Woche einen Parkplatz weggeschnappt hat, wenn sein Paket verschwunden ist. Bestimmt hat es die schwarze Bestie verschlungen mit Haut und Haar!

An solche Begegnungen denkt ein zukünftiger Hundebesitzer niemals, er hat ja keine Ahnung, was alles auf ihn zukommen wird, so wie ich in der Prä-Luna-Zeit, als ich glaubte, Leben mit dem Hund bedeute an Unangenehmem allein Gassi gehen und Tierarzt, an Angenehmem frische Luft und Fellkontakt. Das wäre ungefähr so, als glaubte man, des Englischen mit Yes und No mächtig zu sein.

Wenn ich mich selbst als Hundebesitzerin gesehen habe in dieser Zeit, dann eher wildromantisch, und ich verwechselte den Hund schon mal mit einem Pferd. Am Meer entlang, meine langen Haare im Wind und der Hund galoppierend in der Gischt. Dieser Hund hatte kein Gesicht und keinen Körper, war eher ein Gefühl. Ich hatte mir keine Gedanken über die Welpen in Lillys Bauch gemacht. Farbe? Größe? Was man auch nicht so genau wusste, Vater unbekannt. Bei einem Pferd wäre das anders gewesen, da galt mein Kindertraum eindeutig und ausschließlich dem schwarzen Hengst.

Aber ein Hund? Vielleicht lieber einer mit kurzem Haar und keinem Stummelschwanz? Lieber einer, der nicht so viel sabbert? Groß sollte er schon sein, aber nicht so groß, dass er zu schwer wäre, ihn zu tragen. Im Internet erfuhr ich, dass Hund nicht gleich Hund ist, wie ich geglaubt hatte. Vier

Pfoten, hinten ein Schwanz, wedelt und hebt das Bein. Es gab Jagdhunde, Wachhunde, Hütehunde, Begleithunde, Schutzhunde, Hofhunde, Gebrauchshunde, Arbeitshunde, Blindenhunde, Behindertenhunde, Schoßhunde … Und welcher passt zu mir?

Von der Frau zum Frauli

Glaub bloß nicht, dass du dir den Hund aussuchst«, warnte Natalie mich.

»Ja, wer denn sonst?«, fragte ich naiv nach.

»Der Hund sucht dich aus.«

»Äh, und wie?«

»So ungefähr wie man sich seine Eltern aussucht. Das geschieht ja alles vor der Geburt. Der Hund weiß genau, wo er hinwill, und arrangiert das dann.«

»Äh, und wie?«

»Da gibt es Mittel und Wege.«

»Wie sehen die genau aus?«

»Bin ich ein Hund oder was?«

Leider gelang es mir nicht, an diese Prophezeiung zu glauben, so gut sie mir auch gefiel, da sie mir die Verantwortung abnahm. Ich hoffte, dass ich es irgendwie spüren würde. *Du bist der Richtige!* Aber natürlich hatte ich nichts dagegen, wenn sich das Schicksal einmischte und mein Hund irgendwie zu mir käme – wodurch ich mich transformieren würde. Von der Frau … zum Frauli. Ich glaubte, ich würde mir bloß meinen Kinderwunsch erfüllen: einen Hund. Hätte mir damals jemand gesagt, was auf mich zukommen würde – nein, ich hätte es nicht geglaubt, dass das Leben mit Hund sich fundamental von dem Leben ohne Hund unterscheidet.

Ich bleibe doch dieselbe! Es kommt eben nur ein Haustier dazu.

Von wegen!

Zwölf Jahre nach dem Einzug von Luna in mein Leben weiß ich: Ich bin nicht mehr die, die ich vorher war. Und das ist gut so. Mein Hund hat mich zu einem besseren Menschen gemacht.

Luna initiierte die zweite große Veränderung in meinem Sozialverhalten. Die erste begann damit, dass ich zu rauchen aufhörte. Kurz nach der Jahrtausendwende war es noch erlaubt, in Kneipen, Cafés, fast überall zu rauchen. Aber wieso sollte ich mich abends mit Freundinnen und Freunden verabreden, wenn ich nicht mehr rauchen durfte? Wieso sollte ich mich in lauten Räumen aufhalten, mich mit anderen anbrüllen, wenn ich keine Zigarette mehr in der Hand hielt? Da konnte ich auch zu Hause bleiben oder andere zu Hause besuchen. Und genau das machte ich. Meine beste Freundin hörte auch zu rauchen und in der Folge zu reiten auf. Das Schönste am Reiten war nämlich die anschließende Zigarette. Wieso sollte sie reiten, wenn es die Belohnung nicht mehr gab? Manch langjährige Beziehung nahm erstaunt zur Kenntnis, dass der Grund, warum sie nicht unter den bundesdeutschen Durchschnitt von 1,3-mal pro Woche fiel, an der Zigarette danach lag. Zum Glück hörten mit mir viele Raucher und Raucherinnen aus meinem Umfeld auf, wir hatten die dreißig und die vierzig überschritten, da tut man es einfach nicht mehr. Manchen wurde es zu teuer. Und wenn man ein Alter erreicht hat, in dem einem das Leben immer kostbarer erscheint, weil einen seine Vergänglichkeit gestreift hat, will man es ja nicht mutwillig verkürzen. Wer es sich zutraute, versuchte also, mit dem Rauchen aufzuhören, und den meisten gelang das auch. Ich habe bis heute keinen einzigen Zug mehr von einer Zigarette genommen. Wahrscheinlich verdanke ich meine reine Lunge meiner damaligen Lektorin, der ich am Telefon eine neue Buchidee vorschlug.

»Ich würde gerne etwas darüber schreiben, wie es ist, mit dem Rauchen aufzuhören. Soll ich mal ein Exposé schicken?«

»Ach, das ist ja interessant, und … wie kommen Sie auf diese Idee? Rauchen Sie nicht mehr?«

»Nein«, sagte ich stolz.

»Und seit wann?«, fragte meine Lektorin.

»Seit gestern«, erwiderte ich wahrheitsgemäß.

Sie prustete mir ins Ohr, und ich dachte: Dir zeig ich es. In Wirklichkeit zeigte ich es natürlich mir selbst. Ich war ja kein Kleinkind, das die Mütze nicht aufsetzt, damit die Mama sich ärgert, weil es dann Schnupfen hat. Das Buch erschien in einem anderen Verlag; meine Lektorin von damals raucht heute noch, aber nicht, wenn wir uns in einer Kneipe treffen, wo sie zwischendurch immer mal wieder vor die Tür muss. Hunde dürfen meistens rein und bleiben drin.

Mit Luna begann die zweite gravierende Veränderung in meinem Sozialverhalten.

Hatte ich mich als Raucherin in Kneipen verabredet, als Nichtraucherin in Wohnungen, so konnte man mich nun nur noch draußen treffen. Verabredungen mit mir waren ab sofort ausschließlich mobil zu haben, und zwar mittags zum Gassi. »Das ist sowieso die einzige Art, wie man gute Gespräche führen kann. Im Sitzen hängen die Gehirnzellen doch schlaff in den Seilen. Die wirklich guten Ideen entstehen im Gehen.«

»Ach ja?«, fragten meine Freunde zweifelnd.

»Sicher! Da gibt es wissenschaftliche Untersuchungen dazu. Die Beine sind direkt mit dem Gehirn verbunden, das ist neurodingens, na, du weißt schon.«

Zum Glück besteht das größte Tortenstück meines Freundeskreises aus Freiberuflern, die sich ihre Zeit selbst einteilen können und dann eben nacharbeiten mussten, wenn sie mich – und Luna – sehen wollten. Mich gab es nicht mehr allein, nur noch im Doppelpack. Zwei Hirne, sechs Beine.

Ich bin in einer Großstadt geboren und fühlte mich wohl unter vielen Menschen. Verkehr, Beton, Martinshorn, das störte mich alles nicht. Mit meinem Mann war ich aus der Großstadt in eine Kleinstadt gezogen, ohne ihn in das Hexenhäuschen auf dem Land. Sehr kleines Dorf mit sehr viel Natur. Eigentlich nur Natur. Wenn ich morgens aufwachte, wusste ich nicht, bin ich tot oder am Arsch der Welt. Hunde lieben den Arsch der Welt, denn er befindet sich draußen. Viele meiner Freundinnen und Freunde wollten eigentlich lieber drinnen bleiben. Sie wollten mich in Cafés und Kneipen in der Stadt treffen, gerne zum Mittagessen.

Aber seit Luna aß ich nicht mehr zu Mittag. Mittags ging ich jetzt Gassi, und wer mich, uns sehen wollte, musste sich uns anschließen. Da war ich erbarmungslos.

»Das schadet dir nicht«, behauptete ich. »Bisschen frische Luft.« Ich hätte zudem anbieten können, Luna zu knuddeln für die Blutdrucksenkung – das Rundum-gesund-Paket. Aber das mit dem Blutdruck wusste ich damals noch nicht.

In den ersten Monaten mit dem Welpen war ich alles andere als eine aufmerksame Zuhörerin. Da ich Luna konsequent erziehen wollte zu einem Hund, der aufs Wort folgt – was dank ihrer Großmut und ihres Mitgefühls mit mir auch gelang –, forderte ich von mir hundertprozentigen Einsatz. Auf keinen Fall wollte ich diese peinlichen Situationen erleben, die ich als Spaziergängerin so oft beobachtet hatte.

»Quinzy!«

»Quinzy, hier!«

»Quinzy, hierher!«

»Hierher! Quinzy!«

»Quiiiii-nnnnzyyyy!«

»Quinzy, komm jetzt her! Los!«

»Hier! Hierher Quinzy! Hier!«

Irgendwann wendet sich der Hundebesitzer achselzuckend ab. Wenn er Glück hat, wird Quinzy keine Leichen hinterlassen, kein Loch in eine Jacke gerissen, keine Joggerin zu Tode erschreckt haben. Weil Quinzy ja ein ganz ein Lieber ist, gell? Der will nämlich nur spielen.

Ich hasste diese Quinzys plus Anhang, vor allem, als ich selbst noch keinen Hund hatte. Ich korrigiere, ich hasste den Anhang plus Quinzy. So wollte ich niemals werden. Deshalb musste mein Hund folgen wie geschmiert. Luna erkannte meinen neurotischen Perfektionismus früh und erbarmte sich meiner. Ohne zu lügen, kann ich behaupten, sie folgte im Alter von zwei bis zehn Jahren besser als ein Polizeihund. Dann wurde ich ein wenig lockerer, und auch sie konnte aufatmen. Der Polizeihund, mit dessen Hundeführer ich ein Buch über seine Ermittlungen mit dem Partner auf vier Pfoten schrieb, hat wohl ein weniger neurotisches Herrchen, beziehungsweise dort ist der Hund der Chef. Aber als Hündin bevorzugt Luna ohnehin flache Hierarchien.

Dienstagmittag am Flaucher an der Isar. Meike und ich. Sie hat etwas auf dem Herzen und mich am Vormittag um ein baldiges Treffen gebeten.

»Dann habe ich einfach mal sein Handy angeschaut. Ich weiß, dass man das nicht macht, aber ich musste endlich Gewissheit haben. Ich wartete, bis er in der Dusche war, und …«

»Aus!«

Irritiert schaute Meike mich an.

»Entschuldigung. Es ist wegen Luna. Sie soll nichts fressen, was am Weg liegt. Aus!«

»Also. Martin war in der Dusche, und ich …«

»Aus!« Ein Aus allein genügt nicht bei einem Welpen. Ich musste zu Luna laufen und ihr das Stück Breze wegnehmen.

»Wo waren wir stehen geblieben?«, fragte ich Meike und konnte es mir zum Glück selbst beantworten. »Ach ja, Dusche.«

»Ja, also. Ich habe gehört, dass das Wasser in der Dusche lief, und dachte, dass ich diese Gelegenheit nutze und mir …«

»Nein!«

Es ist absolut verboten, an Menschen hochzuspringen. Viele finden das süß. Aber eben nur, solange der Hund klein ist.

Wenn er einem eines Tages auf Augenhöhe, die Pfoten wie Pranken auf den Schultern, übers Gesicht schleckt, freut sich kaum jemand über diese stürmische Begrüßung, besonders im Sommer, in heller Kleidung.

Das erklärte ich Meike. Und entschuldigte mich nochmal und fragte dann: »Wo waren wir stehen geblieben?«

Ich rechne es meinen Freundinnen und Freunden hoch an, dass sie mich nicht stehen ließen. In dieser Zeit wäre ich ihnen aber auch nicht nachgerannt, denn es erschien mir absolut logisch, was ich in der ersten Stunde Hundeschule lernte:

»Wenn alles gut geht, werden Sie den Hund zehn, zwölf, vierzehn Jahre haben. Es liegt an Ihnen, wie Sie diese Zeit verbringen. Wollen Sie von Ihrem Hund an der Leine durch die Gegend gezerrt werden? Wollen Sie sich die Schulter auskugeln? Oder soll der Hund entspannt im Fuß neben Ihnen laufen, ob mit oder ohne Leine? Wollen Sie, dass der Hund bei jeder sich bietenden Gelegenheit abhaut? Oder wollen Sie sich darauf verlassen können, dass er bei Ihnen bleibt und auf Ihren Pfiff oder Ruf wie der geölte Blitz angespurtet kommt? Wollen Sie, dass er jeder Katze, die am Horizont auftaucht, hinterherjagt und dann womöglich überfahren wird? Oder wollen Sie seinen Jagdtrieb kontrollieren? Möchten Sie in Parks in der Dämmerung bei Starkregen herumstehen und sich die Stimme heiser brüllen? An zugigen Straßenecken stundenlang warten, ob Ihr Hund vielleicht wiederkommt? Oder wollen Sie jederzeit sicher sein, dass Ihr Hund auf Ihr Kommando *Hier!* sofort auf dem direkten Weg zu Ihnen stürmt?«

Ja, ja, ja! Ich will!

Und wie?

Konsequenz ist das A und O.

Die Eltern im Kurs seufzten: »Es ist wie bei der Kindererziehung.«

Es ist wie überall, dachte ich.

»Genau«, bestätigte die Hundetrainerin – oder, besser gesagt, die Menschentrainerin – und warnte uns. »Je intelligenter der Hund ist, desto leichter wird er Sie austricksen.«

Klar freute ich mich über meine Intelligenzbestie. Deshalb war es so wichtig, ihr keine Gelegenheit zu geben, mich auszutricksen.

Ich erklärte meinem Freund Peter: »Weißt du, wenn ich mich mit dir unterhalte, dann merkt die Luna, dass ich sie aus den Augen verliere. Da denkt die: Ach, die Olle ist beschäftigt, da zieh ich doch mal mein eigenes Ding durch. Mal sehen, was da im Gebüsch so rumliegt, und ach, da drüben riecht es recht interessant – und tschüs.«

Peter nickte aufmerksam.

»Deshalb muss ich immer gucken. Und wenn ich rufe, soll sie sofort zu mir kommen. Wenn sie das nicht tut, muss ich zu ihr rennen. Ich muss sie in flagranti erwischen.«

»In flagranti?«, wiederholte Peter.

»Während der Tat, ja. Ich kann sie ja nicht schimpfen, wenn sie nach dem dritten Mal Rufen endlich zu mir kommt. Dann lernt sie nämlich, dass sie Schimpfe kriegt, wenn sie folgt. Sie muss mit mir immer etwas Positives verbinden. Bei mir ist es toll.« Ich strahlte Peter an.

»O-kay«, erwiderte er gedehnt, und ich nehme an, er selbst fand es immer weniger toll bei mir. Aber er hielt mir die Treue, wie so viele andere liebe Freundinnen und Freunde. Oder hielten sie vielleicht Luna die Treue? Dieser kleine süße Hund eroberte alle Herzen, und eigentlich war es gar nicht so schlimm, mit mir mittags Gassi zu gehen. Ein Welpe macht gute Laune. Die meisten wollen sowieso abnehmen, die Hundediät: Gassi gehen statt Mittagessen.

Ich selbst hasste Spazierengehen, und ich mag es bis heute nicht besonders. Doch ich habe mich so daran gewöhnt, dass ich nicht mehr davon lassen kann. Wenn ich mal irgendwo ohne Hund bin, fangen meine Beine um die Mittagszeit zu zucken an. Die brauchen Bewegung. Wahrscheinlich bin ich selbst zwischendurch zum Vierbeiner geworden und habe es nicht gemerkt. Meine Freundinnen und Freunde haben mich so genommen, wie ich mich veränderte. Ich glaube nicht, dass es einfach war, ich habe nie darüber nachgedacht, erst jetzt. Denn in dem Moment, wo Luna in mein Leben einzog, hatte ich keine Wahl mehr und ließ sie anderen auch nicht: entweder mit Hund oder gar nicht. Entweder du akzeptierst meinen Hund, oder unsere Wege trennen sich. Und ich werde schneller weg sein, als du schauen kannst, weil ich nämlich keine Stöckelschuhe mehr trage. Auch keine mehr mit Absatz. Wie soll das gehen, querfeldein?

Modische Schuhe habe ich geliebt. Besonders solche, deren Absätze auf dem Trottoir knallen. Eine Woche nachdem der Welpe bei mir eingezogen war, begann mein Fellwechsel. In einem Outdoorladen, so etwas hätte ich früher niemals betreten, ließ ich mich ausführlich beraten und kaufte dann für mehrere hundert Euro Klamotten, die ich hässlich fand.

Aber praktisch und bequem waren sie schon. Besonders die Schuhe. Man durfte nur nicht hinschauen. Musste ich auch nicht, denn in den ersten Wochen mit Luna gab es draußen viel Matsch, und da musste ich die Fußklumpen dann wenigstens nicht sehen. Ziemlich schnell hörte ich auf, sie zu putzen. Zeitverschwendung, sie wurden sowieso gleich wieder dreckig. Außerdem sah mich keiner, da, wo ich herumstreifte. Und das sah man mir auch an. Der Matsch an den Schuhen breitete sich über mein gesamtes Äußeres aus. Das passiert automatisch, wenn der noch unerzogene Hund an einem hochspringt. Der noch unerzogene Hund ist eine einzige Dreckschleuder. Und ein Zeitfresser. Abends war ich oft so müde, dass ich das Haarewaschen auf morgen verschob und dann nochmal und nochmal. Mein Hexenhäuschen sah nur noch von außen romantisch aus. Innen hauste ein Welpe. Weil ich es gerne sauber habe, putzte ich die Böden zweimal täglich. Da war keine Zeit mehr für meine eigene Körperpflege. Auch der Innenraum meines Autos schrie mehrfach wöchentlich nach einer Grundreinigung. Ich setzte Prioritäten und verzichtete auf Schmuck, nachdem der Welpe einen Ohrring verschluckt hatte, den ich natürlich finden musste, wozu ich in seinen Hinterlassenschaften herumstocherte. Im Spiel wurden zwei Perlenarmbänder von meinem Handgelenk gerissen, versehentlich natürlich. Wenn etwas passierte, war meistens ich schuld, weil ich meine Aufsichtspflicht verletzt hatte. Selbst dezentes Schminken stellte ich ein, denn die kleine Luna liebte es, mich abzuschlecken. Auch wenn ich das nicht leiden konnte und zu entkommen versuchte, die heiße Luna-Zunge war schneller, und dann musste ich schon wieder Wasser über mein Gesicht laufen lassen.

In der ersten Woche wusch ich mir nach jedem Kontakt mit dem Hund die Hände. Dann begriff ich, dass ich gleich ins Badezimmer ziehen könnte, und ließ es zukünftig bleiben.

Auf den Hund gekommen

Als ich auf den Hund kam, erkannte ich, dass auf einen Welpen und auf ein Baby zu kommen sehr viel gemein haben. Was bei stillenden Müttern die Milchflecken im Brustbereich, waren bei mir die schwarzen Haare überall. Hin und wieder auch Spucke. Aber zum Glück nur selten, da Luna kein Boxer oder Bernhardiner war. Bevorzugte Themen: Ausscheidungen und Nahrungsaufnahme. Auch junge Mütter sehen gelegentlich aus wie auf den Hund gekommen. Keine Zeit für Körperpflege. Ich habe das selbst oft mit Staunen erlebt. Einmal rief mich eine gute Freundin weinend an, um mir ihr Leid zu klagen: »Es ist jetzt siebzehn Uhr, und ich bin noch immer ungeduscht im Nachthemd.«

Da sie die erste meiner Freundinnen im Mutterstatus war, reagierte ich völlig falsch.

»Na und?«, fragte ich, anstatt sofort anzubieten, vorbeizukommen und ihr die Kleine abzunehmen, damit sie duschen konnte.

Junge Mütter verändern sich manchmal auch charakterlich gravierend. Alte Freundschaften gelten plötzlich nichts mehr. Das Künstlerehepaar Sven und Svenja kennt plötzlich nur noch Kinderehepaare, das fängt schon bei der Geburtsvorbereitung an. Oder man lernt sich zufällig bei der Besichtigung eines Kreißsaals kennen, oder im Kindergarten verstehen sich zwei Kinder gut, und diese Freundschaft will man fördern. Auch ich habe einige meiner Bekanntschaften Luna zu verdanken – Welpenspielgruppe, Hundeschule und zufällige Gassi-Bekanntschaften. Die Kinder, die Hunde spielen so schön miteinander, das macht die Eltern und Hundebesitzer froh, man freundet sich vielleicht sogar an, betreut die Kinder, die Hunde abwechselnd, wenn mal Not am Mann oder an der Frau ist.

»Ich hab doch keine Lust, mit irgendwelchen Leuten zusammen zu sein«, erklärte Lara mir im sechsten Monat ihrer Schwangerschaft geringschätzig, »bloß weil unsere Kinder sich verstehen.«

Heute verbringt sie viel Zeit mit Menschen, die sie früher gerade mal gegrüßt hätte, die sie langweilig gefunden hätte oder spießig oder komisch. Kinder bauen Vorurteile ab. Wer hätte gedacht, dass eine Zahnarzttochter so nett sein kann? Wer hätte gedacht, dass das Frauli von dem toupierten Pudel so locker drauf ist? Menschen, die ich durch Luna kennenlernte und die ich wahrscheinlich nicht kennengelernt hätte: einen Gabelstaplerfahrer, eine Köchin, eine Landwirtin, einen Mechatroniker, einen Metzger, eine Psychoanalytikerin, eine Flugzeugmechanikerin, eine Physikerin, einen Bankdirektor. Alle Fraulis, Herrlis oder Chefs. Luna erweiterte meinen Horizont. Womöglich hatte sie da gewisse Defizite entdeckt? Auch dafür bin ich ihr dankbar, denn irgendwann hat man alles gesagt, was zum Thema Hunde gesagt werden muss und kann. Und dann geht es ans Eingemachte. Eine Stunde Gassi entspricht einer Stunde Psychotherapie. Da wird nicht nur der Kopf, sondern auch das Herz ausgeschüttet, und es ist schon erstaunlich, was zum Vorschein kommen kann. Vielleicht haben die Hunde gar keine Lust, über Stock und Stein querfeldein zu rennen, ihre Zungen schleifen über den Acker, aber die Herzen von Herrchen und Frauchen sind noch nicht rein, sie müssen weiterspielen und toben, bis sie ihre Herrchen und Frauchen in einem Zustand spüren, den sie verantworten können. So kehren sie zurück, bleiben nun in der Nähe, und wir stellen fest: »Ich glaube, sie sind jetzt müde.«

Als Luna in mein Leben einzog, war ich, und das kommt erschwerend hinzu, in einem Alter, in dem ich mir die Kinderfrage allmählich abschließend hätte überlegen sollen. Ich selbst hatte sie mir bereits überlegt, reiflich. Was andere, die mich von außen sahen, ja nicht wussten. Dafür wussten sie aber, dass der Welpe ein Babyersatz war und der spätere Hund ein Kinderersatz.

Auch Johannes – unsere Freundschaft hatte sich in Liebe gewandelt – hatte sich die Kinderfrage reiflich überlegt. Wir waren aufgrund bestimmter Geschehnisse, die ich auch meiner Ghostwriterin nicht anvertrauen würde, zu einem Ergebnis gekommen. Dies hatte überhaupt nichts damit zu tun, dass ich und schließlich wir einen Hund wollten. Glaubten wir, andere nicht. Die Erste, die mich darauf hinwies, war eine Nachbarin, die nach mehreren Dutzend gescheiterter Beziehungen eine Gesprächstherapie begonnen hatte und mich wissen ließ: »Also mein Therapeut sagt, wenn man egoistisch ist, soll man sich lieber einen Hund halten als ein Kind, da kann man nicht so viel kaputtmachen.« Diesen Tipp nahm ich gerne auf in das Buch, an dem ich seinerzeit schrieb: Goodbye Baby, glücklich ohne Kinder. Was mir mit zunehmender Erfahrung als Hundehalterin wahrscheinlicher erscheint als glücklich ohne Hund. Denn ein Hund bleibt irgendwie immer ein Kleinkind. Der Mensch wächst, und da hat die Volksweisheit recht: »Kleine Kinder, kleine Sorgen, große Kinder, große Sorgen.«

Aber natürlich überlegte ich mir das alles nicht. Alles, was ich wollte, war ein Hund! Und das wurde nun zum Problem.

Zwölf lackschwarze Labradors

Die Zeit wurde allmählich knapp. Johannes, noch immer ein Neuzugang in meinem Leben, hatte sich extra freigenommen, um den vierbeinigen Neuzugang mit mir einzugewöhnen. Aber es war kein Hund in Sicht, soviel ich auch herumtelefonierte. Dienstagmittag rief mich eine Frau an; irgendjemand hatte ihr von mir erzählt, und fragte, ob ich einen Wurf von zwölf lackschwarzen Labradors sehen wollte.

Labrador? Bis zu dieser Rasse hatte ich mich noch nicht vorgelesen. Ich überlegte, ob es Labradore heißen müsste.

»Das sind ganz tolle Hunde. Die kommen gerade in Mode«, erklärte sie mir, als wäre das eine Auszeichnung.

»Mode ist mir egal«, erklärte ich, was mich eher abschreckte. Ich hatte noch keine Ahnung, dass es Menschen gibt, die sich auch beim Hund nach dem Trend orientieren.

»Ein Labrador ist leicht zu erziehen, extrem kinderlieb, absolut aggressionsfrei, umgänglich, freundlich, immer gut gelaunt, es ist ein Apportierhund, und er schwimmt für sein Leben gern.«

»Schwarz, sagten Sie?«, fragte ich. Blitz, der schwarze Hengst, tauchte vor meinem inneren Auge auf. Es gab nämlich noch einen Kindheitstraum in meinem Leben. Den schwarzen Hengst. Mit dem hatte ich allerdings abgeschlossen. Ein Pferd war nicht kompatibel mit meinem Alltag. Aber ein schwarzer Hund! Die Nachkommen von Lilly wären vermutlich schwarz-weiß-braun gefleckt zur Welt gekommen.

»Lackschwarz«, bestätigte die Frau.

Fünf Minuten später rief ich Johannes an und fragte ihn, ob er Lust hätte, am Nachmittag einen Ausflug zu unternehmen. Auf der Fahrt plagten mich Zweifel. Zwölf Stück! Wie sollte ich herausbekommen, ob der Richtige darunter ist!

»Du musst ja keinen nehmen«, meinte Johannes.

»Doch, muss ich! Ich habe doch sonst nichts im Angebot. Und wenn ich noch länger warte, wird es schwierig. Jetzt habe ich Zeit. In drei Wochen kann ich den Hund nicht mehr so gut eingewöhnen, dann startet ein neues Projekt. Da brauche ich einen freien Kopf.«

»Ich habe schon öfter gehört, dass man spürt, welcher Hund der richtige ist«, erwiderte Johannes. »Vielleicht läuft einer auf dich zu, und der ist es dann.«

»Hoffentlich«, seufzte ich.

Die Adresse stellte sich als Gnadenhof heraus. Es gab Pferde und Ziegen, Schafe, einen Zwinger mit einem Dutzend Hunde, es gab Katzen und einen einzigen Labrador, wie wir bei der Begrüßung erfuhren.

»Wo sind denn die anderen?«, fragte ich.

»Weg«, sagte die Frau.

Innerhalb von vierundzwanzig Stunden von zwölf auf eins? Da schoss etwas Schwarzes um die Ecke, und ich dachte überhaupt nichts mehr.

Das schwarze Ding wedelte, als wollte es gleich abheben mit seinem kreisenden Propeller, es steckte seinen Kopf in meine aufgeknöpfte milkafarbene Jacke, stieß und stupste, schleckte mich hektisch ab, rannte zu Johannes und steckte den Kopf in seinen Anorak, verschwand schließlich vollständig darin, lachend saßen wir auf dem Boden, der schwarze Wuzel wuselte drollig durch das Zimmer. Mein Blick bohrte sich in den Welpen hinein. *Bist du es?*

»Ein Weiberl«, sagte die Frau.

»Wie alt?«, frage Johannes.

»Vierzehn Wochen«, sagte die Frau.

»Gesund?«, fragte ich.

»Selbstverständlich. Mit Impfpass.«

Als ich dem Tierarzt zwei Tage später von allem Folgenden erzählte, schüttelte er fortwährend den Kopf, als litte er an einem Nein-Tremor und malte unsere Zukunft schwarz an die Wand.

Ich erfuhr, dass man nicht einfach irgendeinen Hund von irgendwo mitnimmt. Wenn man einen Welpen möchte, besucht man ihn nach der Geburt einige Male, um sich zu versichern, dass es der richtige ist. Man schaut sich sein Umfeld an und achtet darauf, dass die Sozialisation wunschgemäß verläuft und der Hund an menschliches Leben und Geräusche gewöhnt wird. Man weiß darüber Bescheid, welchen Platz im Rudel das Tier einnimmt, und hat es auch bereits mit sich vertraut gemacht. Man ist in gutem Kontakt zu den Besitzern der Mutter des Hundes und schließt somit aus, dass der Hund beispielsweise durch Spritzen fit gemacht wird. Man kann einen Hund so aufpeppen, dass das Fell glänzt und er einen vitalen Eindruck erweckt, auch wenn er krank ist.

»Es gibt Leute«, sagte der Tierarzt, »die setzen Hunde unter Drogen. Woher wissen Sie, dass der Hund nicht traumatisiert ist? Was hat er erlebt? Aus welchem«, er hob die Hände in die Luft und formte mit Zeige- und Mittelfingern Anführungszeichen, »Stall kommt er? Ist er vielleicht gestohlen? Das geschieht häufig, bei Rassehunden, die in Mode sind. Welche Krankheiten trägt er in sich? Wie ist der gesundheitliche Zustand seiner Eltern zu beurteilen? Das alles sind bedeutende Kriterien. Man holt sich nicht einfach so irgendeinen Hund! Warum sind Sie nicht zu mir gekommen? Ich hätte Ihnen ein einwandfreies Tier vermittelt. Da hätten Sie sicher sein können, dass keine exorbitanten Arztrechnungen auf Sie zukommen.«

»Die Vorbesitzerin sagte, dass es in Lunas Familie kein HD gibt«, erwiderte ich unsicher, um nicht ganz dumm dazustehen. Was eine Hüftgelenksdysplasie ist, wusste ich selbst erst seit Kurzem: eine Fehlentwicklung dieses Gelenks, die wie die Ellbogendysplasie weitgehend genetisch bedingt und somit vererbbar ist. Vor allem größere Hunde sind davon betroffen. Da sie erstmals beim Deutschen Schäferhund festgestellt wurde, wird sie manchmal als Schäferhund-Krankheit bezeichnet, obwohl sie bei anderen Rassen ebenfalls vorkommt. Während man sie jungen Hunden selten ansieht, zeigt sie ihre Auswirkungen je nach Ausprägung im fortschreitenden Alter immer deutlicher. Ein erkrankter Hund vermeidet dann plötzlich Sprünge und hat Schwierigkeiten beim Aufstehen. Zuletzt kann er unter so starken Schmerzen leiden, dass er bei bloßer Berührung im Hüftbereich aufschreit. Lediglich das Einsetzen eines künstlichen Gelenks kann dann noch helfen. Vielleicht werden Hunden ja auch irgendwann Herzen transplantiert. In der Kolumne von Harald Martenstein in der *Zeit* habe ich neulich gelesen, dass sich weltweit viele fundamentalistische Christen Sorgen darum machen, was nach ihrer glücklichen Himmelfahrt mit ihren Haustieren, Katzen und Hunden geschieht. Die müssen im christlichen Himmel nämlich leider draußen bleiben. Zum Glück gibt es jetzt eine speziell für den religiösen Ernstfall zugeschnittene Abhilfe: Für 135 Dollar kümmern sich die Mitarbeiter einer Versicherung nach der Himmelfahrt von Herrchen und Frauchen um dessen Haustiere. Die Versicherung versichert, dass alle Mitarbeiter erprobt und über jeden Zweifel erhabene Atheisten seien, die garantiert von einer Himmelfahrt ausgeschlossen würden.

Luna wollte weder himmelfahren noch auf dem Untersuchungstisch des Tierarztes stehen bleiben, sie wollte zu der netten Helferin mit den Leckerlis. Ihr Fell glänzte noch immer lackschwarz, obwohl die Wirkung der Aufpeppspritze doch allmählich nachlassen müsste? Sie sah rundum umwerfend aus. Am verliebtesten war ich in die seidenweichen Schlappohren. Die konnte ich minutenlang um meine Finger drehen. Und der noch unbehaarte Bauch, Johannes' Lieblingsstelle. Wie aus Gummi. Wir hätten den Hund ständig knuddeln können, doch dazu hätte er mal stillhalten müssen, und diese Position war Luna zutiefst zuwider.

»Kerngesund«, stellte der Tierarzt nach der Untersuchung fest.

»Wir wechseln den Tierarzt«, sagte Johannes im Auto. Sein *Wir* rührte mich. »Und außerdem vergessen wir seine Schwarzmalereien.«

»Ein schwarzer Hund genügt«, nickte ich. Und tatsächlich war das neue Leben so aufregend, dass ich keine Zeit hatte, den Teufel an die Wand zu malen. Luna ist in ihrem langen Leben äußerst selten krank gewesen. Ein Tag Husten, eine ausgerissene Kralle, eine Warze am Auge, seit vier Jahren ein wenig Arthrose und ein Schlangenbiss.

Und vielleicht ein Ding in der Milz.

In letzter Zeit denke ich oft an den stürmischen Dienstag im Februar, als wir Luna zu uns holten.

Das kleine warme Hundebaby lag im Auto eingerollt auf meinem Schoß. Johannes fuhr. Es erschien mir unfassbar, dass ich nun einen Hund hatte. Dass ich es wirklich getan hatte. Ich freute mich so sehr. Gleichzeitig rührte es mich zu Tränen, und ich fühlte mich völlig überfordert. War das richtig? Ich würde den Hund nicht zurückgeben. Die Entscheidung war gefallen. Und jetzt?

Johannes öffnete das Fenster. »Hoffentlich furzt die nicht immer so«, meinte er. Auch er hatte keine Erfahrung mit Hunden, als Kind hatte er Hasen, Hamster und seine Schwestern Meerschweinchen gehalten.

Jetzt hab ich einen Hund, dachte ich immer wieder, tatsächlich, einen Hund. Das ist meiner. Und es ist ein Weiberl.

»Luna«, sagte ich.

Keine Reaktion.

Dass ich dieses Lebewesen einfach so mitnehmen konnte. Das wusste doch gar nicht, wohin ich es bringen würde. Das musste einfach mit, weil ich eine großzügige Spende an den Gnadenhof gegeben hatte. Schließlich handelte es sich um einen Rassehund. Was mir völlig egal war. Dieses Geschöpf war mir nun ausgeliefert auf Gedeih und Verderb.

»Ich pass auf dich auf«, versprach ich ihm, da kam eine heiße Zunge aus dem Mäulchen.

Ich versprech dir, dass du ein schönes Leben haben wirst, sagte ich in Gedanken zu dem kleinen Wesen. Wie das aussehen würde, wusste ich noch immer nicht so genau, aber ich würde alle Hunderatgeber zu Hause lesen und alles berücksichtigen, und ich wusste, dass ich nun bei jedem Wind und Wetter vor die Tür musste. Und dass ich das tun würde, obwohl ich es nicht ausstehen konnte.

Ich beugte mich über den kleinen Hundekörper, der so laut schnaufte, und flüsterte in die seidenweichen Schlappohren: »Ich freu mich so über dich!«

Am liebsten hätte ich die Kleine ganz fest gedrückt. Aber es war noch so neu und fremd, den Hund anzufassen. Meinen. Und ein bisschen unseren.

Johannes hatte mir versprochen, sich um Luna zu kümmern, egal, wie es mit uns weitergehen würde. Auch Rose, meine Nachbarin, die sich mit Hunden auskannte, würde sich kümmern, wenn ich mal spontan einen Hundesitter brauchte, und noch einige Tierfreunde mehr hatten sich angeboten.

»Alles ist für dich vorbereitet«, flüsterte ich in die Hundeohren.

Als ich meinem Vermieter einige Wochen zuvor ein Foto von Lilly gezeigt hatte: »Ich möchte gerne einen Untermieter anmelden, der wohnt noch hier in dem Bauch«, hatte er mich angeschaut, als fragte ich um die Erlaubnis, ein Bad zu nehmen. Mein wunderbarer Vermieter, der auf demselben Grundstück im großen ehemaligen Bauernhaus wohnte, war der Meinung, dass das meine Entscheidung sei, was hatte er damit zu tun? Oder erwartete ich, dass er das Gassigehen übernahm?

»Nein, nein«, versicherte ich schnell.

»Der Garten ist groß genug, schön, dass jetzt wieder ein Hund kommt«, nickte er und verlor kein Wort darüber, dass ich gut achtgeben sollte wegen der Hühner und Enten, die frei im Garten herumliefen. Vielleicht wusste er, dass Luna sie zu meinem beweglichen Besitz zählen und ihnen somit keine Feder krümmen würde. Alles war so einfach! Ganz anders als erwartet. Viele hatten mich gewarnt, einen Hund zu halten sei fast überall verboten, sogar auf dem Land. »Kauf dir eine Immobilie, das ist deine einzige Chance. Sonst wird dir die Hundehaltung von deinen Vermietern untersagt.« Dass sie recht hatten, erfuhr ich sieben Jahre später, als ich mit Johannes zusammenziehen wollte. Ein Hund war für viele Vermieter ein Immobilienwertminderer, Parkettzerkratzer, Beller, Gartenumwühler, Postbotenzerfleischer, Zaunüberspringer, Holzzerbeißer, Teppichzerstörer, Angstmacher. Zum Glück nicht für alle. »Ein Leben ohne Hund ist möglich, aber sinnlos«, zitierte unsere Vermieterin leicht abgewandelt Loriot.

»Gleich sind wir daheim«, sagte ich zu dem Hundebaby auf meinem Schoß. Es wachte auf und schaute interessiert aus dem Fenster, wo wenig zu sehen war, es dämmerte bereits.

Wie ein großes Stück Schokolade lag unser gemeinsames Leben vor uns. Gerade mal eine stecknadelkopfgroße Stelle der Verpackung war aufgerissen. Ich hatte keine Ahnung, wie die Schokolade schmecken würde. Süß oder bitter, mit Nüssen, Mandeln oder Rosinen? Wie würde mein Alltag als Hundebesitzerin aussehen? Hatte ich die richtige Wahl getroffen, indem ich keine Wahl gehabt hatte? War diese Luna der richtige Hund für mich? Noch war ich unsicher. Doch bald schon erkannte ich, dass es keinen besseren Hund für mich gab als einen Labrador oder einen mit hohem Labradoranteil. So genau ist das bei Luna nicht festzustellen. Im Laufe der Jahre hörte ich oft, für einen Labrador sei Lunas Schnauze zu lang. Und die Ohren auch. Umso besser. Mehr zum Um-die-Finger-Wickeln! Oder war sie vielleicht ein Field Trial Labrador, die zierlichere Züchtung? Alles egal, Hauptsache Luna, wie sie leibt und lebt. Mit einem Hund aus Lillys Bauch, italienischer Jagdhund, wäre ich in meiner Wohnlage im wildreichen Gebiet nicht froh geworden.

»Sag ich doch«, sagte Natalie. »Der Hund hat sich dich ausgesucht.«

Die Guillotine

Luna ist so alt wie die Tochter meines Freundes Peter. Paula kommt nun allmählich in die Pubertät. Eine Phase, die den Abschied von der Kindheit einleitet. Am Ende steht, wenn alles klappt, der glückliche Auszug und der Einzug in das eigene Leben. Mit einem Hund als Kind light erspart man sich die Pubertät, die bei manchen nicht nur stürmisch, sondern katastrophal verläuft. Ein Kind light beschimpft die Eltern nicht, nimmt keine Drogen, wird nicht dick oder hört nicht auf zu essen, kommt nicht in schlechte Kreise. Auch im »schwierigen« Alter läuft alles wie gewöhnlich, wenn dieses Alter überhaupt erreicht wird. Eine Pubertät gibt es bei Hunden auch, aber viel früher, um das erste Lebensjahr herum, und sie ist schnell durchgestanden. So ein Hundeleben ist überhaupt recht schnell durch. Manchmal denke ich, womöglich zählt einer meiner Tage in Lunas Kalender drei Tage. Wenn man zwischendurch immer mal wieder schläft, wacht man vielleicht jedes Mal in einen neuen Tag auf.

Paula spielt Ball mit Luna. Sie ist einen Monat und drei Tage jünger als Luna und steht an der Schwelle zu ihrem eigenen Leben. Für Luna wird das Leben bald zu Ende sein. Für

Paula die Kindheit – und ihre Eltern werden in den nächsten Jahren loslassen lernen. Und ich auch, unabhängig davon, ob das undefinierbare Gebilde in Lunas Bauch Krebs ist oder nicht. Es ist unanständig, Kinder und Hunde zu vergleichen. Pfui, aus!

Aber wenn ich den Hund doch so lieb habe!

Ein Tier ist kein Mensch.

Wirklich, sehr, sehr lieb.

Dann stimmt was nicht mit dir.

Von mir aus. Egal. Luna for President.

Wir hätten nichts von dem Ding in ihrem Bauch erfahren, wenn sie nicht von der Schlange – wahrscheinlich eine Kreuzotter –, vielleicht aber auch von einem Exoten, den irgendein Reptilienfreund ausgesetzt hatte, gebissen worden wäre. Beim Ultraschall in der Tierklinik fiel es auf, zirka zwei Zentimeter Durchmesser. »Wenn der Hund den Schlangenbiss überlebt, sollten Sie das kontrollieren lassen. Wir wissen nicht, ob es ein Relikt dieses Schlangenbisses ist oder eine andere Erkrankung, die schon vorher bestand.«

Als ich zwei Wochen nach dem Schlangenbiss mit einer schon ziemlich fitten, nüchternen Luna morgens um acht bei der Tierärztin zur Kontrolle erschien, war das der letzte lästige Termin, um die Akte Schlangenbiss zu schließen. Das würden wir jetzt noch abhaken und dann zum Alltag übergehen, dem sich Luna täglich annäherte. Morgens joggten wir bereits wieder. Schwimmen waren wir ebenfalls schon einige Male gewesen, wenn auch nicht so lang wie vor dem Biss, gerade mal zehn Minuten.

Luna musste sich sehr überwinden, mir in die Tierarztpraxis zu folgen. Hier hatte man sie so oft gepiekst, ihr Blut abgenommen, hier hatte sie Kortisoninfusionen erhalten und die Bluttransfusion. Doch wie immer folgte sie mir, treu und ergeben. *Wo du hingehst, gehe ich auch hin. An deiner Seite ist mein Platz.* Mit gesenktem Kopf trottete sie hinter mir her, wie auf dem Weg zur Guillotine. So mochte sie sich wohl fühlen in dieser Geruchshölle aus Panik und Todesangst. Ich konnte ihr nicht erklären, dass Ultraschall nicht wehtut. Ich hätte auch gelogen, weiß ich heute. Ihr würde er nicht wehtun. Aber mir. Denn der Monitor zeigte einen schwarzen Schatten, den das Gesicht der Tierärztin als Krebs ausdruckte, ich erkannte es sofort. Sie mied das Wort.

»Ein Tumor«, sagte sie.

»Wie lange noch?«, fragte ich, weil das automatisch an dem Wort Tumor dranhängt wie Hunger beispielsweise an Essen.

»Zwei Wochen bis drei Monate.«

Die Guillotine fiel.

Die Tierärztin schaltete das Gerät ab. Luna schüttelte sich und wollte raus. Ich ließ sie in den Garten hinter der Praxis, wo sie sich erleichtert in Gänseblümchen wälzte. So lebendig. Alle viere in die Luft, rechts, links, und die Schnauze wohlig grunzend durchs Gras. Die Tierärztin stellte sich neben mich, legte mir ihre Hand auf den Arm. »Milztumore kommen bei Hunden häufig vor. Man kann sie zwar operieren, doch davon rate ich ab. Die meisten Hunde überleben die Operation nur wenige Wochen oder Monate. Und bedenken Sie, dass Luna nicht mehr die Jüngste ist. Da hätten Sie sich ohnehin früher oder später mit dem Gedanken an Abschied befassen müssen.«

Ja, das hatte ich getan. Seit sie zehn Jahre alt war. Siebzig hatte ich gedacht, was nicht stimmte. Die bekannte Sieben-Jahres-Regel gilt nur bei sehr großen Hunden, und als Labrador zählt Luna zu den mittelgroßen. Immer öfter hatte ich in den letzten beiden Jahren nach dem Alter anderer Hunde gefragt und dann, meistens erleichtert, verglichen: Dagegen sieht Luna ja noch richtig jung aus. Manchmal am See, wenn sie nicht genug kriegen konnte von Bällen und Stöcken, die ich noch viel weiter werfen sollte, fragte mich jemand »Wie alt ist der Hund denn?«

»Fast zwölf«, sagte ich. »Ach, ein Jährling.«

Ja, so kann sie sich benehmen am Wasser. Beim Spielen ist ihr das Alter nicht anzumerken. Zu Hause kann Luna locker achtzehn Stunden verträumen. Sie kann aber auch auf ihre Schläfchen verzichten. Das hängt davon ab, was gerade geboten ist. Was soll sie sonst auch machen, wenn nix los ist? Im Netz surfen kommt ja nicht infrage.

Alte Leute, habe ich mal gehört, lesen häufig die Todesanzeigen in Zeitungen. Vielleicht kannte man ja einen der Verstorbenen? Wenn eine Persönlichkeit aus dem öffentlichen Leben stirbt, zählt das Alter. Nur zwei Jahre älter als ich, nur eines, sogar jünger. Der Sensenmann rückt näher.

Niemals hatte ich daran gezweifelt, dass Luna ihren zwölften Geburtstag erleben würde. Es ging ihr blendend. Und nun war auf einmal alles anders, obwohl alles genauso war wie vorher. Warum nur hatte ich diesen Termin zum Ultraschall verabredet? Aber hätte ich den noch nicht geklärten Befund vergessen können?

Fest drückte die Tierärztin mir die Hand. »Machen Sie sich eine schöne Zeit miteinander. Geben Sie ihr leckere Sachen zu fressen. Genießen Sie die Tage und Wochen, die Ihnen und Luna bleiben.«

Kurt Peipe war 64 Jahre alt, als die Ärzte ihn wissen ließen: Da kann man nichts mehr machen. Der Gärtnermeister beschloss, sich einen Lebenstraum zu erfüllen. Mit seinem künstlichen Darmausgang und einem Tagesetat von fünf Euro wanderte er, zuerst mehr schleppend, zu Fuß von der dänischen Grenze bis nach Rom, 3 350 Kilometer unter widrigsten Umständen, nachts schlief er im Zelt. Unterwegs traf er zufällig einen Redakteur der Süddeutschen Zeitung, so wurde seine Lebensgeschichte bekannt. Es folgten viele Zeitungsartikel, Fernsehberichte und schließlich ein Buch *Dem Leben auf den Fersen,* das ich mit ihm zusammen schrieb. Die Begegnung mit diesem Mann gehört zu den beeindruckendsten meines Lebens. Kurt sagte: »Wenn ich die Wahl hätte. Mein altes Leben zurück und gesund oder Krebs und diese letzten Wochen, Monate, ich würde nichts ändern wollen. Durch meine Krankheit hat sich mein Leben erfüllt. Ich bin ein anderer geworden. Ohne den Krebs hätte ich so vieles nicht erkannt. Die Zeit der Wanderung war die intensivste meines Lebens.«

Es war April, als der Verlag uns wissen ließ, das Buch würde am 8.8. erscheinen.

»Schönes Datum«, sagte ich zu Kurt.

Ich ahnte nicht, dass damit sein Todestag feststand. Ich hoffte sehr, er würde sein Buch noch in den Händen halten können. Es ist ein langer Weg vom abgegebenen Manuskript bis zum gedruckten Buch. Kurt schaffte es. Ich glaube, er starb als glücklicher Mann, auch wenn die letzten Tage entsetzlich waren. Er lehnte Schmerzmittel ab, weil er alles wach und klar wahrnehmen wollte. Bewusst. Selten habe ich Leben so kostbar erlebt wie im Angesicht des Abschieds, wie mit Kurt. Einmal liefen wir einen Waldweg entlang, die Sonne schien durch die Buchen. Ich fragte ihn etwas über seine Krankheit. Da nahm er meine Hand. »Jetzt gehe ich mit dir durch diesen wundervollen Wald.« In dem Moment war es, als risse ein Schleier, als kämen der Frühling, der Wald, die Vogelstimmen und würzigen Düfte erst jetzt bei mir an und ich bei ihnen. Vor uns her lief Luna, schwanzwedelnd.

Ich rief Luna vom Garten hinter dem Haus zurück in die Tierarztpraxis, ihre Rute sank tief, als ich am Ausgang stand, schnellte sie nach oben, und die Wedelmaschine begann zuerst verhalten, dann heftig, kaum standen wir auf der Straße. Hochinteressant, die Postings vor einer Tierarztpraxis. Luna senkte ihre Nase und nahm sie gewissenhaft auf, kommentierte auch zweimal. Am Gartenzaun stehend, beobachtete ich sie. Tränen liefen mir übers Gesicht. Der ganze Hund ein Bild der Sorglosigkeit, Freude, vertieft in jeden einzelnen Augenblick. Jetzt lebt sie noch, dachte ich, nein, ohne noch. Jetzt lebt sie, sagte ich mir vor. Jetzt ist jetzt. Ein Lkw donnerte dicht an mir vorbei. In einer Sekunde könnte ich Matsch sein. Jetzt ist jetzt. Bis zum See darf ich weinen, erlaubte ich mir, dann weine ich nie mehr. Ich bin die Große.

Als mein Mann gestorben war und ich in der ersten Nacht ohne ihn in unser Bett schlüpfte, nach einer Stelle suchend, die nach ihm roch, stieg ein grauenhaftes Weinen aus meinem tiefsten Innersten auf. Nie mehr. Nie mehr kann man sich nicht vorstellen. Nie mehr begreift man erst, wenn es eingetreten ist, und auch nicht auf einmal, es ist viel zu groß. Nie mehr kann nur in kleinen Stücken und immer wieder aufs Neue betastet, bestaunt und irgendwann einmal angenommen, akzeptiert werden. In dieser ersten Nacht wusste ich noch sehr wenig darüber, was mir bevorstand. Es war mir aber bewusst, dass die schwerste Zeit meines Lebens anbrach. Ich stand an der Schwelle. Es war mir auch klar, dass ich alle meine Kräfte brauchen würde und manchmal mehr, um das zu überleben.

»Im Bett wird nicht geweint«, flüsterte ich mir selbst zu. »Im Bett wird nur geschlafen.« Ich hielt mich dran, und wann immer das Weinen mich nachts zu überwältigen drohte, stand ich auf.

Am See warf ich einen Stock ins Wasser. Luna stürzte ihm begeistert nach. Ich rief ihr ein »Jippi!« hinterher. Es klang schwach, aber Luna merkte es hoffentlich nicht in ihrer Begeisterung. Stock und Wasser. Das Leben ist schön.

Gnadenbrot, Henkersmahlzeit, dachte ich, als ich ein Steak kaufte, Blutbildungsmaßnahme. Ich esse selten Fleisch. Es stank in der Küche. Egal. Mitgehangen, mitgefangen. Luna war begeistert von der Schonkost. Vor Entzücken verdrehte sie fast die Augen.

Ich schnitt das kurz angebratene Steak in kleine Bissen, legte mir eins nach dem anderen auf die Hand, innen noch blutig, English medium, und reichte es ihr. Sehr vorsichtig nahm sie die Stücke entgegen. Natürlich kaute sie nicht, schluckte nur. Alles normal. Wenn ihre weichen Lippen meine Hand berührten, berührte sie mein Herz. Was ihr egal war. Luna schielte auf das Brettchen mit dem Rest. Kalt war ihre Schnauze. Da ist der Hund gesund. Genauso soll er sich fühlen, wenn er in meine Augen schaut. Alles gut. Alles wie immer. Das ist mein Job. Mein Dank an Luna. Alles wie immer. Bloß nicht an die Zukunft denken. Wie sollte ich leben, ohne meine Sonne schwarzer Schatten. Ich war nicht vorbereitet auf das, worauf man sich nicht vorbereiten kann, weil es immer anders kommt. Alles wäre anders, wenn man mit der Geburtsurkunde einen Zettel ausgehändigt bekäme, wie lang das Leben währt. Gültig bis 23. Februar 2083. Da könnte man sich dann einrichten, einteilen, ich vermute, es würde nicht gelingen. Der Tod passt nie, das ist die Würze des Lebens. Lieber an die Vergangenheit denken. Wie alles begann. Und an all das Schöne, was wir zusammen erleben durften. Das kann mir niemand nehmen. Ich bin die Große, und das bin ich gerne: für Luna.

Luder und Losung

Es war dunkel, als wir im Februar 2001 vor meinem Hexenhäuschen parkten.

»Auf keinen Fall darf der Hund vor uns rein«, sagte ich zu Johannes, was ich in einem Erziehungsratgeber gelesen hatte, »sonst ist der Hund der Chef. Wir müssen zuerst rein. Wir sind die Chefs. Chefs gehen immer voraus und kontrollieren prinzipiell die Ein- und Ausgänge.«

Luna wollte gar kein Chef sein. Luna war bloß neugierig. Wahnsinnig neugierig. Zu dritt drängelten wir an der Tür, der Eingang war schmal, stürzten schließlich die Treppen hoch und gelangten wahrscheinlich gleichzeitig oben an. Im Tiefflug, auf gebeugten Beinen, schnupperte Luna durch die Räume. Als sie in mein Arbeitszimmer wollte, brüllte ich: »Nein!« Mit einem Riesensatz sprang der arme Hund zur Seite. Er hat in den acht Jahren, die wir im Hexenhaus wohnten, nie wieder mein Arbeitszimmer betreten, und das hat mir sehr leidgetan, denn es hätte mir gefallen: ich am Schreibtisch, der Hund darunter, im Winter meine Füße am weichen Fell wärmend. Nein, das kam nicht vor, das war das grauenumwobene Chefzimmer, Luna vergaß es nicht, obwohl der Teppich leicht zu reinigen gewesen wäre. Luna vergaß auch nicht, dass Hunde niemals aufs Sofa dürfen. Auch das tat mir später leid, wenn ich manchmal beim Fernsehen gern mit ihr gekuschelt hätte. Ich musste sie zwei-, dreimal auffordern, ehe sie zu mir auf das Sofa sprang. Dort fühlte sie sich nicht wohl, leckte sich übers Maul und machte einen verkrampften Eindruck.

Aus Angst vor Fehlern, die zu einem unerzogenen Hund führen würden, der das Leben in eine Hölle verwandeln würde, war ich sehr streng, vielleicht zu streng. Ich hatte noch nicht alle Hundebücher gelesen, womöglich nur die mit der autoritären Erziehung, und mir gemerkt, dass es für den Hund wichtig sei, unten und oben klar zu unterscheiden. Der Mensch ist oben, der Hund unten. Dann fühlt sich der Vierbeiner sicher, weil er seinen Platz kennt. Schwierigkeiten entstehen, wenn der Hund glaubt, er müsse den Chefplatz einnehmen, da seinem Zweibeiner die Qualifikation fehlt. Dies geschieht, wenn er zuerst durch Türen läuft, wenn er zuerst Futter bekommt und aufs Sofa und ins Bett darf. Das sind Chefprivilegien. Je nach Rasse hat ein Hund schwächere oder stärkere Ambitionen auf Karriere und versucht fortgesetzt, den Chefposten zu erringen. Ein Labrador ist diesbezüglich wenig ehrgeizig, aber natürlich versucht er es. Rüden liebäugeln eher mit der Chefposition als Hündinnen. Ein Hund, der seinen angestammten Platz kennt, fühlt sich wohl und ist nicht gestresst, das Gleiche gilt für seine Besitzer. So wollte ich es haben! Und natürlich sollte Luna so schnell wie möglich stubenrein werden. Wir hatten keine Ahnung, dass sie das bereits war.

In der ersten Nacht stellten wir den Wecker alle zwei Stunden und rissen den armen Welpen aus dem Schlaf, führten ihn abwechselnd nach draußen, beleuchteten mit einer Taschenlampe sein Hinterteil, ob da was rauskam. Es kam aber nichts raus, nur vorne ein leidender Blick eines total übermüdeten Hundebabys, das einen äußerst aufregenden Tag hinter sich hatte und bitte, bitte nur schlafen wollte. Aber wir meinten es gut und wollten alles richtig machen. Deshalb rief ich am nächsten Tag bei einer Hundeschule an, ich hatte bereits drei in der Umgebung herausgesucht. Frau Bärmann, die sich bei der ersten Telefonnummer meldete, machte einen kompetenten Eindruck. Nachdem sie mir zu meiner Neuanschaffung gratuliert und mir prophezeit hatte, dass ich nun eine wunderschöne Zeit erleben würde, ließ sie mich wissen, dass diese Zeit auch ganz schrecklich verlaufen könnte, wenn ich nicht schleunigst eine Welpenschule besuchen würde. »Das sage ich Ihnen nicht, damit Sie zu mir kommen. Sie können auch woanders hingehen. Aber tun Sie es! Unbedingt.«

»Welpenschule?«, wiederholte ich staunend. Ich hatte bereits einige neue Wörter aus meinen Hunderatgebern gelernt und manches über die ursprüngliche Bedeutung von Wörtern erfahren, wie zum Beispiel Luder oder Losung. Das ist nicht nur ein religiöser Leitspruch, sondern auch das, was hinten aus dem Hund rauskommt. Er löst sich und hinterlässt eine Losung.

»In der Welpenschule werden die Hunde sozialisiert. Das ist wichtig, damit sie später friedlich mit Artgenossen umgehen.«

Um Gottes willen! Artgenossen! Die gab es auch noch. Nicht nur Menschen, auch andere Hunde! Darauf war ich nicht vorbereitet.

»Und was macht man da?«, fragte ich Frau Bärmann.

»Das kommt ganz drauf an.«

»Worauf?«

»In welcher Absicht sich der andere Hund nähert und welche Absicht Ihr eigener Hund hat.«

»Woran erkenne ich das?«

»Das kann ich Ihnen nicht am Telefon erklären.«

Ich meldete Luna und mich sofort zur Sozialisation an. Daraufhin erteilte mir Frau Bärmann noch einen kostenlosen Ratschlag.

»Lassen Sie den Hund kurzzeitig allein. Er muss so schnell wie möglich lernen, allein zu sein. Was Hänschen nicht lernt – na, Sie können sich ja selbst ausmalen, wie es weitergeht.«

»Wie, allein lassen?«, fragte Johannes.

»Nicht lang. Nur eine halbe Stunde. Das ist wichtig, sagt Frau Bärmann«, sagte ich zum ersten Mal den Satz, der bald schon ein rotes Tuch in unserer rosaroten Beziehung werden würde. Frau Bärmann sagt, Frau Bärmann meint, Frau Bärmann rät.

Johannes wollte die kleine Luna nicht allein lassen in dem großen Haus.

»So groß ist es nun auch wieder nicht.«

»Für einen kleinen Hund schon.«

Es zeichneten sich bereits am Tag eins mit Luna zwei unterschiedliche Erziehungsstile ab, die sich in den nächsten Wochen und Monaten verfestigen würden. Ich hatte die besseren Karten, mit mir würde Luna den Großteil ihrer Zeit verbringen, Johannes manchmal abends und am Wochenende sehen, vorausgesetzt, unsere Beziehung überlebte Frau Bärmann.

Ich hatte sozusagen das Sorgerecht, Johannes trug den Hund mit. So hatte er es mir versprochen, und das hielt er auch, als er für eine fehlende Impfung mit Luna zu einem neuen Tierarzt ging, der Johannes wissen ließ, dass der kleine Hund maximal eine halbe Stunde am Stück gehen sollte. Da steckte Johannes die kleine Luna auf dem Rückweg in seinen Rucksack und trug sie nach Hause. Manchmal war er viel lieber zu ihr als ich. Und gleichzeitig strenger. Jedenfalls war er einfühlsam und schlug vor, das Radio einzuschalten, wenn wir Luna schon allein lassen sollten.

Wir standen vor dem Hexenhäuschen, drinnen wurden Hänsel und Gretel bei lebendigem Leibe verspeist, so grauenvoll jaulte es durch die Mauern und Fenster. Wie konnte ein so kleiner Hund so laut sein? Verzweifelt schauten Johannes und ich uns an. Dann stürmte er nach vorne.

»Nicht!«, rief ich und hielt ihn zurück. »Wir dürfen jetzt auf keinen Fall nachgeben!«

»Aber sie leidet!«, rief er.

»Wir müssen sie allein lassen!«, rief ich, das Jaulen endete abrupt. Ich legte meinen Zeigefinger auf die Lippen und zog Johannes mit mir Richtung Auto. Widerstrebend folgte er mir.

»Sie muss lernen, allein zu sein«, flüsterte ich ihm zu, als wüsste er das nicht selbst.

Wir stiegen ein. Wir lauschten. Da war es wieder. Luna jaulte bis zur Straße. Die Haare stellten sich mir auf. Johannes sah aus, als hätte er starke Schmerzen überall. Wir stiegen aus und pirschten uns an das Haus

»Nein, das schaffe ich nicht«, Johannes schüttelte den Kopf.

»Bitte!«, rief ich.

Er drehte sich zu mir.

»Bitte lass es uns versuchen, bitte! Ich werde doch meistens mit ihr zusammen sein! Ich muss sie auch mal allein lassen können! Das ist wichtig für mich.«

Johannes atmete tief durch. »Du hast recht«, sagte er schließlich. »Aber es ist entsetzlich. Hoffentlich haben wir jetzt nicht ständig so ein Theater.«

Ein einziges Mal noch würde Johannes in den nächsten Tagen einen Vorbehalt gegen Luna äußern. Beim Tischtennis klaute sie uns ständig die Bälle, und er befürchtete, wir könnten nie wieder entspannt Ball spielen. Doch da war ich schon bei Frau Bärmann in der Hundeschule gewesen und konnte ihn beruhigen: »Alles Erziehungssache!«

Diese Autofahrt ohne Luna zum Supermarkt war Johannes und mein Initiationsritual als Eltern light. Wir merkten es nicht. Aber plötzlich gab es etwas Drittes, Kleines, worum wir uns sorgten. Es war kein Segelboot, kein Motorrad, kein Ferienhaus im Süden. Es hatte ein Herz, und das schlug schnell, vielleicht noch schneller, weil es GANZ ALLEIN IN DEM GROSSEN HAUS war.

»Sie ist weg!«, rief ich, als wir zurückkamen, gerade mal mit der Hälfte unserer Einkaufsliste im Gepäck, den Rest hatten wir vergessen.

»Das gibt's nicht!«, rief Johannes, doch auch er entdeckte keine Luna. Der Korb leer, die Küche leer, das Arbeitszimmer, wohin sie ja gar nicht gedurft hätte. Plötzlich ein Winseln, kaum zu hören durch die Stimme des Nachrichtensprechers.

»Oben! Sie ist oben!«

Wir stürzten die Treppe hoch. Da saß sie. Rauf hatte sie es geschafft, immer der Stimme nach. Runter nicht, die Stufen waren zu hoch.

Schon damals, am ersten Tag, noch keine vierundzwanzig Stunden im Haus, hätte ihr Wegsein wehgetan.

Abends fuhr ich noch mal einkaufen, den Rest der Liste besorgen. Diesmal nahm ich sie mit. Autofahren ist bestimmt auch wichtig, dachte ich an Frau Bärmann. Als ich mit meinen Einkäufen zum Wagen zurückkehrte, saß Luna nicht mehr auf der Rückbank, sondern hatte sich auf dem Fahrersitz zusammengerollt, wo die Chefin eben noch gesessen hatte, Nähe suchend. Vor Rührung stiegen mir Tränen hoch.

Am nächsten Morgen stiegen sie in Johannes Augen. In Lunas Körbchen lag einer seiner schweren Winterstiefel. Der kleine Hund hatte sich einen Trost gegen die Einsamkeit in sein Lager geschleppt: Herrchenduft.

Wiener Würste auf der Flucht

Wenn sich ein kinderloses Paar über dreißig einen Hund zulegt, gilt es als egoistisch oder unfruchtbar oder neurotisch oder alles zusammen, sogar wenn es sich um eine arme Kreatur aus Südeuropa handelt, die sonst eingeschläfert würde. Manche Menschen glauben zu wissen, dass mit denen, die keine Kinder haben, etwas nicht stimmt. Jeder normale Mensch, meinen sie, möchte etwas weitergeben im Leben. Den eigenen Besitz vererben oder wenigstens Erfahrungen mitteilen. Das sei schließlich angelegt im Menschsein. Und man muss sich schon fragen, ob die, die nichts weitergeben möchten, vielleicht nichts weiterzugeben haben.

Johannes und ich hatten eine Menge weiterzugeben. Wir wollten Luna das Fährtensuchen beibringen, was ja nichts anderes ist als lesen, aber eben hundegerecht. Wir fuhren am Ammersee-Westufer entlang bis zu einer Wiese, wo wir glaubten, dort niemanden zu treffen, der uns kannte, befahlen Luna ins Platz und fesselten vor ihren Augen ein Wiener Würstchen. Mit der Wurst an der Schnur liefen wir zickzack über die Wiese. Luna zitterte vor Aufregung. Dann war sie dran. »Such die Wurst!«

Luna spurtete los. Luna fand die Wurst. Luna brachte die Wurst unversehrt zu uns zurück. Johannes und mein Gesicht leuchteten vor Stolz. Wenn das Frau Bärmann gesehen hätte! Zur Belohnung bekam Luna die Wurst. Ein Schnapp, und weg war sie. Wir umwickelten eine zweite Wiener Wurst mit einer Schnur, Johannes rannte in eine andere Richtung, die Wurst hoppelte hinter ihm her durch das Gras, da erklang plötzlich sein Name.

»Johannes! Hallo!«

Er rannte einfach weiter. Musste man ausgerechnet dem neuen Schlagzeuger seiner Band begegnen, wenn man mit einer Wiener Wurst an der Leine am Ufer entlanglief? Nach einem weiteren Ruf drehte der Schlagzeuger taktvoll ab. Vielleicht glaubte er, sich getäuscht zu haben. Johannes versteckte die Wurst in einem Gebüsch, während ich Luna als fortgeschritten einstufte und ihr die Augen zuhielt.

»Such die Wurst!«

Luna spurtete los, die Nase am Boden, pendelnd die in der Erregung aufgeplusterte Rute. Work in Progress, nannten wir das. Oder: Während der Fahrt bitte nicht mit dem Fahrer sprechen.

Luna suchte in ihrem speziellen, uns unverständlichen Muster. Das kannten wir schon, sie hielt sich an ihre eigene Logik, die hatte nichts mit unserer zu tun. Sie konnte auch dort suchen, wo wir niemals gewesen waren. Aber bis jetzt hatte sie immer alles gefunden. Auch die Wurst?

Luna näherte sich dem Gebüsch, sie stöberte dort herum, verschwand kurze Zeit aus unserem Sichtfeld, suchte weiter, lief ein Stück zurück und wieder vor.

Johannes und ich beobachteten sie ratlos. Sie müsste die Wurst doch längst gefunden haben? Nein, hatte sie wohl nicht, so fleißig, wie sie weitersuchte. Schließlich lief Johannes zu dem Gebüsch.

»Die Wurst ist weg!«, meldete er verblüfft. Dann bekamen wir einen Lachanfall. Luna hatte sie schnell runtergeschluckt, bevor sie uns die Delikatesse bringen musste, und dann so getan, als hätte sie nichts gefunden. Wenn das Frau Bärmann wüsste! Unsere Gesichtsfarbe reichte nun schon ins Violette. Wären wir Lunas Eltern gewesen, hätten wir womöglich gewetteifert, wem diese Intelligenzleistung genetisch gebührte. Einer Meinung waren wir, dass Luna genau wusste, was sie tat. Wir wollten nichts davon wissen, dass sie weitere Würste gesucht hatte, was ihre Intelligenz geschmälert hätte ... oder unsere?

Ammenschlaf

In einer schwachen Minute denke ich: Besser, sie wäre schon tot. Dann hätte ich es hinter mir.

Aber heute ist kein guter Tag, und daran bin ich schuld. Ich habe meinen Eltern von dem eventuellen Milztumor erzählt, als ich Luna für ein Gassigehen abgab. Meine Eltern lieben es, mit Luna Gassi zu gehen, dann haben sie nämlich einen Grund. »Für uns allein lohnt sich das Spazierengehen ja nicht«, sagt meine Mutter manchmal. Meine Eltern, besonders mein Vater, brauchen eine fundierte Begründung, warum sie etwas tun. Einfach so etwas zu tun, weil es Spaß oder Freude macht, kommt bei ihnen nicht vor. Beziehungsweise wenn die Gefahr besteht, es könnte vorkommen, muss ein Grund gefunden werden. Darin sind sie, immerhin Eltern einer Schriftstellerin, erfindungsreich. Nicht nur für sich selbst, auch für andere. Der Hund, gegen dessen Anschaffung sie zuerst strikt waren, ist nun gut für meine Gesundheit und für die Abwehrkräfte ihrer Enkel, eine Art natürlicher Neurodermitis-Schutz. Als ich vor vielen Jahren mit dem orientalischen Tanz begann und zu einem runden Geburtstag meines Vaters vortanzte, genügte dies allein noch nicht als Grund, anderen Freude zu bereiten – denn was ist das schon, Freude?

Mein Vater nickte bedächtig und meinte dann: »Diese Bewegungen sehen recht geschmeidig aus. Sicherlich hilft dir diese Anmut auch in deinem Alltag. Wenn du zum Beispiel auf der Leiter stehst, um ein Buch von oben zu holen.«

Man muss manchmal ein wenig nachdenken, um den Grund herauszufinden, aber das Leben ist nun mal kein Zuckerschlecken. Man kann sich auch überlegen, ob man weiterfragen möchte. Denn jemand müsste diese neu erworbene Anmut ja wahrnehmen, was in die Abhängigkeit führte. Oder geht es um die Anmut um der Anmut willen? Sich selbst genügen? Aber wäre das ein Grund, der vor meinem Vater bestehen könnte?

Als ich Luna bei meinen Eltern abholte, wirkte sie deprimiert. Im ersten Moment erschrak ich. Inneres Verbluten? Dann vermutete ich, dass meine Eltern einen Trauerzug veranstaltet hatten, dem Luna sich, einfühlsam und dienstbeflissen, wie sie ist, anschloss.

Luna weiß nicht, warum jemand traurig ist. Sie ist es dann einfach auch. Luna weiß nicht, warum ich mich freue. Sie freut sich einfach auch. So kann ich sie überlisten. Ich kann so tun, als würde ich mich freuen, dann tut sie so, als würde sie sich freuen, oder freut sich wirklich, was ich nicht unterscheiden kann, wie ich hoffe, dass sie es bei mir nicht unterscheiden kann. Jedenfalls freut mich das so, dass ich mich wirklich freue und sie sich dann erst recht. Hunde sind sehr gesund!

»Ich sage überhaupt niemandem mehr, dass Luna von einer Schlange gebissen wurde und jetzt vielleicht einen Milztumor hat«, lasse ich Johannes am Abend wissen.

Fragend schaut er mich an.

»Indem ich es sage, wird er immer größer und größer. Damit schwäche ich den Hund. Ich will sie nicht als Patientin behandeln, sondern als vitalen Hund. Das ist sie ja auch – solange man ihr nicht vermittelt, dass sie todkrank ist.«

»Das ist ein guter Weg«, meint Johannes. »Wir vergessen das jetzt einfach. Man sieht ihr ja nichts an. Sie ist wie früher.«

»Ja, wir vergessen es«, wiederhole ich und hoffe, es gelingt. Ich möchte Johannes erzählen, dass die Sprechstundenhilfe bei der Tierärztin von einem Hund berichtete, der dann doch keinen Milztumor hatte, und von einer Katze, die … Aber das sind ebenfalls: Krankengeschichten. Was redet man Schönes über einen Hund?

»Weißt du noch«, frage ich Johannes, »was wir früher über Luna geredet haben?«

Er grinst breit. »Na klar. Es gab eigentlich nur ein Thema am Anfang.«

Ich beuge mich vor. »Ja?«

»Ihre Verdauung«, platzt er heraus, und da fällt es mir auch wieder ein.

Wir begrüßten uns damals nicht wie ein noch frisch verliebtes Pärchen, wir fragten uns nicht, wie es uns ging, sondern »Wie oft?«

»Zweimal.«

»Und was?«

»Einmal gepinkelt, einmal geschissen.«

»Und wie?«

»Besser als heute Morgen.«

»Nicht mehr so weich?«

»Nein. Und auch nicht mehr so karottenfarben.«

»Schön«, sagte ich und rührte den Eintopf um, der auf dem Herd köchelte. »Magst du eine Wurst dazu?«

Wenn ich vom Gassigehen kam, drückte ich mich anders aus. *Geschissen* sagte ich nie. Das kam mir nicht über die Lippen. Ich probierte allerlei Alternativen. In diesem Bereich selbst für eine Schriftstellerin kein leichtes Spiel. Doch in der ersten Woche, als ich, wie ich später erfuhr, Luna falsch gefüttert hatte, weshalb sie ständig pupste, war es auch wichtig, die Dinge beim Namen zu nennen. Ein Haufen ist keine Wurst. In der U-Bahn habe ich einmal ein Kind zu seiner Mutter sagen hören: »Mama, ich muss ein Drucki-Drucki machen.« Bei uns zu Hause hieß das Druck-Drucki A-A. Warum eigentlich immer doppelt? Und warum nicht B-B oder C-C? Und wie schreibt man das? Groß oder klein, mit oder ohne Bindestrich? Hat sie gehäuft, gehäufelt, gewurstet?

Ich drückte mich lieber dezent aus: Sie hat gemacht. Und zwar nur einmal. Nicht gemacht-gemacht. Auch wenn sie dreimal machte, dies und das, gemach, gemach!

Aber heute über diese Dinge zu sprechen, die nach einer Woche schon so regelmäßig flutschten, dass man kein Wort mehr darüber zu verlieren brauchte? Was sollen wir über sie reden, wenn wir sie als normalen, gesunden Hund ohne Verdauungsprobleme betrachten? Am besten nichts. Was funktioniert, ist nicht der Rede wert. Am Anfang mit Hund ist das natürlich ganz anders. Da funktioniert nichts, weil man noch gar nicht weiß, wie das aussieht, wenn es funktioniert. Auch kein Sex. Dabei war unsere Beziehung in jener Phase, an die man später gerne sehnsuchtsvoll zurückdenkt. Aber wie willst du dich erotisch vergnügen, wenn dich ein kleiner Wuckel mit schräggeneigtem Kopf neugierig anschaut?

»So geht das nicht«, sagte Johannes, stand auf und schloss die Tür.

Kaum lag er neben mir, winselte es draußen. Das kannte Luna nicht. Jetzt war sie schon drei Tage bei uns, und die Tür war noch nie geschlossen gewesen. Hatte sie womöglich einen Fehler gemacht? Welchen? Bitte gebt mir eine Chance!

»So geht das nicht«, sagte ich, stand auf, öffnete die Tür und sagte: »Korb!«

Dieses Wort kannte Luna schon, bevor sie bei uns einzog, wie wir festgestellt hatten. Sie wusste auch, was von ihr erwartet wurde, wenn man *Sitz* sagte. Mit gesenkter Rute schlich sie in ihren Korb, den sie gerade mal zu einem Viertel ausfüllte. Ich schloss die Tür wieder. Nun winselte es aus dem Korb.

»Ich krieg die Krise!«, rief Johannes.

»Die hört bestimmt gleich wieder auf«, besänftigte ich ihn.

Nein, hörte sie nicht.

Als Mann konnte Johannes weghören. Als Frau konnte ich so tun, als ob. Später sollte sich herausstellen, dass immer ich es war, die nachts aufstand. Ich hörte Luna. Johannes nicht. Man vergleicht keine Kinder mit Hunden. Pfui und aus! Aber an Ammenschlaf dachte ich zwischendurch schon mal.

Die Streber

Bei Frau Bärmann in der Hundeschule galten Luna und ich als Streber. Wenn die Chefs von Lunas Mitschülern oft eher deren Angestellte waren und als solche berichteten, was sich ihre Vierbeiner geleistet hatten, staunte ich. Mogli hatte auf das Sofa seines Frauchens geschissen. Die helle Luna hatte ihre Leine zerbissen, die dunkle Luna hatte Holzkohle gefressen und war dabei fast gestorben, Pascha hatte so lange am Kabel gezogen, bis der Fernseher zersplittert am Boden lag. Chicco hatte eine Packung Schnapspralinen gefressen, danach musste ihm der Magen ausgepumpt werden; es kamen einige vermisste Gegenstände zum Vorschein. In der Tierarztpraxis roch es wie in einer Ausnüchterungszelle. Über zerkaute Schuhe, Decken, Kleidungsstücke regte sich niemand auf. Das war völlig normal.

Bei uns nicht.

»Luna hat noch nie etwas zerkaut«, sagte ich und machte mich wieder mal beliebt in der Runde. Auch Frau Bärmann konnte mich nicht leiden, das merkte ich genau, dabei wären Luna und ich das beste Aushängeschild für ihre Hundeschule gewesen. Aber Frau Bärmann mochte keine Labbis, wie sie diese Rasse nannte. Aus ihrem Mund klang es nach Waschlappen und Warmduscher. Das waren keine richtigen Hunde. Zu lieb. Frau Bärmann hatte selbst drei Hunde in der Größe von Doggen, die saßen in ihrem Van und fletschten die Zähne. Wenn man zu nah an dem Wagen vorbeiging, warfen sie sich knurrend an die Scheiben. Der Van schaukelte. Das fand Frau Bärmann sexy. »Ein Hund muss Respekt einflößen«, ließ sie uns wissen.

Das fand ich nicht. Ich fand Luna toll, die absolut friedfertig jedem Konflikt aus dem Weg ging. Auf ihre eigene Art und Weise. Diese zu durchschauen kostete mich ein, zwei Jahre.

Sobald wir anderen Hunden begegneten, die Luna nicht koscher waren, unterwarf sie sich entweder oder quietschte laut auf, sodass man glauben konnte, sie sei schwer verletzt. Sofort stürzten die Besitzer der anderen Hunde herbei, schimpften ihre Hunde aus und trösteten die arme Luna. Der überhaupt nichts passiert war. »Was hat der böse Burli/Charly/Sammie/Theo dir getan, du armes Mädi?« Luna drückte sich eng an die Beine der fremden Chefs und ließ sich trösten. Sie kommunizierte einfach lieber gleich mit der höheren Instanz. Was von ihren Artgenossen nicht gerne gesehen wurde. Aber wehe, die zeigten das. »Schluss jetzt, Burli! Was bist du für ein böser Junge!« Augenaufschlag von Luna. Wedel, wedel. Sieg auf ganzer Linie.

In fast zwölf Jahren ging diese Strategie bis auf eine doppelte Ausnahme auf. Im Abstand von einem Jahr spazierte ich durch den Münchner Westpark, und dort wurde Luna zweimal vom selben Hund namens Luna gebissen, der sich, wie sein Herrchen, durch ihr Quietschen provoziert fühlte.

»Ein charakterfester Hund stellt sich im Kampf und jammert nicht rum. Da geht einem doch das Messer in der Hose auf«, bellte er mich an.

Zum Glück passierte nichts, was einen Tierarztbesuch nötig gemacht hätte. Den Westpark meide ich seither.

Spät kam mir der Gedanke, dass Lunas Verhalten etwas mit meiner strengen Erziehung am Anfang zu tun haben könnte. Ich bestärkte sie nicht, wenn sie sich durchsetzte, sondern zeigte ihr, dass das falsch war. Andererseits weiß ich nicht, ob Dominanz gegenüber dem Chef in derselben Hirnregion beheimatet ist wie Dominanz gegenüber Artgenossen.

Johannes fand es manchmal peinlich, wenn er mit Luna Gassi ging und sie sich vor einem Dackel unterwarf. Ich fand das auch übertrieben, aber im Großen und Ganzen mischte ich mich da nicht ein. Sie wusste bestimmt besser, was sie tat, und es ging ja um ihr Fell, nicht um meines. Frau Bärmanns Achtung gewann Luna mit ihrer klugen Strategie jedenfalls nicht, obwohl sie in sämtlichen Kursen der mutigste Hund war, wenn es darum ging, über einen Schwebebalken zu balancieren, durch dunkle Röhren, die sich wie Gedärm auf dem Hundeplatz ringelten, zu rasen, über Wände und durch einen Feuerreifen zu springen. Die üblichen Angstmacher, ob weiße Böden, Regenschirme, Plastiktüten oder Gitterroste, ließen sie kalt. Und wenn sie doch einmal zögerte und ich sie aufforderte, etwas trotzdem zu tun, dann machte sie das. Manchmal mit einem lauten Jaulen, weil sie so sehr mit sich kämpfen musste. Aber sie machte es. So wie sie mir ohne Leine in die Tierarztpraxis folgte. Obwohl sie da auf keinen Fall reinwollte. So wie sie mir einmal von einem hohen Podest aus in die Arme sprang, als ich »Hopp!« rief. Ihr grenzenloses Vertrauen rührte mich zu Tränen. So wäre sie auch mit mir zum Einschläfern gegangen. Treu bis in den Tod.

Frau Bärmann konnte sehr gut mit Hunden und überhaupt nicht mit Menschen umgehen. An den Hunden hängen nun aber mal Menschen dran. Die bei Frau Bärmann rüde behandelt wurden. Sie hatte allein Verständnis für die Hunde und deren Verhalten, am liebsten Problemhunde. Da war kein Platz für Luna, die am liebsten Lösungen suchte. Luna war von Anfang an der langweiligste Hund der Welt. Kein Fall für die Hundehalterhaftpflicht, keine Beißerei, keine Buddelei, in den ersten sechs Wochen bellte sie nicht mal, sodass ich glaubte, sie wäre stumm. Als eines Tages ein sattes Wuff ertönte, fiel ich vor Schreck fast die Treppe runter. Kein Wunder, dass uns in der Hundeschule niemand mochte. Kein Wunder aber auch, woran das lag. Bei Luna zogen die Chefs an einem Strang. Johannes war ebenso konsequent wie ich, was das Befolgen von Befehlen betraf. Viele von Lunas Mitschülern hatten jedoch mehrere Chefs, darunter kleine Kinder. Da war es schier unmöglich, die nötige Konsequenz aufzubringen, und Hunde sind ja nicht blöd. Die tricksen dich aus, schneller, als du schauen kannst.

Manchmal war es auch für mich schwierig, konsequent zu sein – wenn sich andere einmischten. »Ach, lassen Sie den Hund doch, das macht doch nichts, nein, wissen Sie, ich mag Hunde, das darf er gerne.« Nein, Luna durfte fremden Menschen nicht einfach so aus purer Begeisterung über das Gesicht schlecken. Die meisten Menschen finden das eklig. Auch nicht Beine abschlecken, am liebsten mit Nivea-Körperlotion eingeschmierte und ein bisschen Stoppeln dran, das kitzelt so schön auf der Zunge.

Doch natürlich hat auch der beste Hund der Welt einen schweren Fehler. Er kommt immer noch vor, wenn auch selten. Sie wälzt sich liebend gern in Aas. Letzteres findet sich beim Gassi in der Natur öfter.

Als Luna aus der Tierklinik kam, roch sie nicht wie immer, sondern chemisch, das lag wahrscheinlich an den vielen Medikamenten, die sie erhalten hatte. Nun rieche ich manchmal an ihrem Fell. Und wenn es richtig schön nach Luna duftet, also nach Hund, der gerne täglich im See badet –, andere würden das womöglich stinken nennen –, nehme ich einen tiefen Atemzug und bin glücklich. Denn sie ist rausgekommen. Aus der Intensivstation, aus dem Wasser, fester Boden unter den Pfoten und ein Fell, das sich hebt und senkt …

Buchstabenbrücke

Atmen. Was das bedeutet, habe ich beim Sterben meines damaligen Mannes begriffen. Als sein Körper sich nicht mehr bewegte. Als es plötzlich still, totenstill war in dem Zimmer voller medizinischer Hightech. Als das Beatmungsgerät abgeschaltet war, kein Alarm mehr ertönte und man mich mit ihm allein ließ. Mit ihm? War das mein über alles geliebter Mann, dieser reglose Körper? Er sah aus wie er, auch wenn seine Lippen schneeweiß leuchteten, und doch war er es nicht. Ich starrte auf seine Brust. Die sich immer, wenn auch zart, manchmal kaum wahrnehmbar, gehoben und gesenkt hatte, das war normal, darauf hatte ich keinen Gedanken verschwendet, das gehörte sich so. Jetzt war dort nichts mehr. Der fehlende Atem verwandelte den Körper vom Menschen in ein Ding … Voraussetzung für Frieden?

Plötzlich war mein Mann nicht mehr lebendig, sondern entseelt. Er hatte vom Menschen zur Sache gewechselt, obwohl ich deutlich spürte, dass er noch da war, aber nicht in dem Körper ohne Atem vor mir, aus dem er sich gelöst hatte; irgendwo im Raum nahm ich ihn wahr.

Seither denke ich anders über das Atmen, das ich bewusst wahrnehmen will, aber es gelingt selten, vielleicht manchmal beim Yoga. Allein atmen zu können ist Grund zur Freude – es bedeutet, am Leben zu sein. Und so schaue ich den schwarzen Hundeleib an, den ich gerne wie ein Grundnahrungsmittel für die Seele schreiben würde: Laib wie Brot. Hebt und senkt er sich, ist alles gut. Was im Übrigen bei einem schwarzen Hund in dunkler Ecke gar nicht so einfach auszumachen ist. Schnaufst du, kleiner Hundling?

Auch mein Mann roch in seinen letzten Stunden chemisch wie Luna nach ihrem Klinikaufenthalt. Dieser fremde Geruch irritierte mich, ich vermutete, er kam von den vielen Medikamenten, die man ihm gespritzt hatte, die Tropfen für Tropfen in ihn flossen, um seinen Kreislauf zu stabilisieren, sein flimmerndes Herz zum Schlagen zu motivieren, ihn dem Tod zu entreißen. Dass es nicht gelang, riss mich in ein Zwischenreich. Ich war am Leben, aber anders. Ich war nicht tot und wollte es auch nicht sein, obwohl ich natürlich mit ihm verbunden bleiben wollte. Zusammengewachsen in all den Jahren. Sein Tod war wie ein Schwerthieb, der mich zerteilte. Ich blutete eine Körperseite lang. Mein Leben stürzte in einen Abgrund im Moment seines Todes. Er riss mich mit, aber ich zerschellte nicht, klammerte mich auf halber Strecke an einen Dornenbusch. Verharrte dort, nicht oben, nicht unten, niemals war Leben so intensiv wie über dem Abgrund. Manchmal ein Quadratzentimeter Fels unter meinen Füßen, schon bröckelte er, kullerten die Kiesel in die Tiefe, taten sich neue Vorsprünge auf und brachen ab, arbeitete ich mich ein Stück nach oben, um erneut zu fallen, hing in der Wand und spürte meinen Atem in jeder Sekunde. Er war es, der mich unterschied, der mich trennte, der mich mit dem Leben verband.

Nie empfand ich mein Dasein lebendiger. Denn es war nicht mehr selbstverständlich. Niemals wieder habe ich eine so intensive Zeit erlebt. Ich blicke gerne zurück, denn es gab ein Happy End für mich. In unsere tiefe Liebe gebettet, spürte ich, er würde mich begleiten und wohlgesinnt auf mich schauen. Weil ich verbunden in Liebe empfand, dass ich nicht allein war, konnte ich diesen unendlich schmerzhaften Abschied Schritt für Schritt annehmen. Es dauerte lang, doch keine Ewigkeit, und ich fand den Weg zurück in mein Leben, ein neues Leben, weil bewussteres Leben. Der Tod meines Mannes veränderte mich stark, dafür bin ich sehr dankbar. Ohne diesen Abschied wäre ich heute eine andere. Ohne Luna wäre ich eine andere.

In der ersten Zeit nach seinem Tod erschien es mir, als wäre die Pforte zu der anderen Welt, die ich nicht Jenseits nennen möchte, plötzlich nicht mehr verschlossen, sondern angelehnt. Von dort drüben wehten Bilder wie Illusionen auf Wasser heran. Ich spürte mit einer nie gekannten Gewissheit, dass das keine Fantasien waren. Dass das wirklich war. Wahrer vielleicht als alles andere, was ich bislang für echt gehalten hatte. Gleichzeitig war ich mir darüber bewusst, dass es jetzt nicht meine Aufgabe war, mich damit auseinanderzusetzen. Ich gehörte auf die andere Seite der Tür in die Realität, die ich mit den hier lebenden Menschen teilte. Dennoch inspirierte diese angelehnte Tür mein Dasein, vielleicht war es auch nur der Blick durch das Schlüsselloch. Ich bedauerte es, diese Einsichten zurücklassen zu müssen, wenn ich in Harmonie mit meinen Aufgaben und meiner Umwelt weiterleben wollte. Gerne hätte ich die Verbindung aufrechterhalten – und mit ihr die Gewissheit, dass Tod und Angst nicht zusammengehören müssen. Sterben müssen wir alle, Angst haben nicht. Dies erkannte ich mit einer verblüffenden Sicherheit, und gleichzeitig wusste ich, dass ich diese verlieren müsste, weil sie Bedingung des Menschseins auf der anderen, auf meiner Seite ist.

Genauso geschah es. Ich verlor, nach und nach, die Gewissheit über die Existenz des anderen Raumes. Was blieb, war das Bild der Pforte und die Erinnerung an die Gewissheit, nicht jedoch das Wissen selbst. Die Tür fiel ins Schloss, das zuweilen für Sekundenbruchteile erhellte Schlüsselloch wurde dunkel, immer seltener wehte etwas herüber. So selten, dass ich mich heute frage, ob ich es mir einbilde – was mir zeigt, wie fest ich im Hier, manchmal sogar im Jetzt bin.

Wird mir diese Verankerung eines Tages im Weg stehen, sobald mein eigener Abschied anklopft? Ich wünsche mir, dass ich die Heringe leicht lösen kann, wenn ich meine Zelte im Diesseits abbreche, und mich dann nicht nur erinnere, sondern es auch fühlen werde, dass es eine Tür in der Mauer gibt, die jederzeit geöffnet werden kann. Und dass ich dafür keine Wissenschaftler brauche, dass ich nicht nachplappere, was ich nicht verstehe: Quanten und so. Es kommt einer Mutprobe gleich, Eingebungen zu trauen in einer Welt, die für alles Beweise fordert und Formeln, in einer Welt, in der das Wissen jenseits der Wissenschaft so wenig gilt. Wenn wir auf die Welt kommen, sind wir ganz allein, und wenn wir sie verlassen, auch. Zwischen diesen beiden Pforten, ich würde nicht behaupten, mit Sicherheit zu wissen, welche der Ein- und welche der Ausgang ist, würde ich gerne Glaube, Hoffnung und Zuversicht säen.

Eine halbe Stunde saß ich damals noch am Bett meines Mannes, dessen Brust sich nicht mehr hob und senkte. »Lassen Sie sich so viel Zeit, wie Sie brauchen«, hatte eine Krankenschwester mitfühlend zu mir gesagt. Sie legte mir ihre Hand auf die Schulter und entfernte den Beatmungsschlauch: »Damit ihr Mann so aussieht, wie Sie es gewöhnt sind.«

Doch er sah nicht aus, wie es sich gehörte, mit diesen weißen Lippen, mit dieser dunklen Gesichtsfarbe. Nie mehr würde er zu mir sprechen. Dennoch waren diese sterblichen Überreste das Einzige, was mir geblieben war, wollte ich ihn anfassen. Ich bedankte mich bei dem Körper und meinte die Seele, die irgendwo im Raum schwebte, wie ich mich während der zurückliegenden Nacht immer wieder bedankt hatte für die glücklichen Jahre. Und dafür, dass nichts zwischen uns offengeblieben war. Wir hätten am Morgen unseres letzten Tages streiten können, wir hätten ungut auseinandergehen können. Doch zwischen uns war alles leicht und fröhlich, frei und voller Liebe. Was ich noch hätte wissen müssen, betraf ein Ersatzteil: Wohin hast du die Gummilippe für die Spülmaschine gelegt? Ich finde sie nicht.

Bessere Bedingungen gab es nicht für mein Weiterleben. Ich litt an keinem schlechten Gewissen, keine Unterlassung quälte mich, ich musste mir keine Vorwürfe machen. Wenn es einen leichten Moment für den Tod gab, so hatte er ihn mir geschenkt. Beim Tanzen hatte ich ihn kennengelernt, und wie im Tanz hatte er sich in einer Drehung lächelnd von mir entfernt und war entschwunden.

Während ich an seinem Bett saß und auf den Impuls zum richtigen Moment des Gehens wartete – wenn ich den Raum verließ, würde ich meinen Mann nie wiedersehen –, wusste ich, dass es für mich nur eine Art gab, die nächsten Tage und Wochen zu überstehen. Ich ahnte nicht, dass die Einheiten für mein Überleben in Stunden, Minuten und manchmal auch Sekunden gemessen würden. Ich stand an der Schwelle und hatte kaum eine Vorstellung über den Raum, den ich nun allein betreten würde, es gab kein rechts oder links daneben vorbei, kein Hintertürchen und keine Fluchtwege, allein diesen Tunnel, fremder Kontinent, er war kalt und dunkel, ich würde mich dort verlaufen und Irrwege gehen, was ich noch nicht wusste, eben nur, dass ich hineinmusste ... wenn ich weiterleben wollte. Ich ahnte nicht, dass sich manche Sekunden über Stunden erstrecken würden und dass man den Sekundenzeiger einer Uhr anstarren kann und nichts anderes tun, als zu hoffen, die Zeit möge bitte schnell verstreichen. Weil sie unaushaltbar ist. Weil der Schmerz einen zu zerreißen droht. Weil man doch schon zerrissen ist, in zwei Hälften, in zwei Räumen, weil dieser Riss durch das Leben geht: vorher und danach.

Ich spürte, wenn ich seinen Tod überleben wollte, dann musste ich eine Brücke aus Buchstaben bauen, die mich von unserem in mein Leben führte. Sonst würde ich abstürzen in die tosende Gischt des Niemandslandes, Niemandsmeeres. So ließ ich meinen geliebten Mann zurück, verließ sein Zimmer, das Krankenhaus, ging allein weiter die ersten Schritte in meinem Leben ohne ihn. Alle, die nun folgen sollten, würde ich ohne ihn tun. Alles, was nun geschah, würde ich nicht mit ihm teilen können. Was für mich in diesem Moment nicht vorstellbar war. So wie mich auch sein Tod noch nicht endgültig erreicht hatte. Es würde Wochen und Monate dauern, immer wieder musste ich es mir selbst vorsagen. Indem ich anderen von seinem Sterben erzählte, wurde es wahrscheinlicher, fast schon wahr, und eines Tages in weiter Zukunft würde ich es verinnerlicht haben, doch niemals vollständig, denn solange ich lebte, solange ich atmete, würde auch er weiteratmen in mir.

Vor vierundzwanzig Stunden eine glückliche Frau Mitte dreißig, war ich über Nacht zur Witwe geworden. Vor vierundzwanzig Stunden vorfreudig mit Familienplanung beschäftigt, dachte ich nun über die Bestattung meines liebsten Menschen nach. »Bringen Sie uns bis morgen Baumwollkleidung, die wir Ihrem Mann anziehen können.«

Das alles war zu groß, um es zu begreifen, es war größer als ich, als mein ganzes Leben. Ich musste es in kleine Stücke zerteilen, wenn ich es mir einverleiben wollte, und das war wichtig. Ich musste alles aufnehmen in mich, in mein Leben integrieren, nur so könnte der Riss heilen, das spürte ich intuitiv – wie man manchmal weiß, was gut für einen wäre, und es trotzdem nicht tut, weil es unangenehm ist. Aber ich hatte keine Wahl. Es ging um unsere Vergangenheit und mein Leben. Ich wollte, dass mein Mann sich keine Sorgen um mich machte. Wenn es wahr war, wie ich gelesen hatte, dass die

Verstorbenen noch eine Weile in einem Zwischenreich verbringen, ehe sie sich endgültig zurückziehen, sollte er sehen: Sie schafft es. Sie ist stark. Sie kommt ohne mich klar.

Ja, sagte ich in unsere Wohnung hinein. Deine Liebe hat mich genährt, und ich komme zurecht mit diesem Speckgürtel Proviant. Du bist frei, sagte ich ihm. Ich stellte mir vor, wie das wäre, tot zu sein und zu beobachten, wie die Hinterbliebenen, was für ein seltsames Wort, wo ist hinten und wie sieht das vorne aus, litten. Und nichts tun können. Sie trösten zu wollen, ihnen zurufen wollen: Es ist gar nicht so schlimm, hier ist es schön. Bald sind wir wiedervereint Aber sie so entsetzlich leiden zu sehen, weil sie das nicht wissen, weil sie es nicht hören und ihr Schmerz viel zu laut ist, um zu lauschen.

Ich litt an dem wildesten Schmerz meines Lebens. Doch es war ein Schmerz, den eine große Liebe verursacht hatte. Ich konnte in unsere Vergangenheit blicken, und was ich dort fand, machte mich dankbar. Und ich blickte in meine Zukunft, und auch dort glomm eine Perspektive. Ich würde mich am Alphabet aus dem Elend ziehen, Buchstabe für Buchstabe.

Noch am selben Abend, bevor ich das erste Mal in unser Bett schlüpfte, das nun allein meines war, das Bett, in dem ich nie weinen würde, schaltete ich den Computer ein und schrieb auf, was an diesem Tag und in der Nacht zuvor geschehen war. Mit geschlossenen Augen flogen meine Finger über die Tastatur. Das setzte ich fort, Tag für Tag, und so entstand die Stoffsammlung für mein späteres Buch *Leben ohne Leander*. Indem ich meinen toten Mann in der Literatur lebendig werden ließ, konnte ich seinen Tod allmählich akzeptieren, annehmen und mich zuerst zaghaft, dann immer mutiger und schließlich in tiefer Dankbarkeit neu orientieren und befreien. Und die Voraussetzung schaffen, Johannes zu begegnen.

Genauso begann dieses Buch. Als die Tierärztin die Lebenserwartung für Luna zwischen zwei Wochen und drei Monaten benannte, wusste ich, dass ich mir zum zweiten Mal in meinem Leben ein Lasso aus Buchstaben zuwerfen musste, um die Große zu bleiben. Nur ein Hund, aber der liebste auf der Welt – meine Seelengefährtin. Ich musste schreiben, um nicht unterzugehen; solange ich schreiben würde, bliebe ich oben, und das war jetzt meine Aufgabe für uns zwei. Buchstaben stärken. Zu Wörtern zusammengefasst, zu Absätzen, Seiten, Kapiteln, bilden sie Knochen, an denen wachsen Muskeln, Sehnen, irgendwann fließt Blut durch die Adern, die Lungen weiten sich, und das Herz eines Buches beginnt zu schlagen. Es wedelt vielleicht nicht mit dem Schwanz, aber wer genau hinhört, kann es atmen hören.

Die Große zu sein heißt nicht, den Abschied, den Tod zu verdrängen. Es heißt, sich mit ihm auseinanderzusetzen, ihn zu akzeptieren und genau deshalb intensiver zu leben. Davonlaufen kann man vor dem Abschied nicht. Und ignorieren kann man ihn erst recht nicht. Wer es versucht, füttert die Angst in der Ecke, die sich dann zum Gespenst auswächst. Ich will lieber hinschauen: Ja, du bist da. Ich weiß das. Die wahrgenommene Angst, die benannte Angst wächst nicht weiter. Sie bleibt auf ihrem Platz und stört mein Leben nicht, bis eines Tages der Abschied ansteht, doch dann habe ich die Zeit bis dahin nicht mit der Verdrängung dieses Abschieds verbracht, was bedeuten würde, ich hätte ständig in der Angst vor dem Abschied gelebt. Hätte ich dann überhaupt gelebt oder hätte ich nur Angst gehabt?

Die Art des Abschieds bestimmt die Zeit der Trauer, im Abschied werden die Weichen für die Zukunft gestellt.

Als Leander starb, wusste ich nicht, was ich alles hätte tun können. Es war normal, ihn dem Krankenhaus zu überantworten. Er war tot, jetzt waren andere für ihn zuständig. Ich hatte die Berechtigung verloren, ihn zu umsorgen. Das Krankenhaus verwaltete seinen Körper, ich würde mich um die Papiere für die Bestattung kümmern.

Fünf Jahre nach seinem Tod schrieb ich ein Buch über Hospizarbeit und erfuhr, was ich alles hätte tun können. Ich hätte ihm einen letzten Dienst erweisen können: seinen Körper waschen und ankleiden. Ich hätte ihn zu uns nach Hause bringen lassen können und im Kreise seiner Freunde Totenwache halten. Ich hätte seine Lieblingsmusik auflegen können in der Gewissheit, auch wenn der Körper nicht mehr atmet, irgendwo ist die Seele, und die sieht und hört das alles oder empfindet es und ist beruhigt: Ihr schafft das ohne mich. Friedlich kann sie dann umziehen oder eingehen oder sich lösen. So stelle ich mir den auch äußerlich gelungenen Abschied heute vor. Damals hatte ich nur meinen innerlichen. Ich weiß, ich habe alles genauso gut gemacht, wie ich es damals konnte. Ich weiß aber auch, und dafür bin ich unendlich dankbar, dass ich Glück hatte. Hätte ich diese sechzehn Stunden im Krankenhaus nicht erleben dürfen, in denen ich den Rand des Abgrundes umrundete und mich mit dem Gedanken an Leanders Tod vertraut machen konnte, wäre es kein solch sanfter Abschied gewesen, sondern ein Schock.

Manche Menschen finden die Vorstellung makaber, einen Verstorbenen oder Sterbenden aus dem Krankenhaus nach Hause zu holen. Doch fast jeder Mensch wünscht sich, zu Hause zu sterben. Den wenigsten gelingt dies, und wenn, dann sind sie dort oft allein, niemand vermisst sie, bis es zu riechen beginnt durch die Wohnungstür.

Früher war der sterbende und tote Mensch daheim normal. In Büchern aus dem vorigen Jahrtausend habe ich oft gelesen, dass sich Menschen ins Bett legten und verkündeten: Es geht zu Ende, holt die Familie.

Niemand fand das ungewöhnlich. Man benachrichtigte die Angehörigen, die dann um das Bett des Kranken saßen. Zu seinen Lebzeiten noch wurde die Beerdigung geplant, denn auf solche Ankündigungen konnte man sich in der Regel verlassen. Deshalb bekam der Opa auch keinen Kuchen, obwohl es so verlockend in sein Sterbezimmer hineinduftete. »Der ist für deine Beerdigung«, erklärte ihm die Oma.

Und als er tot war, saßen die Angehörigen um sein Bett und hielten Totenwache. Im stummen Zwiegespräch konnte jeder für sich die Beziehung zu dem gestorbenen Menschen klären. Ihm noch etwas mitgeben auf den Weg – und vor allem sich selbst. Ein solcher Abschied reißt keine Löcher in die Seele. Seltsam, dass wir es uns so schwer machen, uns so viel abverlangen in der Verleugnung des natürlichen Laufs des Lebens. Und dabei holen wir uns ständig fremde Leichen in die Wohnung, ein einziger Fernsehabend verwandelt die Landschaft vor der Couch in ein Massengrab. Das echte Leben und Sterben aber fürchten wir.

Als Ghostwriterin oder Koautorin darf ich oft hinter die Kulissen blicken. Ich habe Bücher für Popstars geschrieben, lernte berühmte Persönlichkeiten kennen und begleitete Menschen mit interessanten Berufen in ihrem Alltag: Polizisten, Feuerwehrleute, Notärzte. Ich schaute Pathologen über die Schulter und einem Metzger beim Schlachten zu, ich war bei einer Geburt dabei, sprach mit Sterbenden, Schauspielern, ein Geheimdienstagent verriet mir, wie er V-Leute anwarb, und eine Tatortreinigerin ihren Meister Proper, auch mit Engelmedien und Wunderheilern habe ich gesprochen. Ich habe die Gelegenheit bekommen, über meinen Tellerrand zu blicken. Es befreit, wenn man erfährt, dass nicht alles so sein muss, wie man glaubt. Manche Begegnungen haben sich mir tief eingebrannt.

Einen Tag lang fuhr ich im Notarztwagen durch München. Ich hatte am Vormittag schon einiges Blut bei zwei Verkehrsunfällen fließen sehen und fasziniert beobachtet, wie die Feuerwehr einen Opel Corsa zu einem Cabriolet stutzte. Mittags wurden wir zu einem Einsatz am Münchner Stadtrand gerufen. Dort war eine sechsundachtzigjährige Dame beim späten Frühstück vom Stuhl gefallen. Als wir ankamen, war die Feuerwehr bereits vor Ort und reanimierte die Verstorbene. Neben ihr, völlig verstört in Schlafanzügen, ihre zwei Brüder, achtundachtzig und einundneunzig Jahre alt. Die drei Geschwister, so erfuhren wir, lebten seit ihrer

Kindheit in dieser alten Villa mit dem verwilderten Garten. An der Tür stehend, verfolgte ich die Wiederbelebungsmaßnahmen. Den ausgemergelten blassen Körper der Greisin. Sein Aufbäumen. Die immer neuen Spritzen, die in den toten Leib gejagt wurden. Die kräftigen Stöße auf den Brustkorb. Die sachlichen Anweisungen. »Jetzt.« Und noch ein Stromschlag. Konzentriert und routiniert arbeiteten die Helfer daran, die alte Dame ins Leben zurückzuholen. Sechsundachtzig und beim Frühstück mit den Brüdern umgekippt – das war doch ein schöner Abgang? Was würde danach kommen? Wenn es gelang, sie zu reanimieren, würde sie womöglich wochenlang im Koma liegen, sie würde ein Pflegefall sein, es war äußerst unwahrscheinlich, dass sie ihr altes Leben wiederaufnehmen könnte, und schon gar nicht könnte sie wieder jung und gesund werden. Gelegentlich liest man in der Zeitung von Menschen mit Herzinfarkten, die der Notarzt reanimierte. Toll, denkt man sich. Tot ist ja gar nicht mehr tot. Aber nur selten erfährt man, wie es danach weitergeht, dass die wenigsten Reanimierten die Klinik gesund verlassen. Wen der Tod in den Fängen hatte, der ist gebrandmarkt.

Die beiden Brüder waren völlig schockiert. Damit hatten sie nicht gerechnet. Sie erweckten den Eindruck, als sei ihre Schwester aus dem blühenden Leben gerissen. Mit dem Tod hatten sie sich nicht beschäftigt, sie war ja auch erst sechsundachtzig. Eine Patientenverfügung gab es nicht. »Bitte tun Sie alles Menschenmögliche«, flehte einer der Brüder. »Damit wir unsere Schwester wiederbekommen«, fügte der andere hinzu, und ich vermutete, dass die beiden in diesem Moment weniger an ihre Schwester als an die Wiederherstellung ihres gewohnten Alltags dachten.

Als ich mich später mit dem Notarzt unterhielt, schämte ich mich für meine Gedanken. Der Arzt war ein Profi: »Was ich persönlich denke, spielt keine Rolle. Es ist meine Aufgabe, Leben zu retten.«

Ich schätze, dass ich heute nicht wissen kann, was ich selbst mir in einem solch hohen Alter wünschen werde. Gegen eine Sechsundachtzigjährige bin ich ein junger Hupfer. Die Zeit vergeht schnell, immer schneller sogar, und vielleicht werde ich eines Tages genauso am Leben hängen im Angesicht seines Verlustes? Zwar kann ich mir das im Moment nicht vorstellen, doch was weiß man schon? Man wird älter, und plötzlich ist alles anders, denn viele Dinge betrachtet und bewertet man in verschiedenen Lebensaltern unterschiedlich. Niemand kann mir garantieren, dass es ein Nachher gibt. Ich kann es glauben oder nicht. Und entweder ich merke dann, dass ich recht hatte, oder ich merke nichts. Damit muss ich rechnen – weg ist weg. Also deshalb lieber alles versuchen, um noch dazubleiben, so lang wie möglich? Wo man sich hier doch schon mal recht gut eingelebt hat in den letzten Jahrzehnten und sich auskennt. Im Danach kennt sich keiner aus, und die dort sind, halten dicht.

Es ist nicht einfach, in den entscheidenden Momenten des Lebens einen kühlen Kopf zu bewahren, doch wer sich der Panik hingibt, bereut das im Nachhinein oft sehr. Deshalb halte ich es für besser, den Ernstfall in Gedanken immer mal durchzuspielen und so als Trockentraining zu üben. Nicht nur die

Erste-Hilfe-Maßnahmen, sondern auch deren Unterlassung. Ein Mitarbeiter des Hospizes erzählte mir die nachfolgende wahre Begebenheit, die mich sehr beeindruckte:

Als die neunzigjährige Frau nach ihrer fröhlichen Geburtstagsfeier bei der Verabschiedung ihrer Liebsten an der Haustür plötzlich zusammenbrach, gab es unter vierzehn Enkeln, vier Kindern, zahlreichen Nichten und Neffen nur eine Einzige, die einen kühlen Kopf bewahrte, weil sie in einem medizinischen Beruf tätig war und wusste, was folgen würde. »Nein, wir warten, bis wir den Notarzt rufen. Sonst reanimiert der sie und dann? Was glaubt ihr, wie Tante Elsbeth gerne sterben würde? Gäbe es einen schöneren Zeitpunkt als diesen, wo wir alle da sind? Los, wir tragen sie in die Wohnung, legen sie auf das Sofa und setzen uns zu ihr.«

Bei der Arbeit an einem Buch über die Reinkarnation habe ich erfahren, dass der Zeitpunkt der Geburt von enormer Bedeutung sei. Viele Menschen, die per Kaiserschnitt auf die Welt gekommen seien, hätten später große Probleme, ihren Lebensweg zu finden, da ihnen falsche astrologische Voraussetzungen in die Wiege gelegt worden wären.

»Aber kann man das nicht vorher regeln?«, fragte ich das Medium, für das ich dieses Buch schrieb. »Kann man nicht bei der Planung seines neuen Lebens wissen, dass man per Kaiserschnitt auf die Welt kommen wird, und das mit einkalkulieren?«

Ich erhielt keine Antwort und gab sie mir selbst, so wie man sich die Antworten in den entscheidenden Fragen immer selbst geben muss.

Bei unseren Haustieren entscheiden wir vieles, ohne uns Gedanken darüber zu machen, ob wir das dürfen, ob ihnen das recht wäre. Manche Tiere müssen viel über sich ergehen lassen, weil sich ihre Besitzer nicht von ihnen trennen können. Wer sich mit dem Abschied auseinandersetzt, wird sein Tier nicht quälen, sondern spüren, wann die Zeit ist, es gehen zu lassen. Auch wenn dieses Einfühlen sehr wehtun kann – es ist die Voraussetzung für einen gelungenen Abschied, Teil unserer Verantwortung. Loslassen zeugt von Liebe.

Die berührendsten Momente sind immer jene, in denen uns die Vergänglichkeit bewusst ist – sonst wären sie ja nicht einzigartig. Das Bewusstsein der Vergänglichkeit kann uns anspornen, unser Leben so zu gestalten, dass wir an seinem Ende feststellen: Es war ein schönes, erfülltes Leben. Spätestens im Rückblick wird deutlich, dass Leben nicht eine Frage der Quantität ist, sondern eine der Qualität. Ein intensiv gelebtes Jahr kann viele verschlafene Jahre aufwiegen.

Den gelingenden Abschied gestalten wir Tag für Tag, Stunde um Stunde. Indem uns das bewusst ist, wird das Leben bunter, tiefer und spürbarer. Jede Sekunde ist einzigartig. Man lebt anders, wenn man loslassen übt und sich mit Abschieden auseinandersetzt. Die Sterbenden, die wir begleiten, können ein Ansporn für unser Leben sein, es in andere Bahnen zu lenken. Insofern schenken sie uns unendlich viel. Im Grunde genommen gehen sie nur voraus.

Nach dem Tod Leanders waren auch die kleinen, alltäglichen Abschiede für mich sehr wichtig. Ich achtete darauf, die Menschen, von denen ich mich verabschiedete, bewusst wahrzunehmen. Wenn wir uns umarmten, machte ich das nicht hoppla-hopp, sondern vergegenwärtigte mir unsere Begegnung, Berührung. Es könnte das letzte Mal sein. Ich fand das nicht belastend, sondern bereichernd – eine Erinnerung an die Kostbarkeit unserer Beziehung. Was Johannes betrifft, ist dies bis heute so geblieben. Wenn er das Haus verlässt, begleite ich ihn oft bis zur Tür, und wenn er nach Hause kommt, gehe, manchmal laufe ich ihm entgegen. Da bin ich wie Luna: Das Herrchen ist da. Wedel, wedel!

Der Sprung

Die Trauer um einen geliebten Menschen ist nicht befristet auf einen bestimmten Zeitraum. Jeder Mensch trauert anders und unterschiedlich lang. Manche verschenken in der ersten Woche nach dem Tod ihres Ehepartners dessen Kleidung, andere betreten sein Zimmer nie mehr, nichts darf dort verändert werden. Das erste Jahr ist eine Bewährungsprobe für die Zukunft – Frühling, Sommer, Herbst und Winter, Feier- und Geburtstage ohne den geliebten Menschen zu er- oder überleben. Das erste Silvester, Ostern, Weihnachten ohne dich. Mein Geburtstag ohne dich, dein Geburtstag ohne dich. Dein erster Todestag. Als ich das erste Jahr überstanden hatte, war ich schon tief in den Tunnel vorgedrungen und hatte zahlreiche kleinere und größere Lichter wahrgenommen, manchmal sogar eine Sternschnuppe. Daran orientierte ich mich und lief, vielleicht wies Leander mir die Richtung, in Johannes' Arme.

In der ersten Zeit mit Johannes führten wir fast eine Beziehung zu dritt, denn ich trauerte noch immer und sprach viel von Leander. Johannes nahm ihn großherzig bei uns auf. Dafür bewunderte ich ihn grenzenlos, denn ich vermutete, ich selbst wäre auf eine tote Frau eifersüchtig gewesen. Ich hätte vielleicht sogar mit ihr konkurriert, niemals hätte ich sie erreichen können in ihrem Status der Unsterblichkeit. Gerade weil Johannes sich Leander gegenüber wertschätzend verhielt, zog er mich immer mehr auf seine Seite, unsere Seite, die Seite des Lebens. Eines Tages sprang ich an seiner Hand an das andere Ufer.

Endlich war es Frühling geworden, wir liefen mit der kleinen Luna über eine Wiese, durch die sich ein schmales Bächlein schlängelte. Johannes und Luna sprangen leichtfüßig darüber, ich wollte ihnen folgen, nahm Anlauf und blieb wie angewurzelt stehen.

»Komm!«, rief Johannes.

Ich nickte. Ich wollte. Aber ich konnte nicht. Es war lächerlich. Der Graben, den ich zu überwinden hatte, betrug keinen Meter. Doch vor meinen Augen verwandelte sich das Rinnsal in einen reißenden Fluss. Johannes und Luna standen am anderen Ufer, wurden immer kleiner, immer breiter das wilde Gewässer. Luna sprang hin und her und hin und her, als wollte sie mir zeigen, wie einfach das sei, blieb neben mir stehen, schaute mich mit schräg geneigtem Kopf an.

»Komm!«, forderte Johannes mich erneut auf.

Ja! Ich wollte! Aber ich konnte nicht. Obwohl ich mir vorsagte, dass der Sprung ein Klacks war. Es war als klebten Bleigewichte an meinen Füßen. Da sprang Johannes zu mir und reichte mir die Hand. Staunend zögerte ich, weil mir eine Metapher widerfuhr, diesmal erfand ich sie nicht, sie fand mich. Hand in Hand sprangen wir. Am anderen Ufer ließ ich mich ins Gras fallen. Mein Herz schlug, als wäre ich von der Quelle bis zur Mündung des Lebens gerannt. Ich spürte mit jeder Faser meines Körpers, meiner Seele, dass etwas Bedeutsames geschehen war, aber ich konnte es nicht in Worte fassen. Tränen stürzten mir in die Augen. Erschrocken rief Johannes: »Hast du dir wehgetan?«

»Nein«, versicherte ich und hätte ihm gerne gesagt, dass zum ersten Mal Blut in das Narbengewebe an der verletzten Stelle meines Herzens geströmt war, das nur an diesem Ufer fließen konnte, dass ich jetzt da war, so wie noch nie, endlich. Luna sprang übermütig immer wieder über das Bächlein. Zärtlich strich Johannes meine Tränen fort. Luna schleckte auch mal schnell. Dann liefen wir gleichzeitig los bis zum Weiher, und für einen Moment spielte ich mit dem Gedanken, mir die Kleider vom Leib zu reißen und hineinzustürzen, doch es war März, wenn auch mit Föhn und einem lauen Frühlingslüfterl. Luna machte das nichts aus. Begeistert stürmte sie ins Wasser. Alle drei waren wir gesund, und das war ein solches Glück, dass ich nicht mehr aufhören wollte zu rennen, bis meine Lungen mich stachen wie der Hafer. Am Leben!

Auch am Schmerz eines vorweggenommenen Abschieds hatte ich vor Kurzem gemerkt, dass ich in meiner Trauer einen großen Fortschritt gemacht hatte:

Auf dem Weg vom Einkaufen nach Hause gab Luna im Auto plötzlich komische Geräusche von sich. Sie klang wie ein achtzigjähriger Greis mit Auswurf. Hatte sie sich verschluckt?

»Was ist mir dir?«, fragte ich besorgt und bekam natürlich keine Antwort. Nur dieses bellende … Husten? Oder war es ein Erstickungsanfall?

Schnell fuhr ich nach Hause. Beim Aussteigen spuckte Luna weißen Schleim aus. Giftköder!? Doch sie lief schwanzwedelnd zum Haus. Ihre Schnauze war kalt, aber sie hustete wie ein Bergwerk voller kettenrauchender Kumpel, hohl, unheimlich und grauenvoll. Eine schreckliche Angst packte mich. Ich schaute auf ihr glänzendes Fell, die putzigen Pfoten. In ihr schon so lieb gewonnenes Gesichtchen. Und war wie gelähmt. Denn es war unausweichlich endgültig. Ich dachte Abschied, Ende, Tod.

So war es damals oft. Kaum kam etwas in die Nähe des Narbengewebes, dachte ich es enger zu mir, ein Krater sog alle Zeichen zu sich und verleibte sich meine zarte Zuversicht zerstörerisch ein. Ich war zu schwach, ihm seine Überlegenheit zu entreißen. Nein, dachte ich, so ist es nicht. Aber er hatte stets die besseren Argumente, und aus der Tiefe höhnte es heraus: Du musst der Wahrheit ins Auge sehen. Du hast gedacht, du wärst in Sicherheit. Glaub nicht, dass du das Schlimmste hinter dir hast. Es kann noch viel schlimmer kommen.

Einmal war ich mit Johannes bei ihm zu Hause verabredet, er war nicht da. Schon leicht beunruhigt sperrte ich seine Wohnung auf. Er stand nicht unter der Dusche, keine Nachricht für mich auf dem Küchentisch. Mein Herz begann zu vibrieren. Johannes war sehr zuverlässig, er hielt alle Verabredungen ein. Vielleicht war er im Keller? Nein, da war er nicht, nicht im Speicher und nicht im Garten. Auch keine Spur von Luna, die müsste doch bellen! Mein Handy funktionierte und zeigte keine Nachricht. Da begann ich es zu wissen. Aber es war zu groß, um es zu ertragen. So entfernte ich mich von mir und sah mich selbst durch die Wohnung gehen und hörte mich in der Zukunft über diesen Moment sagen: Als er nicht zu Hause war, da wusste ich es schon. Ich wollte es nicht wissen, doch tief in mir drin gab es die Gewissheit, dass ihm etwas zugestoßen war. Und dem Hund auch.

Ein Todesfall schützt nicht vor einem zweiten, dritten. Wie im Schock legte ich mich steif ins Bett. Ich konnte mich kaum bewegen, atmete flach und wartete, nicht auf Johannes, sondern auf die Nachricht seines Unfalls.

Johannes stürzte dreißig Minuten später außer Atem in die Wohnung. Der Akku seines Handys war leer, und im Wald hatte er einen Platten am Fahrrad gehabt. Mit einem Blick erkannte er meinen Zustand, umarmte mich so fest, dass ich sein Herz spürte, es schlug kräftig und schnell. Ich konnte nicht sprechen. Ich musste erst begreifen, dass er wirklich da war. Dass das kein Wunsch, kein Traum war, das war echt. Ich hatte ihn nicht verloren.

Bis heute ruft Johannes mich an, wenn er sich verspätet. Früher zogen ihn seine Kumpels auf: Du stehst ja ganz schön unter dem Pantoffel. Mittlerweile haben sie es aufgegeben, an Johannes perlt so etwas ab.

Es liegt nicht in unserer Hand. So wenig liegt in unserer Hand. Wie auch das Schicksal des hustenden Hundes, den ich dem Tode näher als dem Leben wähnte, lag nicht in meiner Hand.

In meiner großen Not rief ich Frau Bärmann an.

»Zwingerhusten«, diagnostizierte sie und klang ein wenig schadenfroh. Hatten die Streber wohl mal einen Fehler gemacht. Gegen Zwingerhusten hätte man den Hund impfen lassen können.

»Da kann man nichts machen«, sagte Frau Bärmann. »Das dauert mindestens drei Wochen, prost Mahlzeit.«

Ich rief Johannes an, der mir riet, den Tierarzt anzurufen.

Mit zitternden Händen tippte ich die Nummer. Es war mir bewusst, dass meine Reaktion nicht zu der Situation passte. Ich wusste, dass ich Opfer eines Kurzschlusses war. Zwei Drähte, die nicht zusammenkommen sollten, hatten sich miteinander verbunden, und nun funkte ich wirr durch die Gegend. Leider wusste ich nicht, wie ich mich erden sollte. Gleichzeitig erkannte ich, dass dieser chaotische Funkenflug einen wunderbaren Fortschritt erhellte: Ich hatte mich sehenden Auges in das Vorzimmer eines Verlustes begeben. Nicht nur Johannes konnte sterben, auch Luna, und wenn uns die Sterne gewogen waren, würde sie vor uns sterben, aber erst in vielen, vielen Jahren. Ich hatte mich für sie entschieden, obwohl ich wusste, dass ich mich von ihr würde trennen müssen.

»Es klingt, als hätte sich Ihr Hund erkältet«, sagte die Tierarzthelferin. »Es ist doch ein Labrador, war er vielleicht schwimmen?«

»Ja!« Ich erzählte von unserem ersten Ausflug an den Ammersee. Ein eiskalter Ostwind peitschte das Wasser auf, Luna außer sich vor Begeisterung, biss in die schaumigen Wellenkämme am Ufer. Als eine Spaziergängerin einen Stock ins Wasser warf, sprang sie hinterher und rettete ihn. Fasziniert beobachtete ich sie. Woher wusste sie, wie das geht? Sie warf mir den Stock vor die Füße, und es war klar, was sie von mir jetzt und in aller Zukunft erwartete: Du wirfst, ich bringe.

»Wenn es so kalt ist«, erklärte die Tierarzthelferin, »sollte der Welpe nicht ins Wasser, das hat bestimmt bloß vier oder fünf Grad, wenn überhaupt. Ihre kleine Luna hat ja noch gar kein richtiges Fell. Wenn sie trotzdem mal nass wird, auch im Regen, rubbeln Sie sie ordentlich trocken.«

»Und was mache ich jetzt?«, fragte ich hilflos.

»Behandeln Sie sie wie ein kleines Kind.«

»Wie geht das?«, fragte ich.

Sie lachte »Stellen Sie sich vor, Sie wären erkältet. Geben Sie dem Hund das, was Sie dann auch gern hätten. Wickeln Sie ihn schön warm ein, sorgen Sie dafür, dass er genug trinkt, seien Sie lieb zu ihm und warten Sie ab. Wenn es schlimmer wird, können Sie jederzeit vorbeikommen. Normalerweise ist so eine Erkältung schnell vergessen.«

Ich wickelte den kleinen Wuckel in einen warmen Pullover, nur der Kopf schaute noch raus. Ich hatte sie so lieb, dass es wehtat. So ist es mit der Liebe, wenn man über das Jetzt hinausdenkt. Ich versuchte schnell zurückzukehren in den Augenblick und landete in der Zukunft. Ein langes, glückliches Leben stand uns bevor.

»Du wirst doch wieder gesund?«, fragte ich sie dennoch.

Sie gähnte ausgiebig und zeigte mir ihre blendend weißen Milchzähne. Dann kuschelte sie sich in den Pullover und schlief ein. Am nächsten Tag war der Husten nur noch eine Erinnerung, die ich nie vergaß. Luna war »nur« ein Hund. Wenn sie ein Kind, mein Kind wäre. Wenn ich als Mutter zusehen müsste, wie mein Kind leidet, nicht bloß an einem

Husten, an einer schlimmen Krankheit, wenn es Schmerzen hat und ich sie ihm nicht abnehmen kann, wenn es ganz allein ist und ich hilflos nur da sein, aber nicht wirklich lindern kann … Die Große bei einem Hund zu sein erscheint als leichte Übung im Gegensatz zu der Aufgabe, diese Stelle bei einem Kind einzunehmen.

Brosamen Jetzt

Es stand noch eine letzte Impfung an, ich nutzte die Gelegenheit, Lunas Lunge abhören zu lassen, keine Tonspur mehr von einem Husten.

»Kerngesund«, sagte die Tierärztin und empfahl mir ein Mittel gegen Zecken, damit Luna das auch bliebe. Zur Information bekam ich einen Flyer in die Hand gedrückt. Dort las ich, wie ich eine Zecke entfernen sollte. Mit der Zeckenzange den Körper packen und sie drehend herausziehen. Ekelhaft! Nein, das würde ich nicht schaffen. Ein Jahr später sollte ich ein gutes Dutzend Zecken aus dem Hundeleib gezogen haben, viele ohne Zange mit den Fingern. Ja, Hundebesitzer sind ein seltsames Volk, ich merkte es nicht nur an mir.

»Wissen Sie eigentlich, wer Ihr Hund ist?«, fragte mich die Frau, die auf ihren Pudel wartete, der sterilisiert worden war, und ließ sich von Luna die nackten Waden abschlecken.

»Äh, wie?«, fragte ich.

»Welche Seele in ihm inkarniert hat«, erläuterte sie ungeduldig.

Ich wusste nicht, was ich erwidern sollte. Sah man mir die Witwenschaft an?

»Also in meinem Nico, da ist mein verstorbener Mann drin.«

»Ach ja?«

Ihr prüfender Blick traf zuerst Luna, dann mich.

»Am Anfang war ich mir nicht sicher. Gewünscht hätte ich es mir schon. Aber man weiß es halt nicht.«

»Man weiß so wenig«, hielt ich mich bedeckt.

Die Frau lächelte mich an. »Und bei Ihnen?«, fragte sie und kraulte Lunas seidenweiche Ohren. »Gerade so ein Welpe. Der ist ja noch ganz dicht dran am Jenseits. Haben Sie denn keine Verstorbenen, die Ihre Nähe suchen?«

Das Gespräch wurde mir unangenehm. Wieso quatschte sie ausgerechnet mich an? Es gab doch noch andere Wartende, die, obwohl sie sehr vertieft in Zeitschriften und ihre Haustiere taten, die Ohren spitzten. Dann fiel mir auf, dass ihre Frage auch bedeuten konnte, dass die Verstorbenen meine Nähe mieden. Wo blieb mein Zeckenschutz?

»Also ich bin ganz sicher«, ließ mich die Frau wissen. »Man spürt es. Hier!« Sie klopfte sich auf die Brust. »Wahre Liebe lässt sich nicht durch eine veränderte Gestalt täuschen.«

»Sie meinen also«, fasste ich zusammen, »dass verstorbene Menschen in Tieren wiedergeboren werden?«

»Durchaus«, sagte die Frau. »Wenn die Liebe sehr tief ist.«

»Weiß der Hund, dass er Ihr Mann ist?«

Die Frau schüttelte den Kopf. »Nein, das kann er nicht wissen.«

»Aber was haben Sie dann davon? Sie hätten doch nur etwas davon, wenn der Hund sich daran erinnern könnte!«

»Hauptsache, ich kann meinen Mann weiter lieben. Und außerdem stellen Sie sich die schreckliche Situation vor, er wollte sich verständlich machen, könnte es aber nicht, da ihm als Hund die Fähigkeit zu sprechen fehlt.«

»Da ist es besser, Hund bleibt Hund.«

Die Frau sah mich mit einem Blick an, der mich an den Blick erinnerte, mit dem ich Menschen mustere, die mein Mitgefühl verdienen, weil sie nicht erkennen, was mir klar scheint. In diesem Moment öffnete sich die Tür, und ein Paar kam herein, ohne Tier. Vor sich her schob es eine Welle der Trauer, die drückte alle Wartenden an die Wand. Das Paar war alt, über siebzig. Es ging Hand in Hand zur Anmeldung, die Frau weinte leise, der Mann hielt sich krampfhaft an der Hundeleine in seiner Hand fest. Wieder spitzten alle die Ohren, diesmal auch ich. Ich verstand nur Wortfetzen: Auto und morgens tot im Korb.

Ich hob die kleine Luna auf meinen Schoß. Das konnte sie nicht ausstehen, aber ich brauchte das jetzt. Wir zwei, wir waren hier am Beginn unserer Freundschaft, im Milchzahnstatus. Die ersten Impfungen, das erste Zeckenmittel, das Leben ein Abenteuerspielplatz, unbeschwert, neugierig, fröhlich. Eines fernen Tages, dachte ich, endet unsere Geschichte, von der ich bereits spürte, dass es eine Liebesgeschichte war. Und ich wusste auch, dass zehn, zwölf, vierzehn Jahre sehr schnell vergehen können, wenn man rückblickend über sie hinwegschaut. Es kommt auf die Blicke in die Ecken, Falten und Spalten an. Sie würden diese Zeit verlängern und vertiefen. Je mehr ich davon sehen, hören, riechen, schmecken, erfahren, erinnern könnte, desto länger würde die Zeit währen. In jeden Brosamen Jetzt legte ich Proviant für später an.

Die warme Luna-Zunge schleckte über meinen Handrücken. Ekelhaft. Und wunderbar. Sagen wir vierzehn Jahre, setzte ich hoch an. Ist eine lange Zeit, wenn sie in Tage und Stunden zerfällt. In unzählige Male über die Hand lecken, Bälle apportieren, über Wiesen rennen, in Pfützen springen, schwimmen, schmusen, schlafen. Mehr kann ich nicht tun. Nicht für den Hund, nicht für mich. Das Leben feiern: da sein im Jetzt.

Rohfleisch oder Muttermilch

So wie viele meiner Freundinnen, bevor sie Mutter wurden, schworen, ganz anders zu werden als all die anderen Mütter, und dann genauso wurden wie sie, wurde auch ich zu jener Hundebesitzerin, die ich nie hatte sein wollen. Während ich das am Anfang noch abstritt, nahm ich es später einfach hin. Leben heißt Veränderung. Es wäre langweilig und traurig, wenn man in allen Bereichen immer derselbe Mensch bliebe. Deshalb verstehe ich auch nicht, warum Personen des öffentlichen Lebens eine Meinungsänderung so oft als Charakterschwäche ausgelegt wird. Für mich ist es eine Stärke, die Meinung ändern zu können, wenn man seinen Horizont erweitert und neue Aspekte in seine Überlegungen einbezieht. Die kleine Luna schenkte mir ein ganzes Rudel interessanter Gesichtspunkte. Deshalb verbrachte ich nun auch viel Zeit mit Menschen, mit denen ich vorher keine Gemeinsamkeiten geteilt hatte. Meistens kannte ich ihre Namen nicht, und sie kannten meinen nicht. Ich war das Luna-Frauli oder -Frauchen, sie waren das Nino-, Bronco-, Hexe-Frauli oder das Toni-, Luna-, Shandra-Herrli. Allein durch unsere Hunde unterschieden wir uns, und bei ihnen wurde Wert darauf gelegt, was bei uns Unisexlern keine Rolle spielte: Manderl und

Weiberl. Dem Geschlecht diente oft die erste Frage, schon von Weitem, wenn die Stellung des Hundekörpers ohne Sicht auf den Unterleib keinen eindeutigen Schluss zuließ: »Is des a Manderl oda a Weiberl?«

Mann und Frau hatten ihr Geschlecht durch Herrli oder Frauli verloren und erhoben keinen Einspruch, denn als Herrli oder Frauli war es klar, wer im Mittelpunkt stand: Manderl oder Weiberl. Ebenso klar war, dass jedes Frauchen und Herrchen am besten Bescheid wusste über Hundekommunikation. So wie sich die Vierbeiner hintenrum beschnüffelten, manchmal mit stocksteifen Beinen Dominanz zeigten und das Nackenfell aufstellten, umkreisten sich Frauchen und Herrchen und hatten recht – ob das die autoritäre, die antiautoritäre, die freundschaftliche oder partnerschaftliche Hundeerziehung betraf, Klickertraining, Leckerli, Bonding und Calming und, und, und. Es schien Chartlisten zu geben für die Beliebtheit mancher Hundetrainer, die gern Flüsterer genannt wurden, und ihre Methoden. Kurzzeitig spielte ich mit dem Gedanken, mir einen Überblick zu verschaffen, dann schwante mir nicht nur der Zeitaufwand, sondern auch die Gefahr. Viele kriegerische Auseinandersetzungen wurden in bester Absicht angezettelt – auch der Krieg der Mütter gegen die Nichtmütter, der Krieg der nicht berufstätigen Mütter gegen die berufstätigen Mütter und der der Ganztagsmütter gegen die halbtags berufstätigen Mütter. Ferner jede Menge Stellungskämpfe: Stillmütter gegen Flaschenmütter, Fertigkostmütter gegen Kochbackmütter, Wegwerfwindel- gegen Stoffwindelmütter, Einzelkindmütter gegen Mehrkindmütter, Computermütter gegen Bauklötzemütter. Und das war jetzt nur mal das heilige Kapitel der Mutterschaft. Gemeinsam ist den Kriegen, dass sie mit unbarmherziger Härte und gnadenloser Intoleranz geführt werden. Wie bei Müttern, Autofahrern, Sportbegeisterten, religiösen Fanatikern, so bei Fraulis. Das Sahnestück der Auseinandersetzungen betraf die Ernährung. Muttermilch oder rohes Fleisch, vegetarisch oder Dose, Brei oder Trockenfutter, Knochen oder Körner.

Nachdem mich bereits eine oberflächliche Recherche, wie ich meiner Schutzbefohlenen innerlich und äußerlich Gutes angedeihen lassen konnte, tief verunsichert hatte, beschloss ich, bei Frau Bärmann in der Welpenschule zu bleiben, zumal ich dort, hinter Frau Bärmanns Rücken, mit verschiedenen Meinungen in Berührung kam. Denn viele meiner Mitschülerinnen – die Frauen waren in der Überzahl – hatten Tagesfreizeit und Kinder und beschäftigten sich sehr wohl mit alternativer Erziehung und Fütterung. Ich spitzte die Ohren und staunte. *Woher wissen wir, dass die Futteruntersuchung der Stiftung Warentest wirklich objektiv ist? In Dosen ist doch nur Dreck! Nassfutter führt zu Zahnschäden. Knochen machen krank. Trockenfutter schädigt die Nieren. Blutiges Fleisch macht aggressiv. Knochen bilden die Basis der Hundegesundheit.*

Ich schaute meinen hübschen Hundling im lackschwarz glänzenden Fellensemble an und beschloss, alles so zu lassen, wie es war. Ich hatte mich für Abwechslung auf dem Speiseplan entschieden. Würde ich mit immer nur Dose oder immer nur Trockenfutter zufrieden sein? Bestimmt nicht. Also gab es für Luna von Anfang an morgens Dose, abends Trockenfutter. Beides war innerhalb von Sekunden und, ohne gekaut zu werden, ratzeputz weg. Staunend hörte ich, dass andere Fraulis Delikatessen kauften und sie aufwändig zubereiteten, damit die Lena, die Betty, der Leo fraßen, wobei mir das Wort Fressen als Misston in den Ohren gellte bei solch einem Aufwand, der weniger dem Gourmand denn dem Gourmet mundete. Manche schienen regelrecht stolz zu sein auf die Allüren ihrer Hunde, die heikel ihr Futter verweigerten: »Mein Lanzelot ist halt ein Feinschmecker, da kann ich ihm nicht mit Futter von der Stange kommen.«

Wieder einmal war ich froh, in Luna eine so unkomplizierte Gefährtin gefunden zu haben. Bei uns wurde gefressen, was in den Napf kam, und wenn es an einer Stange gewachsen wäre, ließ sie von der auch weder Stumpf noch Stiel übrig. Ich selbst bin ebenfalls nicht heikel, verleibe mir beim Eis in der Tüte die Waffel mit ein und esse fast alles, und das gerne. Von den dreißig empfohlenen Kaubewegungen vor dem Schlucken bin ich Zahnreihen entfernt. Wir harmonierten also auch in unserer Esskultur.

Frau Bärmann fütterte ihre Bestien mit rohem Fleisch und empfahl uns ihren Metzger. Wer bei ihr punkten wollte, kaufte dort; ein weiterer Grund, warum Luna und ich niemals ihre Achtung gewannen. Trotzdem profitierte ich von dem Unterricht. Frau Bärmanns Geduld mit den Vierbeinern, die sie in an Unhöflichkeit grenzender Ungeduld mit den Zweibeinern ausbalancierte, beeindruckte mich. Ihren Umgang mit Sprache schätzte ich sogar. So wie ich den Rotstift bei überflüssigen Wörtern ansetze, in die Sätze wie in Verpackungsmaterial gebettet werden. Füllwörtern wie schließlich, dennoch, ganz, aber, auch, darüber hinaus, nicht wahr, mal, oder, etwa, irgendwie oder irgendwas machen mir Pickel. Frau Bärmann wollte, dass wir unseren Hunden klar und deutlich zu verstehen gaben, was wir von ihnen erwarteten. Auf das Wort *und* reagierte sie geradezu angriffslustig.

»Warum sagen Sie *und* hier? Warum sagen Sie *und* Platz? Wieso verwirren Sie den Hund mit zwei Wörtern, wo eines genügt?«, knurrte sie uns an.

An Bärbel und Babette, einem Lesbenpärchen, biss sich Frau Bärmann die Zähne aus. Bärbel und Babette ließen es nicht dabei bewenden, sich dem Bärmannschen Stil zu widersetzen, sie verwickelten die Hundetrainerin in Diskussionen über das Charisma der Höflichkeit und hörten nicht auf, ihren Rottweiler Elvis mit Schachtelsätzen zu traktieren.

»Elvis, hättest du wohl die große Güte, dich von diesem Ort zu entfernen, denn sieh mal, Elvis, das ist der Platz von Charly, und dich an einen anderen, dir genehmen, der aber nicht schon von einem deiner Freunde besetzt ist, zu begeben, wie wäre es zum Beispiel hier vorne als Korb, was meinst du, Elvis?«

Frau Bärmann schäumte, wenn die beiden sich so ausdrückten. »Wie soll der Hund kapieren, was Sie von ihm wollen?«

Doch Elvis kapierte es, was Babette und Bärbel bestätigte: »Man muss den Hund fordern, um ihn zu fördern.«

Damit kratzten sie an Frau Bärmanns Philosophie, jede Trainerin pflegte ihre eigene, die klang wie die der anderen, was viele jedoch nicht davon abhielt, die der anderen zu verhöhnen. Frau Bärmann bleckte ihre schlechten Zähne. Die Gruppe stöhnte innerlich auf. Wollten wir heute nicht Fuß lernen? Meistens opferte sich dann irgendein Hund mit Helfersyndrom und machte etwas Verbotenes. Sprang an seinem

Frauchen hoch oder schnüffelte an Frau Bärmanns Tasche mit den Leckerlis. Alle atmeten auf. Frau Bärmann schimpfte, natürlich das Frauli, nicht den Hund. Ein Hund konnte nie was dafür, immer nur das Frauli, das, weil es nicht hundegerecht kommunizierte, obwohl man genau das fundiert bei Frau Bärmann lernen würde, wenn man nicht dauernd schwätzen würde. Endlich liefen wir alle brav im Fuß.

»Nicht Sie korrigieren Ihre Position! Der Hund korrigiert seine!«, bellte Frau Bärmann.

Meine Freunde konnten nicht genug von meinen Frau-Bärmann-Geschichten hören und schüttelten sich aus vor Lachen. Allein Johannes fand unsere Hundetrainerin nicht komisch, und daran war ich genauso schuld wie an Lunas Fehlern in der Gruppe. Denn so manches Mal hatte ich meine Sätze mit »Frau Bärmann sagt«, »Frau Bärmann meint« begonnen. Darauf reagierte Johannes allergisch. Außerdem fand er es unfassbar, dass ich so viel Geld bezahlte, um so schlecht behandelt zu werden. Das fand ich insgeheim auch. Aber Luna und ich machten große Fortschritte. Als Erste in unserer Gruppe konnte sie alle wichtigen Befehle und zusätzlich einige unwichtige. Beim Abschlusstest – ich muss es wohl kaum erwähnen – erreichten wir die maximale Punktezahl. Der Ruf als Streber eilte uns voraus in die Junghundegruppe. Elvis und einige andere waren durchgefallen und mussten die Welpenschule wiederholen. Dabei folgte Elvis im Prinzip recht gut. Aber er war sehr verspielt, und wenn er Flausen im Kopf hatte, konnte er sich nicht konzentrieren, egal wie bunt und in verschiedenen Größen ausgebreitet die Schachteln waren, in die Bärbel und Babette ihre Wörter liebevoll reihten.

Ich selbst sprach lange nicht so höflich mit Luna. In unserer ersten Zeit sicher ohne Bitte und Danke. Dann fiel mir auf, dass viele Menschen sich Tieren gegenüber sehr freundlich ausdrücken.

Komm mal bitte rein.

Aussteigen, bitte.

Bitte, bring mir den Stock.

So, bitte schön, da ist dein Napf.

Gehörte dieses *Bitte* in die Abteilung *und*? War es überflüssig oder einfach nur nett oder gar respektvoll, achtsam, wertschätzend? Zeugte es von Kultur und Bildungsbürgertum, humanistischer Tradition und einem erweiterten kategorischen Imperativ? Nicht nur Hundebesitzer sprechen mit Hunden wie mit Menschen. Wir leben in einer Gesellschaft, die vielerorts freundlichen Umgang mit Hunden pflegt, was nicht darüber wegtäuschen soll, dass es Tieren bei uns noch lange nicht so geht, dass wir ein gutes Gewissen gegenüber unseren Mitgeschöpfen haben könnten.

Einmal beim morgendlichen Joggen stand Luna vor einer Garagenausfahrt. Eine Frau wollte mit ihrem Wagen zurückstoßen, Luna blockierte den Weg. »Gehst du bitte ein Stück zur Seite?«, bat sie Luna und lieferte eine Erklärung nach, damit der Hund nicht glaubte, es handle sich bei ihrer Bitte um reine Willkür. »Ich bin nämlich auf dem Weg zur Arbeit und heute schon ein wenig spät dran.« Sie wies zudem auf die Dringlichkeit ihres Ansuchens hin. »Und dazu muss ich aus der Garage raus«, erklärte sie Luna den kausalen Zusammenhang und bot ihr im Konjunktiv die Wahl eines menschenfreundlichen Verhaltens an: »Das wäre lieb von dir.«

Die Frau kannte uns nicht. Sie machte nicht den Eindruck, Angst vor Hunden zu haben, sich die Bestie taktisch klug wohlgesinnt zu stimmen. Sie hätte sich auch an mich, die Vorgesetzte, wenden können:

»Passen Sie bitte mal auf Ihren Hund auf.«

Doch sie schien Luna als Individuum wahrzunehmen, das seine Entscheidungen abwägt und für seine Handlungen Verantwortung übernimmt.

Sie hätte auch ganz allgemein kundtun können: Achtung, ich muss raus.

Sie hätte das Auto hupen lassen können.

Sie hätte mit ihrer Stimme hupen können: Nehmen Sie den Köter weg, sonst mach ich ihn platt.

Das sind drei Äußerungen, die dasselbe Ziel haben? Nein, es sind drei Lebensauffassungen. In seiner Sprache zeigt sich der Mensch nackt, mit der Sprache öffnen wir ein Fenster in unsere Gedanken.

Babette und Bärbel behaupteten, ihr Hund Elvis würde das, worum sie ihn baten, nur tun, weil sie ihm stets die Wahl ließen, auch etwas anderes zu tun. Ich glaube, dass Hunde oft lieber keine Wahl haben, was in der ersten Zeit mit Luna schwierig für mich war, weil ich selber gerne immer mindestens eine Alternative habe.

Bei Frau Bärmann lernte ich, dass ich keine Freundin für Luna sein sollte, auch keine Artgenossin, sondern ihre Rudelführerin, sprich Chefin. Das gefiel mir besser als Frauli, und so stellte ich uns auch vor: Das ist die Luna, und ich bin die Chefin, wobei ich, das war mir bewusst, einen Fehler in der Rangfolge beging. Der Chefin-Status ist mir angenehm. Ich weiß meistens, was ich will, und kann andere gut motivieren. Dennoch möchte ich, dass andere meine Beweggründe teilen. Luna aber interessierte sich nicht für meine Beweggründe, was mich faszinierte. Sie nahm hin, was kam. Der Tag begann, wenn ich aufstand. Nie schaute sie mich fragend an: So früh? So spät? Jetzt erst? Jetzt schon?

Wer im Jetzt ist, sucht nicht nach Alternativen, sondern beschäftigt sich mit dem, was jetzt ist.

Jeden Morgen begrüßte sie mich mit der gleichen Begeisterung, egal, wie lang ihre Nacht gedauert hatte. Jeden Morgen lief sie vor oder neben mir die jeweilige Joggingstrecke entlang, egal ob sie eine andere vorgezogen hätte. Bei allem, was wir unternahmen, begleitete sie mich ohne sichtbaren eigenen Willen, ohne mich spüren zu lassen, dass sie etwas nicht mochte. Fast alles, was ich vorschlug, wurde sofort akzeptiert und war meistens sogar toll. Natürlich wollte sie länger spielen, länger schwimmen, mehr zu fressen. Aber nur kurzfristig. Dann vergaß sie es und trieb weiter im Jetzt, blieb nicht an ollen Kamellen kleben. Ihr kam es wahrscheinlich nicht in den Sinn, sich über das Wetter zu beschweren. Mal regnete es, mal schien die Sonne, so ist es, und es ist gut so.

Ich glaube nicht, dass sie sich in ihr Schicksal ergibt, denn das setzt einen Willen zur Veränderung voraus, sie nimmt einfach immer alles an. Wie viel Energie verschwende ich manchmal darauf, etwas zu bedauern, das nicht zu ändern ist. Luna bleibt im Fluss und macht aus allem das Beste. Der Hund fragt sich nicht, warum er seine Mahlzeiten serviert bekommt, statt sie zu erjagen, und warum wir jetzt wohin fahren, was das soll, warum wir heute so spät rausgehen … er macht alles mit, meistens schwanzwedelnd, ohne zu fragen. Luna hängt gedanklich in keiner Schleife fest: Ach, ich hätte viel lieber … oder hängt sich gleich auf mit einer Warum-Frage. Sie ist da, wo sie ist. Und wenn sie mal einen bedrückten Eindruck macht, dann stecke – vorausgesetzt, sie hat keine Schmerzen – höchstwahrscheinlich ich dahinter. Dann bin ich nicht gut drauf. Ich kann sie schnell umstimmen, indem ich selbst fröhlich bin. Was ich zuerst natürlich spielen muss. Aber dann klappt es, und auf einmal habe ich vergessen, dass ich eigentlich schlecht drauf bin.

Mit Anfang zwanzig nahm ich einmal an einem bioenergetischen Workshop teil. Ich war die einzige Anfängerin in der Runde und staunte nicht schlecht, als die Gruppe bei verschiedenen Übungen stöhnte, brüllte, lachte, weinte. Meine Lautlosigkeit fiel auf, das war mir unangenehm. Also stöhnte und brummte ich auch ein bisschen, zuerst leise, dann lauter, steigerte mich zum Schreien und merkte plötzlich: Jetzt gebe ich es nicht mehr vor, jetzt tue ich nicht mehr so, als ob, jetzt ist es wirklich, es ist echt. Gelegentlich, wenn ich an Anlaufschwierigkeiten leide, tue ich erst mal so, als ob, gebe vor, schon mittendrin zu sein, bis ich es dann wirklich bin. Bei Luna geht so etwas sehr schnell. Da muss ich mich nur einmal bücken, und schon spurtet sie los. Ich könnte beabsichtigen, einen Stock, einen Ball, einen Stein hochzuheben. Mehr braucht es nicht zum Labradorglück. Du wirfst, ich bringe. Am besten im Wasser.

Wenn ich gewusst hätte, wie schön das Leben mit einem Hund ist, dachte ich nun manchmal, hätte ich mir schon früher einen zugelegt. Zuweilen ärgerte ich mich über diese

Verzögerung, wie viele glückliche Jahre hatte ich versäumt, und wenn es mir bewusst wurde, ärgerte ich mich noch mehr. Was für eine Zeitverschwendung, sich über in der Vergangenheit unwiderruflich gefällte Entscheidungen zu grämen. Was mir im Übrigen nicht nur in Bezug auf Luna widerfuhr. So manches Mal bedauerte ich, nicht schon früher ganz auf die freiberufliche Schriftstellerei gesetzt zu haben, anstatt so lange noch als Werbetexterin zu arbeiten. Aber wenn ich mich ertappte, fand ich schnell Gründe, warum alles gut gelaufen war. Denn wenn ich das gemacht hätte und heute vielleicht über hundert anstatt über fünfzig Bücher veröffentlicht hätte, wäre ich dessen womöglich überdrüssig. Und das wäre schrecklich, weil Schreiben glücklich macht. Was bliebe mir denn dann? Luna braucht kein Hättewärewennunddann. Luna ist, glaube ich. Aber vielleicht denkt oder empfindet sie auch: Hätte sie mir einen Nachschlag gegeben, wäre ich jetzt satter. Oder vermenschlicht: Wo ich wohl gelandet wäre, wenn sie mich damals nicht geholt hätte? Aber wenn sie das denkt, dann hätte sie mich nicht ausgesucht. Zu glauben, dass wir füreinander bestimmt sind, ist wunderschön. Irgendwie gehört es zur Liebe dazu, die so oft aus geheimnisvollen Zufällen besteht. Wenn mein Auto an diesem Tag angesprungen wäre, hätte ich nie die U-Bahn genommen und wäre dann nie auf die Idee gekommen, mir eine Breze im Backshop zu holen. Genauso wenig wie du, der an diesem Tag zum ersten Mal in diesem Backshop einen Kaffee trank. All das musste so sein, damit wir uns begegneten. All das musste so sein, damit Luna und ich zusammenfanden. Mensch + Hund = Glück.

Mittlerweile war ich sehr froh, dass meine ständige Begleiterin eine Labradorin war. Durch meine Bekanntschaften beim Gassigehen, für die ich mich nicht ins Zeug legen musste, weil Luna das übernahm, lernte ich einige Hunderassen mit ihren Eigenarten kennen. Ich wusste nun, dass Terrier stur sind, ein Beagle ein Jagdhund mit starkem Trieb ist, der Border Collie Beschäftigung braucht, da er sonst psychisch krank wird, der Spaniel frisst, bis er platzt, Dackel schwer erziehbar sind, Golden Retriever die idealen Familienhunde – wie Labradore. Alles in allem passten Luna und ich perfekt zusammen, denn irgendwie war ich doch auch ein Labrador. Ich bin freundlich, begeisterungsfähig und lösungsorientiert, apportiere für liebe Menschen, was immer sie verlieren, schwimme für mein Leben gerne, und mein Appetit ist groß, wie auch mein Bewegungsdrang. Schon nach wenigen Wochen war ich so zur Hundebesitzerin mutiert, dass es mir nichts mehr ausmachte, wie mein Hund auszusehen, ganz im Gegenteil, ich betrachtete es als Kompliment, und so ist es bis heute geblieben. Luna ist natürlich der schönste Hund der Welt, da kann ich nur gewinnen. Seit einigen Jahren prägt sich ihr Charakter deutlich in ihrem Gesicht. Man sieht, dass sie kein Welpe mehr ist, sie ist ein reifer Hund mit Erfahrung. Früher hätte ich mir nicht träumen lassen, in einem Hundegesicht so viel zu entdecken. Heute schaue ich sie an und weiß, wie es ihr geht. Ob sie übermütig ist oder müde, Hunger oder Kummer hat, weil sie spürt, dass sie gleich allein zu Hause bleiben muss, ob ihr langweilig ist oder sie sich pudelwohl fühlt, ob sie angespannt oder aufmerksam ist. Nicht nur mir wird Ähnlichkeit nachgesagt, auch Johannes. Ich erwidere dann scherzhaft: die Figur von Johannes, das Temperament von mir. Aber wahrscheinlich schauen Johannes und ich uns ähnlich, wie so viele Paare, die lang zusammen sind. Man gleicht sich an, und das nicht nur in den Gesichtern, sondern auch in der Körperhaltung. Man wächst zusammen, mit dem Menschen wie mit dem Tier. Und deshalb kommt sein Verlust einer Amputation ohne Narkose gleich.

Als ich noch mit Luna in meinem Hexenhäuschen lebte, erkannte ich staunend, dass dieser kleine Hund die Atmosphäre prägte. Sie war überall spürbar, auch wenn sie unten in der Küche schlief und ich mich oben aufhielt. Ihr Atmen veränderte das Haus. Ich konnte fühlen, dass sie da war, auch wenn ich sie weder hörte noch sah, und manchmal stellte ich mir ihr Fehlen vor, aber in ferner Zukunft. Denn noch immer befanden wir uns im Milchzahnstatus, bis ich das erste kleine Beißerchen auf ihrer Decke fand.

Unser Wir wuchs. Bald war es auch für meine Freundinnen und Freunde selbstverständlich, mich stets in Begleitung des Hundes zu sehen. Was mir im Übrigen gar nicht bewusst war. Erst nach dem Schlangenbiss, als auch meine Freunde über die bevorstehende Trennung von Luna, die viele von ihnen ins Herz geschlossen hatten, nachdachten, hörte ich manches Mal: Du ohne Luna, das ist nicht vorstellbar. Ihr gehört zusammen, ihr seid wie eins.

Im Milchzahnstatus und danach waren wir noch im Verschmelzungsprozess. Und nicht nur von meiner Seite. Mein Ziel war es, mit Luna überall gefahrlos ohne Leine laufen zu können, ob im Wald oder in der Großstadt, und das klappte vortrefflich. Nicht nur ich behielt sie im Visier. Bis heute dreht sie sich um, stellt Blickkontakt her, hält die Verbindung von sich aus aufrecht. Mit Luna war alles genauso, nein noch viel schöner, als ich es mir als Kind gewünscht hatte. Ich und mein Hund. Ein starkes Team. Blindes Verständnis. Tiefe Freundschaft. Wir.

Meine Beziehung zu ihr wurde noch inniger, als ich eines Tages die Idee hatte – oder hatte sie mir die eingeflüstert –, einen Hundekrimi zu schreiben mit dem vierpfotigen schwarzen Riesen Flipper mit einem blauen und einem braunen Auge, ein Nachfahre Lassies sozusagen. *Mein Freund ist Flipper, Flipper, gleich wird er kommen, jeder kennt ihn, den klugen Delfin.* Wenn Luna mit Anlauf vom Steg drei, vier Meter in den See springt, sieht sie aus wie ein Flipper mit Fell. Mein Flipper ist ein Rüde, ein Krimi benötigt Testosteron, seine Chefin heißt Franza und arbeitet als Fitness- und Kampfsporttrainerin. Beim Spazierengehen findet Flipper eine Leiche, was Franza nicht besonders überrascht. Sie ist der Meinung: Wer einen Hund hält, muss mit einer Leiche rechnen. Allerdings hätte sie sich einen souveräneren Umgang mit dem flaschengrün schimmernden Toten gewünscht. Ich staunte über diese Person, die sich frech in meinem Leben ausbreitete und genau wusste, wohin sie wollte. Ich konnte ihr nur noch nachhecheln. Sehr schnell wurden Franza und Flipper für mich lebendig, zu ihnen gesellte sich Kriminalhauptkommissar Felix Tixel. Auf langen Gassis erzählte ich Luna, wie die Geschichte weitergehen würde – oder erzählte sie es mir? Die besten Ideen hatte ich, wenn es mir gelang, nicht an das Buch zu denken, Luna beim Buddeln zuzusehen, hin und wieder einen Stock, einen Ball zu werfen oder mit ihr um die Wette zu schwimmen. Und ohne dass ich daran gedacht hätte, blinkte plötzlich ein Einfall auf. Immer wieder staunte ich über die innere Logik des Buches, das längst existierte. Meine Aufgabe beim Schreiben ist es, leer zu sein, um zu empfangen. Dabei hilft mir Luna: In der Leere wächst die Fülle. Ich bin der Meinung, alle Bücher sind schon da, wie ungeborene Wesen schweben sie irgendwo, warum nicht in einer Wolke? Je freier ich mich von Vorstellungen mache, wie etwas sein soll, desto besser kann ich einer Geschichte folgen. Das ist besonders wichtig, wenn ich als Ghostwriterin tätig bin. Ich versuche, mein Gegenüber nicht von außen zu sehen und zu beurteilen, sondern er oder sie zu sein. Und dann schaue ich aus ihm heraus in die Welt. Wenn ich erst mal drin bin, tappe ich nicht in die Falle, etwas aus meinem Leben unterzumischen, da ich ja nicht mehr da bin. Am schönsten ist es, wenn ich mich komplett aufgelöst habe, wenn ich weg bin. Dann bin ich glücklich, wobei ich mich gerade frage, wer oder was dann glücklich ist.

Im echten Leben darf Luna immer Luna bleiben, sie muss keine Kunststücke können wie Flipper oder gar der Fährte von Mördern folgen. Als meine Muse leistet sie genug, seit einigen Monaten führt sie sogar ihren eigenen Blog, sprich, sie diktiert ihn mir wie so vieles in unserer Zweisamkeit. Durch Flipper wuchsen wir noch enger zusammen, denn in ihm verband ich zwei Lieben. Die zum Hund und die zum Schreiben. Und wenn ich mal ganz viel Zeit hätte und mir überlegen würde, wo ich ohne Luna gelandet wäre, wäre das bestimmt nicht so schön, wie es jetzt mit ihr ist. Mit Luna bin ich angekommen, auch weil ich immer rausmuss, und es ist sehr leicht, in der Natur zu sich selbst und darüber hinaus zu finden. Egal, was kommt. Wir zwei haben viel Proviant gesammelt auf unseren Gassis. Davon kann ich lange zehren. Und sie? Ich stelle mir vor, wenn man im Jetzt ist, braucht man keinen Proviant, dann hat man immer genug. Denn was gibt es Berauschenderes als den Augenblick?

Die Witterung der Welt

Eine indianische Weisheit besagt: »Urteile nie über jemanden, bevor du nicht einen Mond lang in seinen Mokassins gegangen bist.« Wie gerne wäre ich in den Mokassins meines Mondes Luna unterwegs gewesen! Was mir bei meinen Ghostwritings leichtfiel, stieß beim Versuch, in den Hund zu schlüpfen, auf anatomische Schwierigkeiten, denn ich kann mir die Witterung der Welt nicht vorstellen. Sollte mir die berühmte Fee einen Wunsch gewähren, werde ich bitten, einen Tag lang Luna sein zu dürfen.

Hin und wieder versuchte ich, meine Umgebung durch Hundeaugen zu betrachten, eine Leistung, die Luna im übertragenen Sinn meisterlich beherrscht. Tag für Tag passt sie sich den furchteinflößenden Gewohnheiten der Zweibeiner an, die sich benehmen wie hoch aggressive Rüpel und das nicht einmal merken. Sie blecken die Zähne, wenn sie friedlich gestimmt sind, dabei weiß doch jeder Hund, dass man die Zähne bleckt, wenn man andere in ihre Schranken verweist. Hunde vermeiden es, sich in die Augen zu schauen. Da sie wesentlich flexibler sind als wir, haben sie sich angepasst und viele Widerstände überwunden. Luna schaut mir oft in die Augen, besonders, wenn sie etwas will. Sagt Johannes Nein – nicht rausgehen, im Korb bleiben –, schaut sie mich fragend an: Und du? Was meinst du dazu? Erlaubst du es? Darf ich raus? Sagst du Ja?

Ich habe einmal gelesen, dass es ein intelligenter Hund, was seine geistigen Fähigkeiten betrifft, mit einem dreijährigen Kind aufnehmen kann. Und die spielen ihre Eltern zuweilen sehr geschickt gegeneinander aus!

Für eine Städterin ist U-Bahn-Fahren nichts Ungewöhnliches. Mit einem Hund an der Leine wurde es zum Abenteuer. Luna blieb auf der Treppe zum Schacht stehen und starrte mich an. Ich las eine Warnung in ihren Augen: Vorsicht! Wohin willst du? Merkst du denn nicht: Du machst einen Fehler.

»Komm!«, forderte ich sie auf, und sofort gab sie nach. Ich war die Große. Wenn ich in die Hölle fuhr, würde sie mir folgen.

Dunkel wurde es. Die Gruft verschluckte uns. Der Boden war gefährlich glatt. Es war windig und roch modrig. Und es wurde immer lauter. Luna blieb dicht bei mir. Suchte sich ihren Weg an all den Waden, Knien und Schenkeln vorbei. Eine einfahrende Bahn quietschte schrill. »Komm!« Ohne zu zögern, folgte sie mir in das Abteil. Ratternd fielen die Türen zu, der Zug fuhr an. Luna wollte die Mitreisenden begrüßen, wie es ihre Art ist. *Servus, ich bin die Luna, und wer bist du und wie geht's dir? Hast du Lust, mit mir zu spielen, oder hast du zufällig was zum Fressen dabei?*

Kreischend fuhr die Bahn durch den Tunnel. Luna schaute mich verunsichert an. Auf einmal nahm ich Eindrücke wahr, denen ich noch nie Aufmerksamkeit geschenkt hatte. Die

Dunkelheit, das Wackeln, die Abgeschlossenheit. Fast war es, als wäre ich durch die Wahl dieses Transportmittels zu einem Gegenstand geworden. Ich wurde von A nach B befördert. Schön war das nicht. Und eigentlich unfassbar: Mein Weg führte durch die Erde. Luna behielt die Tür im Auge. Ich behielt sie im Auge. Nachdem sie gemerkt hatte, dass das hier eine Weile dauern würde, setzte sie sich und fing an, Fahrgäste anzustarren, bis diese ihren Link bestätigten. Dann wedelte sie ihnen zu. Mit Ausnahme eines zeitunglesenden Mannes knackte sie alle. Durch jeden ihrer Kontakte wurde es menschlicher in der U-Bahn. Als wir am Hauptbahnhof ausstiegen, war sie von drei Menschen gestreichelt worden, man hatte sich freundlich miteinander unterhalten, obwohl man sich nicht kannte, ein Hund verbindet. Luna schämt sich nicht, um Aufmerksamkeit zu bitten. Sie holt sich, was sie braucht, auf dem direkten Weg ohne Strategie, Intrige, Vorspiegelung. Sie hat fast immer Erfolg damit, nun gut, wenn man so aussieht wie sie …

Am Hauptbahnhof und rundherum gab es kein Hundeklo. Nirgends auch nur ein Fitzelchen Rasen, den Luna aber benötigte. Ich würde mir auch komisch vorkommen, den Asphalt in Betracht zu ziehen. Aber wir waren in der Stadt, und da war alles anders als gewohnt, ob in der Innenstadt oder später in Schwabing. Überall dasselbe Bild: ein breiter Gehweg, ein schmaler Radweg und daneben ein Grünstreifen, der mit Eisenhindernissen gegen parkende Autos verbarrikadiert ist. Um dorthin zu gelangen, muss ein Hund den Radweg überqueren, was genauso gefährlich ist, wie auf der Straße zu laufen.

Auf dem Grünstreifen, den wir schließlich fanden, türmten sich die Hinterlassenschaften anderer Hunde. Als Kennerin entlarvte ich die verschiedenen Fütterungsphilosophien und Sünden, ein Haufen sah aus, als hätte dessen Vorbesitzer ein Vogelhäuschen geleert – mit all den Körnern, die in der an und für sich tadellosen Form steckten. Und noch etwas wurde für mich sichtbar: je mehr Hundescheiße auf einem Quadratmeter, desto weiter fortgeschritten die Zivilisation. Für einen Nichthundebesitzer lautet der Satz: je mehr Hundescheiße, desto maroder die Zivilisation. Denn man könnte sie ja wegräumen, nicht wahr? Die Streber machen das natürlich und zahlen brav ihre Hundesteuer.

Mit Luna war ich nur selten in der Stadt unterwegs, denn da gab es nichts für sie, für uns. Ich war nun schon so auf den Hund gekommen, dass sich mein Wohlbefinden an dem meiner vierbeinigen Begleiterin orientierte. Ein Gassi in der Stadt bescherte mir ein schlechtes Gewissen, Luna dominierte meinen Terminkalender und meine Schlafgewohnheiten. Ich ging nun früh zu Bett und stand morgens zu einer Zeit auf, die ich früher als mitten in der Nacht bezeichnet hätte. Mein Leben hatte sich gravierend geändert. Das Stadtkind war zum Landei geworden, und ich war täglich bis zu drei, manchmal vier Stunden draußen unterwegs. Da bleibt nichts anderes übrig, als früh aufzustehen, schließlich besteht das Leben aus weiteren Herausforderungen als nur jener, den Hund müde zu kriegen. Man muss auch noch ein bisschen Haushalt machen, einkaufen und zum Sport, telefonieren, Familie und Freunde treffen und, nicht zu vergessen, Geld verdienen, um Hundefutter zu kaufen.

Heute gehe ich maximal zweieinhalb Stunden Gassi, und manchmal frage ich mich, ob Luna wirklich so lange rausmöchte oder ob ich irrtümlich meine, das sei gut für sie. Für mich wird es wohl gut sein, aber ich mag es noch immer nicht. Ich jogge auch nicht besonders gern, obwohl ich es fünfmal in der Woche tue. Schön ist es danach – vor allem, wenn ich vom Joggen zurückkomme. Dann habe ich ein tolles Gefühl, was ein bisschen auch an der Freude auf den Kaffee liegen mag. Manchmal erzähle ich Johannes später, was ich unterwegs Tolles erlebt habe. Die Regentropfen auf der Trauerweide. Die ersten Schneeglöckchen. Luna im Matsch. Das Vogelkonzert im Biotop. Die falbe Wiese mit den Heuballen. Meine Wut, als mich die Hagelkörner verprügelten. Dreimal gestürzt auf dem Blitzeis. Luna hat den verlorenen Ball wiedergefunden. Die würzige Milde der Frühlingssonne. Währenddessen, also im Augenblick seiner Premiere, ist mir das alles oft gar nicht bewusst. Es ist gerade so, als bräuchte ich das Erinnern, um das Jetzt wirklich werden zu lassen, als wären nur jene Momente als Jetzt gespeichert, die ich erinnert habe, wobei fraglich ist, ob Jetzt und Erinnern nicht schon ein Widerspruch an sich ist, und was eigentlich bleibt, wenn man das Jetzt vom Erinnern trennt. Nichts nämlich, und es kann sein, dass es genau darum geht.

Der Spaten

Es kommt mir vor wie ein Wunder«, sagt Johannes, während er den VW-Bus startet, voll beladen mit all den Dingen, für die im Alltag zu wenig Zeit bleibt – Fahrräder, Surfbretter, Ballspiele, Bücher, Bücher, Bücher … als währte der Urlaub Monate – und hoch oben im Wagenfond Luna, wie immer unglücklich.

Urlaub bedeutet eine Veränderung des gewohnten Ablaufes, und das hassen Hunde. Schon in der Präurlaubszeit verfiel Luna früher zuweilen in eine Depression. Woran soll sich der Hund denn halten, wenn nicht an seinen gewohnten Trott?

Darin ähneln Hunde Menschen, die das allerdings besser verbergen können, nicht alle, aber viele. Es gibt auch welche, die sind in den ersten zwei, drei Tagen an einem Urlaubsort vordringlich damit beschäftigt, Routine herzustellen, um den Urlaub dann so geordnet wie nur möglich über die Bühne zu bringen. Und solche, die fahren seit dreißig Jahren auf denselben Campingplatz. Das können wir uns nicht vorstellen, allerdings reisen wir nun schon zum dritten Mal nach Kroatien, nachdem wir in den Jahren zuvor in Italien waren. Immer zwei Wochen, den Sommer verlängern, sobald der

Herbst Einzug gehalten hat in Bayern und Schwimmen in den Seen die Zweibeiner allmählich mehr Überwindung kostet als Spaß bringt.

Für Luna ist jeder Abschied endgültig, vor allem, wenn man ihren gemütlichen Bettkorb aus einer Ecke zieht, ein Rausschmiss aus der Gewohnheit, Gefahrenstufe rot. Ich kann das nachvollziehen, weil ich mich auch gerne in dieser Komfortzone aufhalte, in der ich mir keine Gedanken über Abläufe zu machen brauche. Aber ich weiß, ich komme wieder, oder rechne wenigstens damit. Das macht den Abschied leicht. Gerade in der Fremde wächst die Zuneigung zur Heimat. Doch diesmal ist alles anders. Werden wir zu dritt zurückkehren?

Meine Kehle ist eng. Für Sekundenbruchteile zuckt ein Bild auf: Johannes und ich beim Ausladen des Busses ohne Luna, weil wir sie im Süden begraben mussten. Jeder Handgriff tonnenschwer und wie leer das Haus, wie leer die Tage, das Leben. Ich will dieses Bild wegschieben – was man denkt, wird wahr – und schaue Johannes an. In seinem Gesicht lese ich, dass er das Gleiche denkt. Irgendwo habe ich mal gehört, dass Paare, die lang zusammen sind, immer weniger miteinander reden. Man kann das Abstumpfung nennen. Es könnte genauso gut etwas wie Telepathie sein. Man benötigt keine Worte mehr, entwickelt sich in eine höhere Stufe der Kommunikation. Das kann verbinden oder trennen, wenn beide voneinander ein Scheitern erwarten, das sie sogar erhoffen, was sie wiederum vehement bestreiten. Die russische Dichtern Marina Zwetajewa hat es treffend umschrieben:

»Lieben heißt, den Menschen so sehen, wie ihn Gott im Sinn hatte und die Eltern nicht verwirklicht haben. Nicht lieben heißt, an seiner Stelle – Tisch, Stuhl sehen.«*

Johannes streichelt mir über die Hand und schaut in den Rückspiegel, wo Luna todunglücklich den Kopf hängen lässt. Dabei hat sie den bequemsten Platz für die lange Fahrt. »Luna, Urlaub!«, lockt er sie verheißungsvoll. Tatsächlich spitzt sie die Ohren und neigt neugierig den Kopf. »Es geht ihr gut«, spricht Johannes uns Mut zu. »Es geht ihr so gut wie vor dem Schlangenbiss«, er schmunzelt, »wenn nicht sogar besser nach all den blutigen Steaks.«

Ich möchte gerne zustimmen, doch es fällt mir schwer. Die schwarze Wolke grollt über mir. Auch das nimmt Johannes wahr. »Und das mit dem Milztumor«, fährt er fort, »ist noch lange nicht gewiss. Die Tierärztin kann sich irren. Denk lieber an das, was die Homöopathin gesagt hat. Außerdem hat Luna ihre Mindestlebenszeit nun schon um eine Woche übertroffen. Und sie wird auch die Maximallebenszeit schaffen. Da bin ich ganz sicher!«

»Ja«, sage ich und dann noch mal: »Ja.« Ich konzentriere mich auf das Bild einer gesunden Luna-Milz. Wie sieht eine Milz aus? Ich kenne bloß Rinderherzen, Rindernieren und die glitschigen Rinderlebern, die ich vor vielen Jahren im Urlaub meiner damaligen Nachbarin für deren Katze kleinschnitt. Fest schaue ich Johannes an. »Wir fahren zu dritt los und kommen zu dritt zurück.« »Darauf kannst du Gift nehmen«, erwidert er. Als ihm bewusst wird, was er gesagt hat, ich habe

---

* Aus: Marina Zwetajewa, Irdische Zeichen, Seite 57, Insel-Bücherei 1078, Insel-Verlag, Leipzig 1990.

es gleich gehört, vielleicht hat er es erst durch meine Reaktion wahrgenommen, lacht er erschrocken auf. Nun lege ich meine Hand auf die seine. »Gegen Gift sind wir gefeit«, sage ich. Wir haben ein homöopathisches Mittel gegen Schlangengift im Gepäck, auch wenn es äußerst unwahrscheinlich ist, dass Luna noch einmal von einer gebissen wird.

Je älter wir werden, desto mehr Medikamente nehmen wir in den Urlaub mit, diesmal vor allem für Luna. Die Tierhomöopathin Frau Hölzel empfahl uns eine Misteltherapie. Luna bekommt nun zweimal wöchentlich eine Spritze, das macht Johannes. Fell am Nacken zwischen Daumen und Zeigefinger hochziehen, Spritze rein, fertig. Luna zuckt nicht mal. Vertrauensvoll wie immer gibt sie sich in unsere Hände.

»An der Grenze werden sie uns für Junkies halten«, vermute ich.

»Wir sind keine zwanzig mehr«, erinnert Johannes mich. »Wir könnten das Spritzbesteck selber brauchen, Diabetes und so.«

»Jedenfalls haben wir gut vorgesorgt«, beruhige ich mich noch einmal. Frau Hölzel hat mir eine Tüte mit Notfallmedikamenten mitgegeben. Ihr Hund Gina ist vor zwei Jahren an einem Milztumor gestorben, ein sanfter Tod. Auch einen Notfallplan arbeitete Frau Hölzel für uns aus. Wenn Luna auskühlt und ihr Zahnfleisch weiß wird, geben Sie ihr dies, und wenn sie unruhig wird und panisch reagiert, das.

»Und wenn es ernst ist, wenn es zu Ende geht? Merke ich das dann überhaupt?«

»Ja, das merken Sie. Luna wird sehr schnell sehr schwach werden. Sie wird innerlich verbluten, das tut erst mal nicht weh. Also immer vorausgesetzt, sie hat tatsächlich einen Milztumor, was ich, wie Sie wissen, nicht annehme. Ihr Allgemeineindruck ist sehr gut, das Fell glänzt, ihr Gang ist federnd und der Bauch weich, da ist nichts tastbar. Machen Sie sich bitte nicht verrückt! Im schlimmsten Fall geben Sie ihr die Mittel laut meinem Plan, das wird sie beruhigen, und bleiben Sie bei ihr.«

»Natürlich bleibe ich bei ihr. Bis zum Schluss. Immer bleibe ich bei ihr!« In Gedanken fügte ich hinzu: Ich bin die Große.

Ich stand schon an der Tür, da winkte mich Frau Hölzel noch einmal in ihr Behandlungszimmer und drückte mir einen schmalen Streifen Papier, in dem einige Globuli eingewickelt waren, in die Hand. »Das ist für Sie.« Kurz und kräftig strich sie mir über den Oberarm. »Wenn Sie der Schmerz überrollt. Wenn Sie merken, dass Sie ständig das Schlimmste befürchten.«

Wie immer in Ihrer Gegenwart glaubte ich fest an den Kindersatz, der auch Erwachsenen hilft: Alles wird gut. Frau Hölzel gehört zu jenen Heilerinnen, die allein durch ihre Gegenwart die Selbstheilungskräfte stärken. Und wenn sie meine stärkte, dann würde das auch Auswirkungen auf Luna haben, die ja an einer Nabelschnur mit mir lief.

Gerührt bedankte ich mich. »Damit rutsche ich nicht ab und bleibe im Jetzt?«

Frau Hölzel nickte »So könnte man es nennen.«

Globuli für das Jetzt! Wenn das nicht an Zauberei grenzte! Es war Zauberei! Denn als ich mit Luna am See entlangspazierte und eine kleine rote Plastiktüte aus meiner Hosentasche zog, um ihre Hinterlassenschaften einzusacken, verlor ich den Papierstreifen, wie ich später rekonstruierte. Kurz überlegte ich, Frau Hölzel um eine weitere Dosis »Jetzt« zu bitten. Dann beschloss ich, dass ich es auch ohne schaffen würde. Am Tag vor unserer Abreise hatten Johannes und ich gestritten.

»Sollen wir einen Spaten mitnehmen?«, fragte ich Johannes und dachte: Wenn Luna unterwegs stirbt, was machen wir dann? Wir können den toten Hund nicht Hunderte von Kilometern im heißen Auto ohne Klimaanlage durch die Gegend kutschieren.

»Ich lass sie doch nicht mit ihrem Beerdigungswerkzeug in den Urlaub fahren!«, rief Johannes empört.

»Ja, sicher«, lenkte ich ein, doch es erschien mir wichtig, auf alles vorbereitet zu sein.

»Aber wenn …«, begann ich erneut.

»Wir werden bestimmt keinen brauchen!«, behauptete Johannes.

Diesen Dialog hätten wir auch mit vertauschten Rollen führen können. Ich hätte zuversichtlich, Johannes schwarzmalerisch argumentieren können. Hauptsache, wir bekamen den Kreis der Möglichkeiten rund.

Da überraschte er mich. »Wir können uns einen leihen.«

»Wo denn?«, fragte ich, als wäre ein Spaten ein Wertgegenstand, der keinesfalls verliehen wird.

»An einer Baustelle.«

»Du willst also irgendwelchen kroatischen Bauarbeitern mit Händen und Füßen erklären, dass du einen Spaten brauchst, um deinen Hund zu beerdigen? Und wo, bitte schön? Auf der Baustelle? Man müsste wegfahren, also mit dem Spaten irgendwohin fahren, wo das möglich wäre, weg von der Baustelle!«

»Ja«, sagte Johannes so bekümmert, dass ich zur Besinnung kam.

»Wenn es nötig wäre, könnten wir einen kaufen, aber es wird nicht nötig sein«, wechselte ich die Rolle.

»Nein. Es wird nicht nötig sein«, kam Johannes an meine Seite.

Dann fielen wir uns in die Arme, und Johannes gab die Parole aus: Wir machen uns einen schönen Urlaub mit unserer Luna.

Keiner von uns sagte das Wort: letzten. Doch wir dachten es beide und wussten es voneinander. Darüber hinaus dachte ich, dass ich das nicht denken durfte, weil Luna es bestimmt spüren würde. Ich musste so umfassend ins Jetzt kommen, dass sie mir nichts anmerken würde. Ohne die Kügelchen von Frau Hölzel. Ich musste, ich wollte, ich wünschte mir so sehr, einfach Urlaub zu machen ohne Hintergedanken, ohne Vorgedanken, ohne Alltagsgedanken. Urlaub im Jetzt. Im Grunde genommen war es wie immer, denn das wünscht man sich doch jedes Mal, dass man es im Urlaub schafft, den Alltag hinter sich zu lassen und ganz da zu sein. Viel zu oft ist man nämlich im Urlaub damit beschäftigt zu denken, was vorher im Alltag geschah und was danach im Alltag geschehen wird. Auch sehr beliebt im Urlaub: sich Gedanken zu machen über Dinge, die nicht optimal gelaufen sind. Da kann man auch ohne Spaten tief graben, manche schaffen es bis in die Kindheit und bleiben dort hängen.

Endlich fahren wir los, ich bin zuversichtlich – und Luna auch! Bei der ersten Rast an einer Tankstelle lässt sie die Ohren nicht hängen, sondern sich frohgemut von Johannes aus dem hohen Wagenfond heben. Wenn wir nicht aufpassen, springt sie selber raus, was sie in ihrem Alter wegen der Gelenke nicht tun soll. Schnell pinkelt sie auf den Grünstreifen und läuft wieder zum Bus: Hopp! Heb mich rein! Weiter geht's! Johannes und ich staunen. Ich denke, dass Luna sich benimmt, als hätte sie nicht mehr viel Zeit. Dann denke ich, dass Johannes das auch denken könnte, wovor ich ihn bewahren will, und wenn er es selbst nicht gedacht hat, könnte ich ihn damit anstecken. Natürlich weiß er, was ich denke, wenn auch nicht bewusst. Je länger die Liebe, desto wichtiger, nicht nur so zu tun, als ob, sondern wirklich etwas anderes zu denken. Oder noch besser: nichts. Oder wahrnehmen, was ist. Wir drei im Auto unterwegs in den Süden zu Sonne, Strand und Meer, der Himmel blau, vor uns liegt eine schokosahnige Torte Urlaub.

Irgendwo habe ich einmal einen Spruch gehört: Es gibt einen jungen Hund, einen guten Hund und einen alten Hund. Während wir durch die im Herbstlicht leuchtende Landschaft fahren, überlege ich mir, dass so ein alter Hund viele Vorteile bietet, wenn man es schafft, den Abschied nicht herbeizudenken. Der erfahrene Hund kennt sich aus, er weiß, dass es nach dem Frühstück nichts zu fressen gibt und kein Entertainment stattfindet, solange die Chefin mit beiden Pfoten auf den Tisch hackt. Dass man abends noch mal in den Garten pinkelt, weil die Nacht lang ist und zu dieser Zeit nicht Gassi gegangen wird. Wenn wir mit einem derartig beladenen Auto anhalten, um zu tanken, dann heißt das nicht, dass man sich einen Muskelkater in den Schwanz wedelt, endlich Gassi! Der ältere Hund weiß: aussteigen, Geschäfte erledigen, weiter. Bei meiner ersten Reise mit Luna war der Weg das Ziel.

Der versäumte Todestag

Luna war einige Monate alt, und der Todestag Leanders näherte sich. In den ersten Jahren danach wollte ich diesen besonderen Tag nicht zu Hause verbringen. Am liebsten fuhr ich die ganze Woche weg, denn der Todestag hatte ja ein Davor und Danach, ein letztes Mal und ein Nie-wieder, und beides gehörte zusammen. Am Todestag selbst ließ ich mich hemmungslos in der Vergangenheit nieder. Als Schriftstellerin neige ich ohnehin dazu, ich muss mich erinnern, um zu schreiben. Für mich ist es manchmal eher schwierig, mich in der Gegenwart aufzuhalten. Dass ich mir mit dem Hund nicht nur Gassi, sondern auch Gegenwart angeschafft hatte, merkte ich spätestens in diesem ersten Urlaub mit Luna.

Ich brauchte zwölf Stunden von München in die Toskana, was je nach Fahrweise und Verkehr in sechs bis acht zu schaffen gewesen wäre, aber ich legte mehrere Pausen ein. Luna wusste noch nicht, dass wir uns auf einer Reise befanden. Sie sprang aus dem Auto, beschnüffelte die Umgebung, die vielleicht ihr neues Zuhause war? Was sie sofort vergaß, wenn ich den Ball herauszog und sie durch das hohe Gras der in ihrer ersten Tracht stehenden Wiesen hüpfte. Sie war jung, sie war kerngesund, ich wollte sie müde machen und warf den Ball bergab, damit sie sich anstrengen musste. Immer war ich schneller müde als sie. Es war ihre erste lange Autofahrt, und ich wollte sie nicht überfordern und hielt nach zwei Stunden erneut an, um eine Runde zu schwimmen. Würden wir jemals unser Ziel erreichen? Egal, wir waren unterwegs im Jetzt, der Welpe brachte mir bei, dass ich dort von Sekunde zu Sekunde stets aufs Neue ankommen konnte.

Unsere Ferienwohnung in einer kleinen romantischen Stadt lag in der Nähe des Meeres. Die Dachterrasse sah aus wie auf den Fotos im Internet, mit herrlichem Blick über die toskanischen Dächer und überall Zypressen, Wächter nenne ich sie. Zwei Themen gab es für mich in diesem Urlaub. Den Todestag und Baum spielen – ich wollte Luna beibringen, an der Leine zu gehen, ohne mich hinter sich herzuzerren. Abschreckend war für mich die Frau mit dem Bernhardiner, der sie über Glatteis gezogen hatte, sie knallte mit dem Gesicht auf die Straße. »Joch- und Nasenbeinbruch«, hatte uns Frau Bärmann nicht ohne Genugtuung mitgeteilt. Laut unserer menschenunfreundlichen Hundetrainerin war Leinenführigkeit einfach zu erreichen, wenn ich konsequent blieb. Im Alltag zu Hause war das nicht möglich gewesen. Selbst mal schnell eben einkaufen dauerte Ewigkeiten, wenn ich zwischendurch ständig Baum spielte. Sobald sich die Leine straffte, sollte ich, so Frau Bärmann, stehen bleiben, den Hund zu mir rufen und erst dann weitergehen, wenn die Leine wieder locker durchhing – alles eine Frage der Konsequenz. Schön, wenn man im Urlaub eine Aufgabe hat. Es klappte auch, obwohl ich zwischendurch ins Zweifeln geriet, da ich in einem Hundeerziehungsbuch von anderen Methoden gelesen hatte, die mir besser gefielen. Aber ich befolgte Frau Bärmanns Regeln, und zu Hause konnte ich Johannes stolz vorführen, wie gesittet Luna an der Leine lief. Ich klickte sie nur dann ans Halsband, wenn darum gebeten wurde oder ich mit Menschen zusammentraf, die Angst vor Hunden hatten. Luna sollte sich frei bewegen, und solange sie aufs Wort folgte und bei meinem Pfiff wie der geölte Blitz zu mir raste, durfte sie das. So lautete unsere Übereinkunft: Du darfst alles, solange du dich nicht vom Grundstück entfernst und sofort kommst, wenn ich rufe. In zwölf Jahren gab es zwei Verstöße gegen dieses Gebot, sie fielen unter höhere Gewalt: Sex und Hunger. Bei ihrer ersten Läufigkeit tändelte Luna mit dem Hirtenhund des Schäfers, ihr Rendezvous führte sie außer Hörweite meines Pfiffes. Und als einer der Bauern in meinem Dorf nach der Schlachtung die Kiste mit den Abfällen offen stehen ließ, tat sich Luna an dieser Labung gütlich, sie war nicht der einzige Hund. »Sacklzement«, der betagte Bauer im taubenblauen Kittel kratzte sich am Kopf und wirkte alles andere als zerknirscht, umzingelt von mir und zwei weiteren aufgebrachten Hundebesitzern, eher schelmisch. »Do hob i woi vergessn, dass i die Kistn zuamach.«

Ich hatte Luna eine Stunde verzweifelt gesucht und das Schlimmste befürchtet – vergiftet, entführt, überfahren? »Das macht der alte Bauer öfter«, ließ mich mein Vermieter am nächsten Morgen wissen, als ich Luna vorsichtshalber an einer langen Leine festband. »Da er für die Entsorgung der Schlachtabfälle zahlen muss, sie werden gewogen, setzt er im Vorfeld auf den natürlichen Schwund durch Hund.«

Diese Stunde ohne Luna mit meinen schlimmsten Befürchtungen ging mir noch lange nach. Was für eine schreckliche Ungewissheit, wenn ein Tier nicht mehr nach Hause kommt. In der Süddeutschen Zeitung las ich einmal von den Qualen eines amerikanischen Schriftstellers, dessen Hund öfter ausbüxte. Einmal, gerade zur Weihnachtszeit, kam er nicht mehr nach Hause. Sein Herrchen Dennis Lehane dachte sich einen ungewöhnlichen Finderlohn aus: Wer den Hund zurückbringen würde, bekäme eine Rolle in seinem nächsten Buch.

Luna ist nicht nur zurückgekommen, sondern fast auferstanden. Klar, dass das eine Hauptrolle wert ist!

In meinem ersten Urlaub mit Luna erfuhr ich eindrücklich, dass die Gegenwart eines Hundes ein sicheres Gefühl vermittelt. Unsicher fühlte ich mich auch ohne Hund nie. Natürlich kenne ich die einschlägigen Sprüche, und ich wurde bestimmt auch hin und wieder betatscht, das ist normal in einer Frauenbiographie, behaupte ich, doch ich wies die Rüpel rasch in ihre Grenzen. Seit ich zusammen mit dem Polizisten Alexander Schwandner ein Buch über Zivilcourage geschrieben habe, weiß ich, dass es ein Verhalten gibt, das Täter regelrecht anzieht. Alex zeigte mir bei einer Patrouille über den Münchner Hauptbahnhof »Kandidatinnen«, deren Blick auf den Boden gerichtet war, sie liefen unsicher und waren in Zelte gekleidet. Die jungen Mädchen in körperbetonender Kleidung auf knallenden High Heels laufen dagegen weniger Gefahr, Opfer von Übergriffen zu werden, zu selbstbewusst ist ihre Ausstrahlung. Noch interessanter fand ich das Verhalten der Täter. Alex Schwandner nennt sie in unserem Buch *Würstchen*. Hunde lieben Würstchen! Aber Würstchen halten sich fern von Hunden, wie ich nun staunend merkte.

Als Stadtkind fühlte ich mich früher unter vielen sicherer als in der Natur, wo bekanntlich hinter jedem Baum ein schwarzer Mann lauert. Mit Luna war ich nun sehr viel im Wald unterwegs, wo ich keinen einzigen solchen Mann traf. Aber natürlich machen sich Bäume einen Spaß daraus, so zu tun, als stünden schwarze Männer hinter ihnen, die Rache für manches Kettensägen-Massaker. Doch der Wald daheim war deutsch und vertraut. Nun war ich in der Fremde. Ohne Luna wäre ich nicht um den herrlichen See gelaufen, der wie ein ausgebreitetes faltenloses Leintuch in der toskanischen Landschaft inmitten von knallrotem Mohn, lila Blumenwiesen und falbem und grünem Gras ruhte. Ohne Luna hätte ich mich dorthin gelegt, wo sich ein Dutzend Badegäste versammelt hatte, nah beim Parkplatz. Mit Luna war ich neugierig, wohin der schmale Weg durch das Schilf führte, und gelangte schließlich zu einem traumhaften Ort mit Blick über die Farbenpracht, den See, am Horizont aufgereiht einige Wächter und der Himmel königsblau. »Hier bleiben wir«, ließ ich Luna wissen. Ich hatte mir angewöhnt, mit ihr zu sprechen, und meistens wedelte sie mir eine Bestätigung zu. Das Wort *Bleib* konnte sie nicht ausstehen, es bedeutete ja, dass sie alleine warten musste, doch in einem an Menschen gerichteten Satz reagierte sie nicht darauf. Sie wusste genau, wann sie gemeint war. Ich breitete meine Strohmatte aus, zog mich bis zum Bikini aus, überlegte kurz und ließ den dann auch noch weg, schlug mein Buch auf und war glücklich. Luna erkundete die Gegend und legte sich schließlich neben mich, sodass ich in Ruhe lesen konnte. Hin und wieder hob sie den Kopf und schnappte ein paar Informationen auf oder nach einer lästigen Fliege – Klack, hörte ich ihr Gebiss –, ich blätterte um, sie gähnte und rollte sich zusammen. ... Bis sie plötzlich bellend aufsprang und losstürmte, nach ein paar Sprüngen breitbeinig stehen blieb, die Rute steif in der Luft, an der Spitze zitternd, das Nackenfell gesträubt. Ein Mann lief in zwanzig Metern Entfernung den Trampelpfad entlang – und machte beim Anblick des Hundes schleunigst kehrt. Mein Herz schlug heftig, eher, weil mich Lunas Bellen erschreckt hatte. Ich verfolgte den Mann mit meinen Blicken, er hastete durch das Schilf, nur seinen Kopf konnte ich noch sehen, und dann war er weg. Ich lobte Luna, obwohl ich nicht glaubte, dass dieser Mann uns gefährlich geworden wäre. Doch er schien etwas Hinterhältiges im Sinn gehabt zu haben, normalerweise reagierte Luna nicht so aufgebracht. Plötzlich wurde mir bewusst, dass ich ohne Luna gewiss bei den anderen Badegästen geblieben wäre. Mit ihr an meiner Seite fühlte ich mich sicherer, ohne dass ich mich zuvor unsicher gefühlt hätte. Was jeder Grundlage entbehrte: Dem Labrador wird nachgesagt, dass er Einbrecher begeistert begrüßt und ihnen dienstbeflissen hilft, das Diebesgut zum Wagen zu tragen. Lunas Aggressionspotenzial war vergleichbar mit einem Stofftier. Oder?

»Du weißt nicht, was passiert, wenn du wirklich angegriffen wirst«, meinte Dagmar aus meiner Hundegruppe. Ihre Blacky, ein Labradormix, hatte einmal einen Betrunkenen in den Schenkel gebissen, der Dagmar grob angerempelt hatte.

Ich knuddelte Luna, grunzend warf sie sich auf den Bauch und wälzte sich im Gras. Sie war mein Schlüssel zu den schönsten Plätzen der Welt. Zu zweit würden wir jeden versteckten Winkel erkunden.

Auf dem Rückweg dachte ich über die fundierte Ausbildung von Verbrechern nach, wozu der sichere Umgang mit Hunden gehörte. Ein erfolgreicher Verbrecher sollte nicht nur alle Rassen und die jeweiligen Eigenarten kennen. Er sollte darüber hinaus die Hundesprache beherrschen und mit Hunden umgehen können, die als schwierig gelten. Von frühester Verbrecherschule an musste dies trainiert werden. Denn war ein Verbrecher, der Angst vor Hunden hatte, überhaupt ernst zu nehmen? Er müsste eine Waffe haben. Wenn jemand auf Luna schießen oder ihr etwas antun würde, dachte ich, eine friedfertige Frau mit einem Aggressionspotenzial wie ein Labrador ... den würde ich umbringen. Ich erschrak ein bisschen, überlegte und korrigierte mich. Umbringen war zu wenig. In solchen Fällen, die man gelegentlich im Fernsehen sieht, finde ich Umbringen unangemessen, denn dann ist der andere weg – aber ist er wirklich weg? Solange wir nicht wissen, was nach dem Wegsein geschieht, ist Umbringen keine Lösung. Womöglich verhelfen wir dem Feind damit schnurgerade ins Paradies. All die Krimis wären dann nichts anderes als Versöhnungsappelle. Erlöse andere von ihrem Leben, erlöse sie von dieser Welt. So erlöst man auch sich selbst von der Anstrengung des Verzeihens. Anstatt dem Feind zu vergeben, bringt man ihn um und vergibt ihm somit auf einer höheren Ebene. Verzeihung – einer Schriftstellerin gehen hin und wieder die Pferde durch. Die Fantasie galoppiert los, meine Haare flattern im Wind, Strähnen wie Flügel hebe ich ab, was für ein Spaß, aber dann schwingt die Handwerkerin, die Stellerin der Schrift, das Lasso. Sie fängt die wilden Pferde ein und treibt sie in ihre Buchstabenkoppel. Je nachdem, welches Buch geschrieben werden soll, ist die Koppel weitläufig wie diese, hier galoppieren die Wildpferde los, ohne das Ende zu kennen, über Stock und Stein, Steppe und Strände. In anderen Büchern sind die Koppeln klein, manchmal so eng, dass sie kaum rennen können, nie außer Atem geraten und sich, wenn, dann höchstens auf der Bahn und auf Kommando verausgaben dürfen. Ein Liebesroman braucht ein Pärchen, ein Ratgeber Tipps, ein Thriller Nervenkitzel und ein Krimi mindestens eine Leiche. Ich habe in meinen Büchern schon einige Leute verschwinden lassen, erschossen, erschlagen, ertränkt, versteckt. So kam ich auch zu meinem allerersten Krimi. Ein Verlag fragte, ob ich Lust hätte, Frauenkrimis zu schreiben. Nein, hatte ich nicht. Ich mochte keine Krimis, weil ich mich nicht mit der Niedertracht des dazu nötigen Personals herumschlagen wollte. Doch dann dachte ich darüber nach. Da fiel mir jemand ein, der mich geärgert hatte. Dem würde ein Platz um die Ecke zur Läuterung gut tun – was ich natürlich nur theoretisch erwog. Ich rief meine Lektorin an und ließ sie wissen, dass mir eine spannende Story eingefallen sei, obwohl mir bislang nur die Leiche bekannt war. Der Verlagsvertrag verhalf mir zu einer Genugtuung, die mich in der Realität ins Gefängnis gebracht hätte. Hoch vergnügt schrieb ich das Buch, bald schon vergaß ich meine Rache, für solche Gefühle habe ich langfristig weder Talent noch Durchhaltevermögen – Schreiben stimmt friedlich.

In meinem erten Urlaub mit Luna saß ich jeden lauen Abend in einer der beiden Pizzerien auf der Piazza neben der Kirche, und Luna lag zu meinen Füßen, müde nach einem Tag voller Spielen und Schwimmen und Lernen, an der Leine zu gehen. Auch ich war rundum zufrieden, und wenn mir der bevorstehende Todestag einfiel, fühlte ich mich gefeit, es war ja nicht der erste. Diesen hatte ich damals vorgezogen, so bin ich veranlagt. Ich erledige Dinge oft, ehe sie anstehen. Meine Manuskripte gebe ich meistens Wochen vor dem vereinbarten Termin ab, in manchen Beziehungen habe ich mich noch während der Beziehung von ihr verabschiedet. Wenn ich dann endgültig gehe, bin ich wirklich fertig. Ich bin eine Vor-, keine Nachtrauerin. So konnte ich entspannt auf der Piazza sitzen, Pizza und Pasta genießen und danach einen Espresso, schwarz wie der Fellleib zu meinen nackten Füßen in Sandalen. Einmal sah ich mich von außen. Eine braungebrannte Frau, die große Stücke von einer Riesenpizza absäbelte und vollmundig kauend DIE ZEIT las. Obwohl sie allein war, schien sie nicht einsam zu sein, sondern genau am richtigen Platz, was vielleicht an dem Hund lag, der auf dem Boden ruhte, der seine Wurzeln tief in die Erde schlug, weil er das gewohnt war. Durch ihn und die Nabelschnur, die die beiden verband, entfaltete sich die Krone der Frau, die den ganzen Tag über Baum gespielt hatte.

Manchmal fuhr ich zum Sonnenuntergang noch einmal ans Meer, wir liefen am Strand entlang oder saßen im Sand. »Schau«, sagte ich, und sie schaute mich an. Ich wies auf den roten Ball am Horizont. »Gleich ist sie weg.« Luna guckte, kluger Hund, sogar in die angezeigte Richtung, wedelte, schaute mich an. Mein Hund und ich. Ich und mein Hund. Es war wunderbar. Zu unserem Wir gehörte Johannes. Hoch oben in der Zirkuskuppel turnte ich mit Luna und wagte schnelle Salti, es konnte mir nichts passieren, weil Johannes ein Netz gespannt hatte und es mit seinen kräftigen Armen hielt. So näherte sich der Todestag, der erste, den ich mit Luna begehen würde.

Der italienische Wettergott hatte ein Einsehen und schickte ein paar weiße Wolken über den ansonsten strahlend blauen Himmel, sodass Luna und ich bei unserem Morgenspaziergang am Strand nur wenigen Menschen begegneten. Mit meinen Schuhen in der Hand lief ich an den Wellen entlang, schaute ihnen nach, ihr Kommen und Gehen, und war beschäftigt mit Analogien und Metaphern. Das Leben. Das Sterben. Damals. Luna fetzte Krebsen hinterher, überschlug sich im Sand, sprang auf alle viere, jagte weiter. Aus den Augenwinkeln nahm ich ihre Kapriolen wahr wie eine lästige Störung meiner Konzentration. Und vertiefte mich erneut in die Heraufbeschwörung meiner tristen Vergangenheit – heute war Leanders Todestag –, die jäh von einem empörten Aufschrei unterbrochen wurde. Luna! Sie hatte den Stoffball eines Kleinkindes geklaut und schüttelte ihn begeistert.

»Luna! Hier!« Sie zögerte, überlegte, kombinierte, lief in meine Richtung und legte den Ball vor meine Füße. Zu Lunas Empörung gab ich ihn dem Kind zurück … Wo war ich stehen geblieben? Ach ja, damals. Um diese Uhrzeit ahnte ich nicht, dass es der letzte Tag sein würde, den ich mit Leander verbringen würde. Dass ich zum letzten Mal …

»Luna! Aus!!!« Erschrocken rannte ich zu ihr. Gestern hatten mich freundliche Italiener gewarnt. Diese Quallen, ekliger Glibber am Strand, seien giftig für Hunde. Ach, zum Glück, bloß eine vergessene Badeschlappe. Luna warf sie hoch in die Luft, sprang dann mit allen vieren ab, machte einen Katzenbuckel, landete auf der Seite, schnappte die Schlappe und fetzte durch die Wellen.

… Dass ich zum letzten Mal in seine schönen braunen Augen schauen würde. Gut, dass ich es nicht gewusst hatte. Nicht zu wissen ist eine Erleichterung. Im Jetzt zu sein ist eine Erleichterung. Darauf kommt es letztlich auch an. Wenn man nicht in den Augenblicken lebt, sondern davor und danach, erinnert man sich später auch nicht mehr an diese Augenblicke, die es dann ja gar nicht gegeben hat, weil man sie verpasst hat im Davor und Danach. Und sie sind nie wieder nachzuholen. Vorbei ist vorbei.

Ich war zirka vier Jahre alt, als mir dieses Dilemma bewusst wurde. Meine Mutter hatte staubgesaugt, und ich durfte den Stecker aus der Dose ziehen und auf den Knopf drücken, damit die Schlange in den Korpus zischte. Ich zog den Stecker raus. Schaute ihn an wie ein Studienobjekt. Vielleicht schlug die Kirchturmuhr, die wir bei offenen Fenstern hören konnten? Vielleicht gab es aber auch keinen Anlass. Ich weiß nicht, warum mir in diesem Moment bewusst wurde, dass dieser Moment nun für alle Zeiten und unwiederbringlich verloren war. Es war ein Schmerz, der mir ins Herz fuhr wie ein Stromschlag. Ich steckte den Stecker erneut in die Dose und vollführte die Bewegungen in der Konzentration einer heiligen Handlung. Ich wollte es genauso machen wie beim ersten Mal. Doch obwohl ich es genauso machte, wusste ich mit einer überwältigenden Gewissheit, dass es mir nicht gelingen konnte, weil der Moment ein neuer war. Es wäre eine Wiederholung, und jede Wiederholung, die ich nun trotzdem versuchte, machte mich trauriger, fast verzweifelt.

Bis mich der Ruf meiner Mutter unterbrach: »Michaela!«

Kinder und Steckdose, Gefahr! Ich hätte ihr gerne mitgeteilt, dass ich eine Gefahr erkannt hatte, die viel größer war als diejenige, die von der bösen Steckdose ausging, doch ich konnte das Große, das mir begegnet war, nicht benennen, es war mehr eine Ahnung, ein Gefühl, ich hatte keine Worte für die … Vergänglichkeit, den Schmerz des Lebens. Geht es nicht überhaupt darum, dem Leben seine Vergänglichkeit zu entreißen mit Liebe, Kunst, Kindern, Häuserbauen?

Ein Stück weiter vorne panierte Luna sich im Sand, schüttelte sich, Dreck spritzte in alle Richtungen. »Luna! Hier!«

Ich klatschte ich in die Hände und breitete die Arme aus, und sie beschleunigte ihr Tempo, sprang in langen, kraftvollen Sätzen auf mich zu, flog förmlich. Ihre Lebensfreude sprengte meine Melancholie.

An diesem Abend berichtete ich Johannes am Telefon: »Ich hatte keine Gelegenheit, traurig zu sein, Luna hat dauernd Quatsch gemacht.«

Der Eimertest

Bei Frau Bärmann in der Hundeschule war Luna nun der einzige Hund, der locker an der durchhängenden Leine lief. Was Frau Bärmann nicht freute, sondern in ihren Vorurteilen bestätigte: ein Labbi halt. Dabei war die braune Luna auch ein Labbi und extrem stur, die konnte noch nicht mal Sitz. In meiner Abwesenheit war es zu einigen Vorfällen gekommen, wie mir Dagmar, Frauchen von Blacky, erzählte. Der Freund des Berner-Sennen-Schäferhund-Mix-Fraulis sei wutentbrannt auf den Hundeplatz gestürmt und habe Frau Bärmann bezichtigt, die Essstörung seiner Freundin zu verschlimmern. Sie würde immer dünner, der Hund immer dicker. Frau Bärmann, die Menschen nicht ausstehen konnte, ja in letzter Zeit den Eindruck vermittelte, sie beginne, uns zu hassen, hatte ihn abserviert: »Das kommt oft vor. Was Magersüchtige sich nicht gönnen, kriegt der Hund, der wird vollgestopft, sprechen Sie mit einem Psychiater.«

Wie viele Menschen, die auf Therapiebedürftige herabsehen oder sich über sie lustig machen, verwechselte sie Psychiater mit Psychologen. Es gehört zum Krankheitsbild, dass sie sich selbst für eine hervorragende Psychologin hielt und sofort wusste, dass die Hundeallergie des Border-Collie-Fraulis in Wirklichkeit Faulheit war. »Die ist völlig überfordert mit dem Hund. Jetzt ist er im Tierheim.« Provozierend überkreuzte sie die Arme vor der Brust und schaute in die Runde. Hätte das Border-Collie-Frauli auf sie gehört, hätte sich das Border-Collie-Frauli keinen Border Collie, sondern einen Schoßhund zugelegt oder ihren Hund so erzogen, wie Frau Bärmann es predigte. Aber jetzt war es zu spät.

Erschrocken schaute ich zu Luna. Mein Vater leidet an einer Tierhaarallergie. War ich gefährdet oder gefeit, weil ich bereits seine Nase und Ohren geerbt hatte? Wenn mein Vater Luna streichelt, schwellen seine Augen zu und tränen. Einmal kam mir der Gedanke, ob er um seinen Freund Jupp weint, den die Nachbarn gegessen haben.

Die Vorstellung, Luna weggeben zu müssen, erschütterte mich. Das Border-Collie-Frauli, dessen Namen ich nicht wusste, nur den des Hundes, Hexe, tat mir sehr leid. Ich finde es geradezu grausam, wenn man Menschen, die akut an etwas leiden, die Verantwortung zuschiebt. Seitdem der solide Glaube an den lieben Gott von Allmachtsfantasien mancher selbsternannten Erleuchteten verstrahlt ist, glauben viele zu wissen, dass jede Krankheit selbst gemacht sei. Ich werde mich hüten, eine an Krebs erkrankte Freundin damit zu belästigen, dass sie doch mal überlegen solle, wo sie »falsch gelebt« habe und was ihr die Krankheit sagen wolle, weil jede Krankheit doch eine Chance beinhalte. Viele Krankheiten sind einfach nur schrecklich. Was man daraus macht, ist eine andere Sache. Ich meine, dass wir uns grenzenlos überschätzen, wenn wir für alles eine Erklärung finden. Ich vermute, dass die Erklärungen dort beginnen, wo unser Verstand endet. Obwohl ich mich meistens in der Balance – verorten würde, fände ich beim Ausbruch einer Krankheit und ihrem Einbruch in mein Leben viele Gründe, warum ich mich selbst belogen hätte; fantasiebegabten Menschen fällt so etwas leicht. Und dann? Später – oder gleichzeitig, was ich aber erst später begreifen könnte – im Himmel schlägt Petrus meine Akte auf und stellt fest: »Nein, es war nicht die viele Schokolade, nein, Sie haben sich nicht totgearbeitet, nein, Sie haben keine unbearbeitete Trauer mit sich rumgeschleppt, die sich in dem Tumor manifestierte. Es war der Teppich.«

»Welcher Teppich?«

»Na, Sie haben doch in dieser Werbeagentur gearbeitet.«

»Als Texterin, ja.«

»Eben. Der Teppich in Ihrem Büro«, er benetzt den Finger an seinem Heiligenschein und blättert. »Südseite, nicht wahr?«

Ich nicke.

Petrus spricht mit Kummermiene: »Er war leider mit einem giftigen Klebstoff kontaminiert.« Er zuckt mit den Flügeln. Da kann man nichts machen. Höhere Gewalt. Aber wissen Sie: Bei uns ist es viel schöner.«

Drei Fraulis aus unserer Gruppe, so erzählte mir Dagmar, hatten ein Wochenendseminar bei einem derzeit angesagten Hundetrainer gebucht und dort etwas ganz anderes gelernt als bei Frau Bärmann, weshalb sie freundlich nachgefragt hatten. Daraufhin habe Frau Bärmann die Zähne gefletscht und sei den dreien knurrend an die Gurgel gegangen. Dass es Hundetrainer wie Sand an Meer gäbe und jeder behaupte, die Weisheit mit der Baggerschaufel gefressen zu haben, dass sie die Schnauze voll habe von all den selbst ernannten Hundeflüsterern. Sie lebe seit ihrer Kindheit mit Hunden zusammen, sie wisse nicht nur, was in einem Hund vorgehe, sie sei quasi selbst ein Hund, und deshalb lasse sie sich nicht an ihr Konzept pinkeln.

Ihr Blutrausch war noch nicht gänzlich befriedigt, wie ich am eigenen Leib erfuhr. »Warum tauchen Sie immer in unpassender Kleidung auf?«, griff sie mich an.

Ich hatte keine Ahnung, wovon sie sprach. Sie selbst steckte wie immer in einer wattierten Hose, gut vorbereitet auf eine Sternstunde. Doch noch nie hatte ein Hund sie angegriffen. Es war ein goldener Oktobertag, zwanzig Grad, ich trug einen weiten bunten Rock. »Der wedelt Ihrem Hund ständig ins Gesicht«, erfuhr ich. »Wie soll die Luna da vernünftig arbeiten?«

»Sie kann doch nun an der Leine laufen«, wagte ich zu widersprechen.

»Als ob das alles wäre!«, bellte sie mich an, und wieder einmal spielte ich mit dem Gedanken, mir eine andere Trainerin zu suchen. Aber in zwei Wochen wäre der Junghundekurs beendet, und ich war mit dem Lernerfolg voll und ganz zufrieden. Außerdem habe ich eine Schwäche für Menschen mit Reißzähnen.

»Was lernen wir denn heute?«, warf das Susi-Frauli sich auf den Rücken.

Frau Bärmann brüllte los. »Alles, was es zu lernen gibt, würden Sie bereits können, wenn Sie sich ein bisschen Mühe gegeben hätten. Ihre Hunde stehen vor Ihnen und funken Ihnen verzweifelt zu, was sie brauchen. Aber Sie kriegen nichts davon mit. Sie quatschen, Sie stören den Unterricht, Sie übersehen die Signale Ihrer Hunde! Was ich Ihnen beizubringen versuche, geht bei Ihnen rechts ins Ohr rein und links wieder raus, Sie machen immer die gleichen Fehler. Dass Ihre Hunde nicht gehorchen, liegt nicht an den Hunden, sondern an Ihnen. Solange Sie das nicht kapieren, werden Sie keine Fortschritte machen.«

»Aber das ist doch gut für Sie«, versuchte das Susi-Frauli, die Stimmung aufzulockern. »So müssen wir immer wiederkommen.«

»Nein, es ist nicht gut für mich«, stieß Frau Bärmann hervor und fügte leise etwas hinzu, das klang wie: »Ich leide wie ein Hund.«

Dann drehte sie sich um und stapfte davon. Einige lachten, andere streichelten ihre unverstandenen Vierbeiner, wieder andere schauten betroffen zu Boden.

»Was hat sie denn?«, fragte das Fee-Frauli in die Runde.

»Wechseljahre«, kicherte unser Küken Sofia, deren Mutter mit einem Tangolehrer durchgebrannt war und die nun den Rottweiler ihres Vaters erziehen sollte, damit sie selbstbewusster wurde.

Als am nächsten Dienstag alle wieder pünktlich auf dem Hundeplatz eintrafen, begann ich mich auf meine Wechseljahre zu freuen, in denen frau, ohne Konsequenzen befürchten zu müssen, da sie ja als unzurechnungsfähig gilt, laut sagen kann, was sie denkt. Ich freute mich auf das Wachsen meiner Reißzähne. Wenn ich Glück hätte, würden dort sogar Haare sprießen.

Frau Bärmann machte ein ernstes Gesicht, erwähnte die Vorfälle der letzten Woche mit keinem Wort und referierte stattdessen über einige schreckliche Unfälle, in denen Kleinkinder von Hunden verletzt worden waren.

»Diese Unfälle beruhen auf Missverständnissen«, ließ sie uns wissen. »Der Grund ist, dass die Hunde die Kinder nicht erkannt haben. Trichtern Sie Ihren Kindern ein, dass sie nie, ich betone, niemals im Spiel einen Eimer oder etwas Ähnliches über den Kopf ziehen dürfen. Damit erkennt der Hund sie nicht, hält sie für einen Fremden und greift eventuell an.«

Am selben Abend stülpten Johannes und ich uns zwei Eimer über den Kopf und gingen damit auf Luna zu. Sie geriet außer sich. Bellte, jaulte, winselte. Sie erkannte uns tatsächlich nicht, wie wir vermuteten, wir sahen ja nichts, mit den Eimern über dem Kopf. Aber Luna griff uns nicht an, typisch Labbi eben. Als wir sie nachts im Schlaf grässlich fiepen hörten, hatten wir ein sehr schlechtes Gewissen, weil wir sicher waren, den Stoff ihrer Albträume zu kennen. Unsere Forscherneugier mündete in manch peinlichen Versuch. Einmal legte sich Johannes in Lunas Hundebett, gespannt beobachteten wir, wie sie sich verhalten würde. Wie immer bewahrte sie die Ruhe, rollte sich unter dem Tisch ein und hatte die Schnauze voll. Wir ließen Hundefutter offen auf dem Fahrersitz im Auto liegen und kontrollierten von einem Baum aus, was sie tun würde. Luna schnupperte nicht mal an dem Futter auf dem Chefplatz. Wir zogen ihr einen Pullover an und legten ihren Lieblingsball in eine Astgabel, ließen sie durch Autoreifen springen und über Baumstämme balancieren. Luna war immer voll dabei, gab nie auf und stets ihr Bestes, unsere Aufgaben zu erfüllen, die sie begeisterten. Als sie älter wurde, bat sie uns um Hilfe, wenn sie allein nicht weiterwusste.

Schaute uns eindringlich an, rannte zu dem Problem, ihrem Ball unter dem Auto, an den sie nicht herankam, genauso, wie Lassie es gemacht hätte, wäre ein Kind in eine Felsspalte gefallen. Ohne Luna wäre der Ball jämmerlich verhungert. Ich war zu Tränen gerührt.

Johannes und ich hatten viel Freude mit ihr, zu dritt erlebten wir tolle Sachen, nicht alle davon waren hundegerecht, wie wir nach und nach lernten. Die Tierärztin war fassungslos, als wir ihr erzählten, dass Luna leidenschaftlich tauchte. Johannes hatte ihr geduldig beigebracht, dass die Welt unter dem Wasserspiegel weitergeht, und Luna holte jeden Dummy aus dem Wasser, den man hineingeworfen hatte. Das Tauchen war ihr nie wieder abzugewöhnen. Zum Glück hatte sie nur einmal eine Ohrenentzündung. Wie eine Ente hob sie den Po, und weg war sie, tauchte mit ihrer Beute wieder auf, schwamm stolz ans Ufer, legte sie ab und wälzte sich grunzend darauf, alle viere von sich gestreckt, schon zu Lebzeiten mittendrin im Paradies.

Der Traum

Am ersten Morgen in dem kroatischen Ferienhäuschen wache ich orientierungslos auf, gerade noch einen Traumzipfel halte ich in der Hand. Behutsam ziehe ich die Bilderfolge ins Tagesbewusstsein, um den Traum nicht zu verlieren, ich muss ihn erst ganz in das Land der angeblichen Wirklichkeit retten und dort gut abtrocknen, sonst wird er mir wegglitschen. An wichtige Träume erinnere ich mich oft, staunend über die in surrealen Bildern versteckte Klarheit und dankbar für Antworten oder auch Warnungen aus der wohlmeinenden Dämmerung:

Mit Luna war ich in einem seltsamen Elektroauto, das ich mit meinen Füßen antrieb, an die Mosel gefahren. Auf dem Nachhauseweg ging das Auto kaputt, beziehungsweise Luna wollte nicht mehr, denn plötzlich saß sie am Steuer. Ich redete ihr gut zu, doch das Auto, das nun gleichzeitig Luna war, konnte nicht mehr. An einer Tankstelle zeigte ich meine ADAC-Mitgliedskarte vor. Man versicherte mir, ich würde einen Leihwagen bekommen, da mein Hund Krebs habe, das sei ein durch meine Versicherung abgedeckter Schadensfall. Während ich mit Luna auf den Leihwagen wartete, rief ich meine

Freundin Susa an, die beim ADAC als Gelber Engel arbeitet. »Pass auf, dass der Wagen voll betankt ist«, riet sie mir. »Bei solchen Leihwagen musst du nämlich beim Tanken den Vordersitz abschrauben, und da liegt ja Luna.«

So beginnt unser Urlaub mit einem Leihwagen. Ob uns der Sprit, die Kohle, ob Luna die Puste ausgehen wird? Jetzt sind wir erst mal da! Ich bin so froh, dass ich an das Wunder ihrer Genesung geglaubt, sie nicht frühzeitig verloren gegeben habe in der besten Absicht, ihr Leiden zu ersparen. Seit dem Schlangenbiss ist meine Verbindung zu Luna noch intensiver. Ich bin aufmerksamer und achtsamer geworden, und ich schreibe ein Buch, für das ich keine Zeit habe, dieses Buch, das als Rettungsanker begann und mittlerweile zu meiner liebsten Beschäftigung geworden ist, obwohl ich mich im Urlaub vom Schreiben erholen wollte. Dabei weiß ich doch, vom Schreiben muss ich mich nie erholen, Schreiben ist Erholung. In meinem Beruf finde ich lediglich das Drumherum manchmal anstrengend. Recherche, Korrekturphasen, Marketing, Meetings, Reisen. Das Schreiben selbst ist pures Glück, vor allem, wenn ich so schreibe wie früher, ohne Vertrag, allein meinen inneren Stimmen folgend. Schreiben wie Streunen. Schreiben wie Staunen, und alles wie zum ersten Mal betrachten. Schreiben wie Atmen.

»Luna«, sage ich zu ihr, »ich schreibe ein Buch über dich«, und werde ignoriert, denn in dem Satz kommt kein Wort vor, das Luna glücklich macht. Mich macht dieser Satz wahnsinnig glücklich, und er hilft mir, die Große zu bleiben. Ich schreibe mit meinem Herzblut, wie man früher sagte, und werde dennoch nicht anämisch, denn wenn ich in die Tiefe steige und tiefer, finde ich jene Quellen, die unaufhörlich sprudeln.

Johannes sieht das alles pragmatisch: »Die Luna ist unser Hobby. Andere verbringen ihre Zeit mit Sammeleien. Oder sie geben Geld für Tauchen, Jagen, Modelleisenbahnen oder Komasaufen aus.«

»Da kommen wir ja noch vergleichsweise günstig weg«, schmunzle ich.

»Und umweltfreundlich ist Luna obendrein«, fügt Johannes hinzu.

Der Traum mit Luna und dem Leihwagen wirkt den ganzen Tag nach, ich bin heute ein wenig empfindlich. Warum nur ist es manchmal anstrengender, an das Schöne zu denken, das ist, statt sich hinabreißen zu lassen in Befürchtungen, was sein könnte? Ich will die schwarze Wolke wegschieben. Aber es klappt nicht. Ich schaue Luna an, und mein Herz wird schwer. Da erschrecke ich, denn das darf nicht sein, ich will ihren Anblick nicht mit Kummer verbinden, sondern mit Freude. Sie ist dem Tod von der Schippe gesprungen, und wir haben keinen Spaten dabei.

Johannes' gute Laune reißt mich schließlich mit. Die Wipfel der Bäume biegen sich im Sturm, Surfer lieben das. Ich gehe mit Luna an der Küste spazieren. Sobald Johannes' blaues Segel in unserer Nähe auftaucht, beobachtet sie ihn. Sie ist auf Surfer konditioniert. Manchmal läuft sie zu einem Fremden im Neoprenanzug, obwohl Johannes neben ihr steht. Sie begrüßt auch unbekannte Motorradfahrer, entlarvenderweise sogar, wenn ich ohne Montur und Helm mit ihr laufe, und erkennt den Klang einer alten BMW, wie ich sie fahre. Den hat sie wohl unter *Chefin kommt* abgespeichert. Dass die Chefin bereits da ist, neben ihr auf dem Trottoir steht, vergisst sie kurzzeitig vor lauter Begeisterung.

Johannes sagt: »Vielleicht ist es ganz anders. Vielleicht findet sie den Sound toll. Und außerdem ist das ein Boxermotor, der strahlt angenehme Wärme ab.«

»Vielleicht war sie auch mal Boxchampion«, grinse ich.

Was wissen wir schon?

Nach einem langen Gassi lasse ich mich in einer windgeschützten Bucht nieder. Ein Paar mit Hund gesellt sich zu uns, der Hund ist sandfarben und dick, ein bisschen größer als Luna und heißt Seppi; das Paar ist in meinem Alter, und wir nicken uns zu. Hundebesitzer balancieren oft am Rand der Legalität, an vielen Orten sind Hunde verboten, man solidarisiert sich. Luna ist eifrig damit beschäftigt, einen dicken Ast zu zerkauen. Seppi will mit ihr spielen. Ich will lesen, muss aber hören:

Seppi, das Mädchen will nichts von dir.

Seppi, wenn du nicht brav bist, gehen wir wieder.

Seppi, hör auf damit. Geh lieber schwimmen.

Seppi, jetzt sei ein braver Junge und leg dich doch mal hin.

Seppi, wir sind doch im Urlaub, damit wir ausruhen.

Seppi, magst du nicht mal ein bisschen alleine spielen?

Seppi, wenn du jetzt nicht brav bist, bekommst du heute Abend keine Wurst.

Ich kann mich nicht auf mein Buch konzentrieren, sondern kommentiere die Sätze des Paares. Wenn Seppi das alles verstehen würde, denke ich, wäre er eine Intelligenzbestie. Was mich zuerst amüsiert, dann nervt, beunruhigt mich schließlich: Womöglich sprechen Johannes und ich genauso? Wie spricht »man« mit einem Hund? Wieso stellt man ihm dauernd Fragen, die er nicht beantworten kann, und das meistens zwei- oder dreimal hintereinander? »Na, was bist du denn für ein süßer Kerl, was für ein süßer Kerl bist du denn, ja so ein süßer Kerl, weißt du denn überhaupt, was du für ein süßer Kerl bist, du süßer Kerl, du?«

Fraulis schrauben ihre Stimmen gerne in Tonlagen, die ein Gefühl hinterlassen, als würde man eine Schraube in die Muschel drehen. Herrlis bleiben cool, was sie nicht davor bewahrt, auch alles zwei- bis siebenmal zu wiederholen.

»Ja, was bist du denn für einer? Ja, wer bist du denn? Ja, wer bist du denn?«

Das ist übrigens die zentrale Frage vieler Philosophien, auch im Yoga läuft alles darauf hinaus: »Wer bin ich?« Was wir uns selbst nicht beantworten können, sollen die Hunde für uns lösen. Der Ansatz ist vielleicht gar nicht so schlecht.

Als ich meinen ersten Hundekrimi *Alle Vögel fliegen hoch* schrieb, überlegte ich mir gründlich, wie die Kommunikation zwischen meiner Heldin Franza und dem Hund Flipper verlaufen sollte. Er sollte keine eigene Erzählstimme haben, Franza sollte interpretieren, was der Hund sagt: Flipper machte auf mich den Eindruck, als würde er den Mann nicht mögen, anstatt: Flipper mochte den Mann nicht. Flipper drehte sich um, als sei er genervt, anstatt: Flipper war genervt.

Wir können das Verhalten der Hunde nur deuten, und wie wir es deuten, verrät mehr über uns als über den Hund. Genauso ist es bei Menschen: Was wir über andere Menschen denken, zeigt, was wir von ihnen halten, nicht, wer sie sind.

Die berühmte Verhaltensforscherin Jane Goodall wurde in den 1960er-Jahren dafür getadelt, nicht nach wissenschaftlichen Methoden zu arbeiten, weil sie den Schimpansen, die sie im Gombe-Stream-Nationalpark in Tansania untersuchte, Namen statt Nummern zuteilte. Damit würde sie ihnen eine Persönlichkeit verleihen und behaupten, sie hätten Verstand und Gefühle. Männliche Schimpansen seien demzufolge nicht mit er und weibliche nicht mit sie zu bezeichnen, denn das Verhalten nichtmenschlicher Lebewesen sei lediglich auf umweltbedingte oder soziale Einflüsse zurückzuführen. Jane Goodall akzeptierte dies zum Schein und schrieb also nicht: Mango war glücklich. Das hätte sie wissenschaftlich nicht beweisen können. Doch wenn sie formulierte: Mango verhielt sich auf eine Weise, dass man, wäre sie menschlich, sagen würde, sie war glücklich, konnte ihr niemand unwissenschaftliches Vorgehen unterstellen. Mutigen Menschen wie Jane Goodall ist es zu verdanken, dass eine Gesellschaft in Bezug auf Tiere menschlicher wird. Heute darf ein Tier aus sich heraus fröhlich sein, auch ohne die Brücke zum Vergleich mit dem menschlichen Verhalten.

»Was meinst du?«, frage ich Johannes, als er glücklich vom Surfen zurückkehrt mit diesem ganz besonderen Blick, in dem der Wind und die Wellen nachwehen. »Wie reden wir mit Luna?« Ich erzähle ihm von Seppi.

Johannes lacht. Dann macht er mir vor, wie ich Luna zu Hause jeden Morgen begrüße. Kaum öffne ich die Küchentür, springt sie auf wie zum Appell. Ihr Tag beginnt mit meinem Erscheinen. Betritt Johannes die Küche, rührt sie sich nicht mal, außer sie drückt sich – mit nahezu hämischer Freude, behauptet er unwissenschaftlich – noch mal richtig schön tief in ihr Kissen. Beim Frühstück beobachtet er sie manchmal und beneidet sie gelegentlich: »Hund sein ist etwas Tolles!«

»Hund sein bei uns«, füge ich hinzu.

Johannes imitiert meinen Luna-Singsang: Gu-ten Mor-geeen. Gu-ten Morgeeen, gut geschlafeeen? Ja, ja, ja, fein! Hast du gut geschlafeeen? Jaaa, so feiiin geschlafeeen. Ui, was bringst du mir denn da? So was Tooolles, ja so ein tooolles Oink Oink. Ja, da bin ich ja total neidig!«

Ich boxe Johannes in die Seite. Es ist mir peinlich, das vorgespielt zu bekommen. Aber so läuft unser Morgenritual nun mal ab, es ist der Beginn eines neuen Tages, und ich merke, ob Luna – oder ich – sehr gut, mittel oder normal gut gelaunt ist. Natürlich bin ich nicht neidisch auf ihr eingespeicheltes Gummischwein. Aber es macht gute Laune, so zu tun, als ob. Und manchmal denke ich, dass es Luna vielleicht auch gefällt, dass sie ein paar Sachen hat, die ihr gehören. Der Korb, die im Haus verteilten Decken, ihr Spielzeug. Alles ihre Beute, und wenn sie mir die zur Begrüßung offeriert, rührt mich das. Niest sie auch noch, freut mich das besonders, denn in irgendeinem Hunderatgeber habe ich mal gelesen, Hunde würden ihre positiven Emotionen mit Niesen ausdrücken.

Zum Reimen fehlt mir jegliches Talent. Mehr als Herz auf Schmerz klappt selten. Aber Luna nimmt es ja nicht so genau. Wenn wir rausgehen, heißt das manchmal raussi-paussi, heimgehen heimi-peimi und schlafen Betti-Petti. Diese entsetzlichen Peinlichkeiten fängt Johannes nun an laut herauszuposaunen, wobei er mir auch noch übermütig auf die Flanken klopft, wie ich es mit Luna mache. Dann zählt er einige meiner Kosenamen auf: Wuckel-Puckel, Mezi-Pezi, Luna-Puna, und als ich nach ihm schlage, läuft er weg, Luna begeistert hinter uns her, und Johannes ruft noch viel schlimmere Begriffe aus meinem Repertoire. Mein Gesicht wird klatschmohnrot – ob vor Luftmangel, Lachen oder Scham. Irgendwann liegen wir keuchend auf dem Sofa in unserer Ferienwohnung. Ich schaue in Johannes' Augen und entdecke keinen Spott. Er lässt mich sein, wie ich bin, nimmt es einfach an, auch wenn er es affig finden mag. Ich muss trotzdem eine Ehrenrettung versuchen. »Weißt du«, sage ich, »weil ich mich doch schriftlich immer so gut ausdrücken muss, will ich wenigstens mündlich die Sau rauslassen.«

Die neue Hundehütte

Luna war acht Jahre alt, als Johannes und ich zusammenzogen. Es hätte ebenso gut weitergehen können wie gewohnt, doch wir befürchteten, wenn wir es jetzt nicht wagen, dann nie. Vielleicht gibt es im Leben so etwas wie einen richtigen Zeitpunkt, vielleicht behauptet man das auch nur im Nachhinein, um sich zu bestätigen, denn man kann es dann ja nicht mehr ändern.

Ob wir es geschafft hätten ohne Luna? Letztlich gab sie den Ausschlag, beziehungsweise die Treppe. Die in mein Hexenhäuschen war steiler als die in Johannes' Wohnung. Luna nahm alle Stufen im Galopp, doch als sie älter wurde, stellte die Tierärztin eine leichte Arthrose bei ihr fest. »Treppensteigen besser vermeiden«, riet sie. Kurz darauf erschienen uns die zwanzig Kilometer Distanz zwischen unseren Wohnungen nicht mehr als Katzensprung. Wie viel Zeit wir durch die Fahrerei verschwendeten. Und dass wir am Telefon ständig darüber sprachen, wer was zu wem mitnimmt, was nicht vergessen werden durfte. »Eigentlich bin ich ständig am Packen«, stöhnte Johannes, »und immer fehlt etwas.« Wenn ich das Wochenende bei ihm verbrachte, hatte ich die falschen Klamotten im Gepäck, weil es wider Erwarten doch regnete oder eben nicht, ich ein Manuskript zu Hause liegen gelassen hatte oder die Zeckenzange. Was wir vorher schön gefunden hatten, nervte uns nun. Wir glaubten nicht mehr daran, dass getrennt wohnen ein Garant dafür sei, sich aufeinander zu freuen. Wir würden uns auch aufeinander freuen, wenn wir uns täglich begegneten, vorausgesetzt, wir sahen uns, wie uns Gott im Sinn hat, anstatt wie Möbelstücke. So viel zur Theorie. In der Praxis zogen zwei Zweibeiner um, damit der Vierbeiner keine Treppe mehr steigen musste. Dafür sind wir Luna dankbar. Wir betrachteten das gemeinsame Wohnen nicht als Krönung unserer Liebe, sondern als Versuch. Dass wir ein Paar bleiben wollten, war klar, aber ob wir als Paar langfristig getrennt oder zusammen wohnten, würde sich erst herausstellen.

Lunas leichte Arthrose, die sich nie verschlimmerte, machte mir damals Kummer. Manchmal humpelte sie morgens ein wenig, das erschreckte mich. »Hast du Schmerzen? Tut dir was weh?« Wedel, wedel, ein neuer Tag, jippi! Ich brauchte lang, ehe ich mich an diese Steifigkeit gewöhnte. Da Luna sich nicht so äußern kann, dass ich es verstehe, vermutete ich immer ganz schnell das Schlimmste. Aber meine Oma kam auch schwer in die Gänge, und ihr tat nichts weh dabei. Wie harmlos Lunas Humpeln erschien, als sie von der Schlange gebissen wurde. Wie egal der Schlangenbiss war, als der Milztumor diagnostiziert wurde. Sehnsucht nach Arthrose! Und morgen werden wir überfahren, und dann war der ganze Kummer umsonst. Oder wären wir vielleicht gar nicht überfahren worden, wenn wir uns nicht ständig Sorgen gemacht und deshalb zu Boden geschaut hätten, weshalb wir den Lastwagen nicht gesehen hätten, in dessen toten Winkel wir gelaufen wären?

Von unserem Entschluss zur gemeinsamen Wohnung bis zur Verwirklichung war es ein weiter Weg. In unserer beliebten Wohngegend, dem Fünfseenland im Speckgürtel Münchens, sind die Preise hoch und die Angebote rar gesät, Hundehaltung fast überall verboten. Manchmal glaubten wir, wir würden nie etwas finden, und trösteten uns: Es ist doch auch schön, wie es ist. Zur Not würden wir Luna die Treppe hochtragen. Nie würden wir sie zur Scheidungswaisen machen, wie sie die Tierheime bevölkern, und keinen Anwalt wegen des Besuchsrechtes bemühen. Da das Tier eine Sache ist, gehört sie dem, der sie erworben hat. Trotzdem hat die Sache einen Pass, vorne drauf prangen die vereinigten Sterne Europas. Jedes Mal, wenn ich dieses Dokument zur Hand nehme, staune ich. Dass ein Hund bei uns einen Reisepass hat, dass er auf einer Intensivstation behandelt wird. Ihre neue Wohnhaft musste ich nicht eintragen lassen.

Nach einem Jahr Suche ging alles ganz schnell. Meine beste Freundin erfuhr über einen Arbeitskollegen von seiner Schwester, deren Osteopathin eine Patientin mit tierlieben Vermietern hatte, die aus ihrem Haus mit Garten in ruhiger Lage auszuziehen beabsichtigte. Der Rest war nur noch eine Formsache.

Während ich selbst meinem schönen Hexenhäuschen noch eine Weile nachtrauerte, obwohl ich nicht mehr dorthin zurückwollte, schien Luna es schlichtweg vergessen zu haben, wie ich bei einem Besuch in meinem alten Dorf feststellte. Warum war das Haus von ihrer Karte gelöscht? Weil dort kein Napf mehr stand? Weil ihr Korb sich woanders befand? Roch es nicht mehr nach ihr? Ich konnte die alte Heimat nicht so schnell löschen. Manchmal stellte ich mir Details aus dem Hexenhäuschen vor. Vom vielen Putzen, ich nenne das meditativ – indem ich die Spiegel poliere, verschaffe ich mir eine klare Sicht auf den Fortgang der Geschichte, die ich gerade schreibe –, kannte ich jeden Winkel, jede Ecke. In Gedanken ging ich durch die Räume, wo sich nach wie vor meine Möbel befanden. Ich wollte nicht wissen, wie die neuen Mieter sich eingerichtet hatten, in meiner Sehnsucht nach diesem Haus, in das ich nicht zurückwollte, denn es war wunderbar, mit Johannes zusammenzuwohnen. Aber es schmerzte, weil diese Zeit vorüber war. Um sie der Vergangenheit zu entreißen, holte ich sie immer wieder in die Gegenwart. Bis Gras darüber wuchs und ich andere Dinge in die Gegenwart holte. Zum Beispiel die aufregende Zeit des Umzugs, nach der ich mich zu sehnen begann, als alles eingerichtet war.

Wir wussten anfangs nicht, ob das Haus groß genug oder vielleicht sogar zu groß wäre, wir besaßen vieles doppelt, Fernseher, Waschmaschine, Küchengeräte. Schließlich stellte sich heraus, dass es genau die richtige Größe und dicke Wände hatte: Wenn Johannes oben Saxofon übte, hörte ich das unten kaum. Hin und wieder neckten wir uns, dass wir nun für immer zusammenbleiben müssten, um einen Umzug, vor dem uns graute, zu vermeiden. Aus den geplanten zwei Wochen waren letztlich vier Wochen im Chaos geworden, da sich bei der Renovierung des Hauses viele Baustellen ergaben. Beim Entfernen einer alten Holzdecke im Wohnzimmer kam uns der Blafon entgegen, Löcher zu bohren führte bei diesen kreuz und quer verlegten Leitungen mehrfach zu Kurzschlüssen. So lernten wir unser neues Zuhause auch hinter den Kulissen kennen. Als handwerkliche Analphabetin rührte mich Johannes' Geduld mit meinen zahlreichen Missgeschicken. Kaum wollte ich mich nützlich machen, wurde alles nur noch schlimmer. Ich sollte eine Tür abschleifen, sie rutschte von den Böcken, ein Fall für den Glaser. Ich sollte Regalbretter anschrauben, das Regal stürzte ein. Ich trug einen Karton mit Honiggläsern in den Keller, er brach durch, das Garagentor riss ich beim Öffnen aus der Verankerung. Wir fluchten und lachten viel, wenn auch manchmal am Rand der Hysterie. Eines Tages waren alle Kisten ausgepackt, und der Alltag wurde nicht grau, sondern bunter zu zweit. Und immer wieder zwischendurch konnte ich mein Glück kaum fassen. Dass ich noch einmal Nest bauen durfte! Dass ich nach der schweren schwarzen Zeit noch einmal eine so tiefe Begegnung mit einem Mann erleben durfte. Dass das kein Kompromiss war, sondern harmonisch wie mit Leander, wenn auch ganz anders, denn Leander und Johannes sind sehr verschieden. Mit Leander stritt ich öfter um die Ordnung. Ich wollte, dass die Dinge an den Plätzen lagen, die ich für sie ausgesucht hatte. Leander schmunzelte und fragte »Warum?«

»Weil sie da hingehören.«

»Wer sagt das?«

»Ich.«

»Und wenn ich anderer Meinung bin?«

Damit hatte er natürlich recht. Wir wohnten zusammen, er hatte ein fünfzigprozentiges Stimmrecht. Also gab es vier Möglichkeiten. Entweder ich konnte ihn von der Richtigkeit meiner Argumente überzeugen oder er mich von seinen. Oder ich würde die Dinge, die er irgendwohin legte, dorthin legen, wo ich glaube, dass sie hingehörten. Oder ich würde alles ein wenig lockerer sehen. Warum musste die Schere in der Schublade, sie konnte ebenso gut auf dem Buffet liegen? Leicht hätte ich Argumente finden können. Man könnte sich verletzen, die Schere könnte rosten, einstauben. Aber mit solchen besserwisserischen Behauptungen hätte ich bloß Zuflucht gesucht bei Allgemeinplätzen. Ich wollte Leander überzeugen. Was mir nicht gelang, wohl aber gelang es mir manchmal, sein Verhalten zu verändern, leider brauchte ich Jahre, bis ich den Zaubersatz entdeckte: »Ich fühle mich nicht wohl, wenn die Schere dort liegt.«

Leander räumte sie sofort in die Schublade. Er war spirituell viel weiter als ich, konnte unabhängig vom Aufenthaltsort der Schere in seiner inneren Balance bleiben.

Als er tot war, wünschte ich mir, er hätte mehr irgendwo liegen lassen. Denn alles, was er nicht aufgeräumt hatte, wie ich es mir wünschte, zeugte von seiner Persönlichkeit, dass er da war, dass es ihn gegeben hatte, und in den Dingen lebte er weiter. Als er weg war, bedeutete mir jedes Bonbonpapier, jede Tankquittung in einer Jackentasche ein Lebenszeichen. Wann hat er dieses Bonbon gegessen und wo hat er es hergehabt? Hat er es geschenkt bekommen und von wem? Vielleicht in einer Apotheke. Was hat er da gekauft und wann könnte das gewesen sein? … Und die Tankquittung, ach ja, da ist er nach München gefahren … Es war, als würde ich von jenen Zeiten zehren, über die ich wenig wusste. Als er noch lebte und seine eigenen Wege ging, Seelennahrung für mich. In den Dingen lebte Leander ein kleines bisschen weiter, denn die Dinge verbanden sich mit meinem Bild von ihm, und ich atmete für uns beide.

Eine meiner allein lebenden Freundinnen fragte mich einmal halb im Scherz nach dem Rezept für eine glückliche Beziehung. In ihren Augen las ich die andere Hälfte. »Den anderen so lassen, wie er ist«, wiederholte ich einen Kalenderspruch, weil ich nicht an Rezepte glaube. Aber ich achtete auf Kleinigkeiten, die ich früher als gegeben hingenommen hatte, und indem ich sie wahrnahm, wurden sie groß. Johannes atmen hören. Sein Herz schlagen hören. Mit ihm am Tisch essen. Dass er da ist. Dass er die Cremedose nicht zuschraubt. Dass er manchmal, wenn er die Tür aufsperrt, pfeift. Ich kann pfeifen nicht ausstehen und verrate es ihm nie, weil es zu ihm gehört. Johannes kommt heim! Luna und ich laufen ihm entgegen. Keine Selbstverständlichkeit. Ein kostbares, zerbrechliches Geschenk. Wenn ich könnte, ich würde mir einen Wolf wedeln.

Seit dem Schlangenbiss und Lunas Genesung zogen wir wieder zu dritt los, wie damals, als sie ein Welpe und neu in unserem Leben war. Es war nicht selbstverständlich, mit Luna Gassi zu gehen, es war ein Geschenk. Alle drei am Leben. Woran wir in Lunas Welpenzeit gar nicht gedacht hatten, da war das normal, obwohl uns Frau Bärmann immer wieder warnte. Ein Vizsla aus unserer Welpengruppe hatte die Herzmedikamente der Oma gefressen und war daran fast gestorben. Bei einem anderen hatten sich Knochensplitter durch den Darm gebohrt, Notoperation. Eine Hündin aus dem Junghundekurs wurde vergiftet, dass sie Luna hieß, erschreckte mich, gerade so als wäre meine Luna in Gefahr gewesen.

Als Luna und ich zwei Kurse unter Frau Bärmanns Fittiche absolviert hatten, verabschiedete ich mich. Luna konnte alle wichtigen Befehle und viele weitere, wir mussten oft warten, weil andere Hunde nicht so lerneifrig waren wie sie. Frau Bärmann riet mir zu Hundesport, Dummytraining oder Agility, da Luna gefordert werden müsse. An einem Wochenende schauten Johannes und ich bei einer Agility-Vorführung zu und waren begeistert von der Geschicklichkeit der Hunde und ihrer Verbindung zu ihren Zweibeinern. Das wollten wir auch mal ausprobieren, und ich wurde als Späherin unseres Rudels vorausgeschickt.

Wir barfen

Der Leiter der Hundesportgruppe, bei dem ich an einem strahlenden Herbstnachmittag, leichter Dunst lag über den Wiesen, vorstellig wurde, war Luna sofort sympathisch und mir somit auch. Zirka zehn Hunde mit ihren Besitzern, darunter auch Kinder, trainierten auf dem Gelände, liefen neben ihren Hunden her und sprangen mit ihnen über die Hindernisse. »Das ist der Unterschied zum Agility«, erfuhr ich. »Bei uns absolvieren Hund und Herr, äh, Frau, den Parcours zusammen.«

Das gefiel mir.

»Ihr Hund sollte in seinem Alter nicht zu viel springen, nur ganz kleine Hürden, denn …« Verblüfft schauten wir Luna nach, die sich hoch motiviert verselbständigt hatte und das machte, was die anderen machten. Ohne Kommando, einfach so aus freien Stücken, absolvierte sie mal eben den Parcours für die großen Hunde, überflog die Hindernisse wie ein Springpferd, raste begeistert durch die Ringelröhre, nahm sogar den Schwebebalken mit Eleganz.

»Ein Naturtalent!«, rief der Mann.

Das hörte ich natürlich gerne und sagte zu, mit Luna wiederzukommen, denn: »So eine Begabung müssen Sie fördern. Sie haben ja selbst gesehen, wie viel Freude Ihr Hund hier hat.«

»Luna hat überall Freude«, meinte Johannes trocken, doch wir wollten der Karriere unseres Kindes light nicht im Wege stehen und sagten die üblichen Elternsätze: »Solange es ihr Spaß macht.«

Mit großem Eifer war sie dabei, und ich auch, doch nach fünf Terminen hatte ich keine Lust mehr, was nicht am Training, sondern dem anschließenden geselligen Beisammensein lag, das ich als Dressur empfand. Schon während des Trainings freuten sich viele auf den angenehmen Teil in der Vereinshütte, einem Blockhäuschen auf dem Gelände. Wichtig hier: Kühlschrank für die Herren (Bier), Kaffeemaschine für die Damen. Und natürlich der Fernseher, mit dem man sich Veranstaltungen der Konkurrenz anschaute. Es wurden Vorträge zur richtigen Ernährung des Hundes angeboten, man unterhielt sich über die Qualität von Leinen, Pfotenschonern, Transportboxen und Kotbeuteln sowie abwesende Mitglieder. Außerdem wurden die bevorstehenden Fahrten zu Wettkämpfen besprochen.

Mein Bruder war in seiner Jugend ein starker Schwimmer und verbrachte viele seiner Wochenenden in dampfigen, chlorgeruchgetränkten Hallen, in denen prinzipiell nur gebrüllt wurde, alle schrien immer und gleichzeitig, meine Eltern oder wenigstens ein Elternteil am Beckenrand, feuerten an. Je näher sich mein Bruder an die Spitze kämpfte, desto weiter die Fahrten im Bus, Wochenende für Wochenende, Trainingslager, Wettkämpfe, Freundschaftsschwimmen. Und meine Eltern im Ehrenamt.

Für Schriftstellerinnen gibt es in Vereinen immer ein Ehrenamt. Mal eben schnell einen Flyer texten. Mal den Internetauftritt auf Rechtschreibfehler lesen. Mal eine schöne

Überschrift für das Plakat. Das alles hätte ich gerne gemacht. Aber bitte kein geselliges Beisammensein im Clubhaus mit Bier und Kotbeuteln. Agility klang irgendwie eleganter. Ich meldete Luna und mich zu einer Probestunde an. Kaum hatten wir den gepflegten Rasen des Übungsplatzes betreten, musste sie mal.

Da schoss eine Frau um die Ecke. »Nein! Hier wird nicht gepinkelt! Das ist ver-bo-ten!« Dann rannte sie mit einer Gießkanne zu dem Schandfleck und goss ihn.

»Wie sollen die Rüden denn da Leistung zeigen, wenn sie solche Duftmarken setzt?«

Ich streckte die Hand aus und stellte mich vor. Da kam der Platzwart, weiblich wie die meisten hier, und freundlich. Sie zeigte mir die Hindernisse, ich musste Luna an der Leine führen und sprach über das Vertrauensverhältnis zwischen Mensch und Tier, die Bindung, das gemeinsame Erlebnis gemeisterter Aufgaben. Aus den Augenwinkeln beobachtete ich eine dicke Frau mit einem Schäferhund. Sie legte ihn vor ein Steildach ins Platz, ging um die Wand herum, erklomm sie von hinten und hing dann mit Händen und Kopf oben am Dach. Ihr Gesicht leuchtete ampelrot, sie schüttelte den Kopf, um den Hund auf sich aufmerksam zu machen, und dabei hing ihr die Zunge weit aus dem Mund. Sie schien sich sehr angestrengt zu haben. Nein, es war keine Zunge, es war ein Fetzen rohes Fleisch. Nein, sie hatte ihn sich nicht aus der Backe gebissen, das war offenbar die hier gültige Währung.

Der Schäferhund jaulte, dann kletterte er nach oben und riss der Frau das rohe Fleisch aus dem … Maul? Entgeistert starrte ich zu der Steilwand.

»Wir barfen hier alle«, sagte der Platzwart freundlich.

»Äh, ja?« Barfen! Aha. Nein, das würde ich nie, nie, nie tun! Barfuß über rohes Fleisch. Ohne mich.

Mein Gesichtsausdruck verriet, dass ich keine Ahnung hatte.

»Artgerechte Hundenahrung«, fügte die Frau hinzu und lud mich zu einer Platzbesichtigung ein. Molly, ein Golden Retriever, verweigerte ein Hindernis. Sein Frauchen machte ihm deutlich, was er damit anrichtete: »Willst du denn, dass ich traurig bin? Willst du das wirklich?«

Molly ließ die Ohren hängen. »Na also. Das weiß ich doch, dass mein Molly das nicht will. Mein Molly will sein Frauchen glücklich machen, gell, mein Molly? Also wirst du nun?«, ihr Tonfall verlor an Geschmeidigkeit und Höhe, rutschte ab in ein Knurren zwischen zusammengebissenen Zähnen … Der Platzwart zog mich weiter: »Molly hat gerade eine schwierige Phase.«

Molly?, dachte ich.

Leroy, ein Border Collie, sollte sein Frauchen bloß nicht blamieren. »Du weißt selbst, worauf es ankommt.« Klar, als Border Collie wusste er es.

Penny hatte keine Lust mehr. Die kniehohe hellbraune Mischung mit dem niedlichen Schlappohr wälzte sich grunzend im Gras. Ihr Frauchen ruckte an der Leine. »Jetzt hör mir mal gut zu!« Ich spitzte die Ohren. »Wenn du dich jetzt nicht zusammenreißt, dann gibt es kein Leckerli, und heute Abend wird nicht mehr gespielt, hast du das verstanden?«

Penny quittierte den Erpressungsversuch mit einem Gähnen. Ich gähnte auch mal, um mein Grinsen zu verbergen. Viel Unterschied zur Kindererziehung schien hier nicht zu bestehen: Erpressung, Bestechung, Drohungen, schlechtes

Gewissen reindrücken, an die Vernunft und den guten Willen appellieren. Was zu meiner Zeit mit Hausarrest und Fernsehverbot geahndet wurde, heißt heute: Zimmer verlassen, raus an die frische Luft, Handy und Computer weg.

Auch beim Agility gab es eine Clubhütte, da saßen zwei Frauen bei Kaffee und Muffins. »Eine bringt immer Kuchen für alle mit«, wurde ich eingewiesen, und der anderen erzählte sie, dass sie es unmöglich von ihrem neuen Freund fände, dass er den Hund aus dem Bett geschubst habe. Sagt der doch glatt: »Ein Hund hat im Bett nichts zu suchen!«

»Ts, ts, ts«, schüttelte die andere den Kopf.

»Da habe ich ihm aber Bescheid gestoßen. Dass der Hund nämlich vor ihm da war!« Sie kreuzte die Arme vor der Brust.

»Und?«, fragte die andere.

»Du, lieber keinen Mann als einen, der mir den Hund im Bett madig macht.«

»Klar.«

»Da ist der Ben doch dran gewöhnt. Wie soll der das verstehen, dass der plötzlich draußen bleiben muss?«

»Ne, ne, das kannst du nicht bringen.«

»Eben. Und, weißt du, was?« Sie beugte sich vor und sagte leise etwas. Dann warfen beide ihre Köpfe in die Nacken, entblößten weiße Kehlen mit Ringen dran, und für einen Sekundenbruchteil glaubte ich, gelbliche Fangzähne aufblitzen zu sehen im milden Oktoberlicht.

»Gemma?«, fragte ich Luna.

Blitzartig sprang sie auf und zog mich zum Tor.

Nach meinem Bericht, den ich nur ein kleines bisschen übertrieb, gerade so viel, wie Schriftsteller, die eine gute Story haben, übertreiben, beschlossen Johannes und ich, dass wir keinen Hundeverein brauchten. Wir konnten Luna auch zu zweit fordern. Nach dem Schlangenbiss knüpften wir an unsere Abenteuerspaziergänge von früher an. Sie waren nicht immer toll. Auch Luna wäre manchmal lieber zu Hause geblieben, eingedenk zweibeinerischer Redensarten: Bei so einem Wetter schickt man keinen Hund auf die Straße. Unerbittlich liefen wir zu dritt los. Niemals haben wir ein Gassi wegen des Wetters ausfallen lassen.

Einmal, der Regen rann uns längst in die Jackenkrägen, zählten wir auf, was wir ohne Luna alles tun könnten.

»Wir würden bei so einem Sauwetter nicht aus dem Haus gehen«, stellte Johannes als Erstes fest.

Aber da wir jetzt schon mal draußen waren, fand ich es gar nicht mehr schlimm. Anstrengend ist nur die Überwindung rauszugehen. Draußen ist es eigentlich immer schön. Tropfen, die von den Blättern rinnen, die Farben, die Luft – und das herrliche Heimkommen ins Warme, runter mit den klammen Klamotten und einen heißen Tee, nach dem Gassi ist es drinnen noch viel gemütlicher als vorher. Aber ohne Hund … da würden wir morgens länger schlafen oder im Bett bleiben, wir würden weniger putzen und öfter verreisen, die Autos wären sauberer, die Schuhe auch, und wir hätten viel mehr Zeit.

»Und wozu?«, fragte Johannes.

»Ich würde mehr lesen und meine Freunde nicht nur zum Gassi treffen, ich würde …«

»Ja?«, fragte Johannes.

Ich war sicher, mir würde so viel einfallen, dass diese Stockung nur ein kleiner Stau wäre, die tollen Sachen, die man ohne Hund machen kann, hätten sich sozusagen an der Pforte meines Mundes verkeilt. Aber … da war nichts. Mir fiel nichts ein. Auch Johannes fiel nichts ein. Er sagte: »Wir sind schon so auf den Hund gekommen, dass wir gar nicht mehr wissen, wie schön das Leben ohne Hund ist.« Aber dann nannte er doch einen Vorteil: »Ohne Hund muss man sich keine blöden Kommentare ihrer zweibeinigen Dolmetscher anhören.«

Fragend schaute ich ihn an.

»Na, wenn zum Beispiel ein Rüde die Luna hintenrum beschnüffelt.« Johannes imitierte eine Frauchenstimme: »Ach, die riecht aber lecker, gell.«

»Das ist Liebe«, widersprach ich. »Man freut sich, wenn der Hund sich freut.«

Ja, es ist Liebe. Seit Luna ein Jahr alt ist, jogge ich jeden Morgen mit ihr. Jeden Morgen hasse ich es. Ich liege im Bett und denke: Nein. Dann stehe ich auf, ziehe mir die Joggingklamotten an und laufe los, von Montag bis Freitag. Ausnahme: Starkregen oder Schneeverwehungen. Sobald ich das Haus verlassen habe, wird es besser. Ich laufe dann noch immer nicht gerne, aber jetzt bin ich ja schon mal dabei. Luna an der Straße eng neben mir, wenn wir auf den Feldweg abbiegen, sehe ich sie oft nicht mehr. Ich laufe am liebsten im Dunkeln los und immer ohne Lampe, der Mond weist mir den Weg oder die Morgendämmerung, die gelblich grau den Himmel aufbricht. Den Weg ahne ich je nach Jahreszeit und Lichtverhältnissen mehr, als ich ihn sehe. Im Wald ist es so dunkel, dass man die Hand vor Augen nicht sieht. Ich probiere das immer wieder aus, weil es mich fasziniert, reiße sogar die Augen auf, wedle mit meiner Hand vor dem Gesicht herum: nichts. Es ist wahr. Schriftsteller lügen nicht: Sie konnte die Hand nicht vor Augen sehen.

Im Wald steigert sich Lunas Wedeln. Der erste Höhepunkt des Tages naht, der Grund, warum wir das Haus verlassen haben. Wir müssen einen Stock aus dem Wald pflücken. Sobald ich sie beauftrage: »Bring mir 'nen Stock«, rast sie los, die Schnauze am Boden, nimmt hier einen auf, lässt ihn fallen, sucht einen anderen, schleppt schließlich den dicksten, schwersten an, den sie finden kann. Vorsichtig werfe ich. Einen Hexenschuss holt man sich schnell mal, ich spreche aus Erfahrung. Luna sucht, Luna findet. Zuweilen halte ich ihr beim Werfen die Augen zu, das ist noch spannender. Manchmal verlange ich ihr ein paar Kunststücke ab, damit sie im Training bleibt. Sie muss warten, Slalom gehen, die Jagd stoppen. Irgendwann sage ich: »Basta«, und Luna läuft mit dem Stock voraus, dem zweiten Höhepunkt des neuen Tages entgegen: ihrem Napf. Morgen für Morgen lege ich Lunas Beitrag zur Energieversorgung auf einen Stapel, im Winter schüren wir den Kamin mit ihrer Beute an.

»Ohne Luna würde ich nicht joggen«, sagte ich zu Johannes.

»Ohne Luna wären wir bei diesem Sauwetter niemals draußen«, erwiderte Johannes.

»Gib dem Menschen einen Hund, und seine Seele wird gesund«, zitierte ich Hildegard von Bingen.

Niemandsland

Luna trocknet überhaupt nicht mehr. Sie schwimmt oder steht mindestens bis zum Bauch im Wasser, taucht nach Steinen und brüllt uns mit Blicken an, dass wir was reinwerfen sollen. Stöcke und Bälle werden nur widerwillig akzeptiert. Neuerdings hat sie sich auf Steine spezialisiert. Dazu sind wir doch wohl da, damit wir Steine ins Wasser werfen, die sie rausholt und – noch lieber – in der Luft fängt. Seufzend suchen wir kleinere Steine und werfen sie so, dass sie sich nicht verletzen kann. Wenn sie merkt, dass sie bei uns auf Granit beißt, sucht sie sich andere Opfer, darin hat sie es zu einer Meisterschaft gebracht. Kleinen Kindern rückt sie nie auf den Pelz, bei größeren zeigt sie deutlich, was sie will, sogar Menschen, die Hunde eigentlich nicht mögen, bringt sie dazu, von ihrem Liegestuhl aufzustehen und mit ihr zu spielen. Für jeden hat sie eine Taktik. Mal schaut sie nur, wedelt verhalten, beim geringsten Zeichen, dass ihre Signale angekommen sind, wedelt sie stärker, je nach Selbstbewusstsein des potenziellen Spielgefährten rückt sie ihm dann auf die Pelle oder wartet noch ab, lässt sich streicheln oder stupst ihn an, hält Abstand und starrt. Früher hätte ich ein solches Verhalten unterbunden. Der Mensch soll seinen Hund »bewegen«, nicht umgekehrt. Ein Mensch, der ständig auf seinen Hund reagiert, ist kein Rudelführer. Doch nun, im Angesicht der Zeit, die uns noch bleibt, ein Sommer oder zwei, vielleicht, hoffentlich sogar drei, werde ich nachlässig. Zum Balljunkie wird sie jetzt auch nicht mehr. Da haben wir immer gut aufgepasst. Luna ist alt, und ich bin milde. Und ich schaue ihr gern dabei zu, wie sie andere manipuliert. Im Grunde setzt sie um, was ich in meiner Coachingausbildung lernte. Versetz dich in dein Gegenüber hinein und bring es dazu, das zu tun, was du willst, wobei es das Gefühl hat, zu tun, was es selbst will. Johannes findet, Luna belästigt andere, und pfeift sie zurück, ich nenne sie Botschafterin. Oft schon hat Luna Hundegegner in Hundefreunde verwandelt, die dann neugierig fragten: Wie heißt sie denn? Und uns wissen ließen: Das ist ja so ein lieber Hund. Unvergessen ist mir das zirka zehnjährige Mädchen, das, nachdem es Lunas Namen erfahren hatte, wissen wollte: Und wie heißt die Luna mit Nachnamen?

Johannes surft, und ich lasse Luna freien Lauf. Schnell freundet sie sich mit zwei Jungs an, die ihr unermüdlich Stöcke ins Wasser werfen. Steine habe ich verboten, denn ich traue ihnen keine schonende Wurftechnik zu. Leider werden die Jungs von ihren Eltern bald zum Wandern verdonnert, und ich bin allein mit der vierbeinigen Nervensäge.

Nur einmal, denke ich, dann werfe ich noch zweimal und lese weiter. Irgendwann drehe ich mich um, da liegt sie auf der Seite und schläft wie in Ohnmacht gefallen, ihre Pfoten zucken im Traum, sie schwimmt noch immer und jagt Eidechsen hinterher.

Eine Weile beobachte ich sie und hoffe, sie schläft recht lang, damit ich mein Buch zu Ende lesen kann. Dann merke ich, was ich da gedacht habe. Interessant: Wir sind in der Normalität angekommen. Luna nervt! Der Ausnahmezustand ist beendet!

Ich werde mich nie wieder über Kleinigkeiten aufregen, war ich mir nach Leanders Tod sicher. Ich werde nie wieder nervös sein, dachte ich, als ich kurz nach seinem Tod eine Lesung hielt, die ich wie in Trance hinter mich brachte. Was soll mir noch passieren, jetzt, wo das Allerschlimmste über mein Leben hereingebrochen ist? Nein, es gab immer eine Steigerung. Wenn wir Kinder gehabt hätten und Leander mit den Kindern bei einem Autounfall ums Leben gekommen wäre. Es geht immer noch schlimmer, wie ich in der Trauergruppe lernte, die ich eine Weile besuchte. Dort wurde nicht nur Trübsal geblasen, ich erinnere mich an manche schmerzhaften Lachkrämpfe. Wir waren unter uns, wir sprachen alles aus und oft mit deftigem Galgenhumor.

Brandverletzungen tun nur an den Rändern weh. Wo die Haut verbrannt ist, sind auch die Nerven verbrannt, da spürt man nichts mehr. Das Problem sind die Ränder, die Übergänge.

Vom abgestorbenen auf das lebendige Gebiet. So ist es auch im Leben.

Selbst ein Urlaub ist ein Übergang. Ein Niemandsland, schönes Wort. »Und jetzt fahren wir durch das Niemandsland«, kündigte mein Vater regelmäßig an, wenn wir in den

Pfingstferien nach Italien reisten und an drei Grenzen unsere Pässe vorzeigten: bei den Deutschen, den Österreichern, den Italienern.

»Da könnten wir doch wohnen, Papa?«

»Da wohnt niemand.«

»Wir könnten ein Haus bauen.«

»Das geht nicht.«

»Aber wenn das Land niemandem gehört!«

»Dann gehört es niemandem.«

»Aber wer ist niemand?«

»Wir alle.«

Darüber musste ich sehr lange nachdenken und fand je nach Lebensalter andere Erklärungen.

Was ja wiederum das Tolle im Alter ist, dass man sich dieselbe Welt immer wieder anders erklärt, weil man sich ständig verändert, stets neue Blickwinkel entdeckt, die man dann aber der Welt zuschreibt: Früher war das anders. »Früher war ich anders« wäre zutreffender. Irgendwo habe ich einmal gelesen, dass um das 46. Lebensjahr herum eine Wende eintreten soll. Man kennt diese Schlüsseldaten – die ersten Zähne, das erste Schamhaar, das letzte Kopfhaar. Mit 46 sollte man das Leben genießen und wertschätzen können – vorausgesetzt, man hat alle Stufen vorher vorschriftsgemäß durchlaufen. Mit 46 beginnt man nämlich, nicht mehr das, was man gerne möchte, wohin man strebt, in den Fokus zu stellen, sondern das, was man erreicht hat. Im Übrigen eine ziemlich gesunde Betrachtungsweise, bewahrt sie doch vor allzu hohen Luftsprüngen, bei deren Landung man sich den Knöchel verstauchen könnte. Was man mit 46 auch weiß. Mit 16 und 26 verstauchen sich nur andere die Knöchel, da ist man nämlich noch unsterblich. Schade, dass Blüte von Körper und Kopf so gar nicht zusammenpassen wollen, aber auch ein Trost. Da hat man noch was für später. Das Schöne erkennen und dankbar sein – dafür ist ein Hund ein großartiger Lehrmeister.

Gassi in der Gegenwart

Mit Luna laufe ich an den Klippen entlang in die Bucht, wo Johannes surft. Tapp-tapp-tapp, Lunas Pfoten auf den Steinen. Ich spüre meine Füße auf den Felsen und Sand zwischen den Zehen. »Urlaub, Luna«, rufe ich ihr zu, als würde ich selbst jetzt erst dort ankommen, obwohl wir schon über eine Woche hier sind. Doch bis der Urlaub durch das Gestrüpp des Alltags in die Tiefe sickert, dorthin, wo er am nötigsten ist, dauert es. Das dunkle Blau des Meeres, die karge Schönheit der Steinküste, die bewachsenen Felsen und der Leuchtturm. Auf einmal bin ich ganz da. Gassi in der Gegenwart. Ich atme durch, und es fühlt sich an, als würde sich etwas lösen. Als hätte der in die Tiefe gesickerte Urlaub eine Blase geöffnet, und von dort steigt perlend eine Wahrheit empor. Schau hin, was ist. Finde, was irgendwo da unten auf dem Grund deines Meeres liegt. Was wirklich wichtig ist. Und dann mach was draus. Ich beobachte Luna beim Schnuppern in einer Felsspalte. Für einen Moment gebe ich mich ganz hin und versuche mir vorzustellen, was das Tolle an dieser Felsspalte sein mag. Sie wedelt. Supertolle Felsspalte!

Du und ich, sage ich in Gedanken zu ihr, auf dem Weg zu Johannes, mehr brauche ich gerade nicht.

Später denke ich an zu Hause. Wie oft ich das Gassi-Gehen wie eine lästige Besorgung erledigt habe. Nicht nach dem Schlangenbiss, aber davor. So will ich nicht weitermachen, auch wenn der Ausnahmezustand nun beendet ist. Ich will das, was ich tue, bewusst tun, nicht nur, damit es erledigt ist. Diesen Vorsatz fasse ich keineswegs zum ersten Mal in meinem Leben, und es ist mir klar, dass ich ihn niemals komplett werde verwirklichen können. Aber ein bisschen wenigstens! Dann müsste er auch nicht immer wieder auftauchen, sobald sich die Druckverhältnisse im Urlaub so verändern, dass Blasen platzen und Perlen aufsteigen können.

Wenn ich mich zum Gassi verabrede, bin ich weder richtig bei Luna noch bei den anderen. Typisch Hundebesitzer. Oder findet Luna das dufte? Vielleicht fühlt sie sich anderen Hunden gegenüber benachteiligt, deren Chefs und Chefinnen beim Gassi ständig auf ihren Smartphones rumdrücken, sie anstarren, streicheln, mit ihnen sprechen. Freie Bahn für den Hund. Der läuft mit wie ein technisches Gerät, weil der Hundehalter mit seinem besten Kumpel kommuniziert, ohne den er nicht mehr nach Hause finden würde.

Nein, ich bin keinen Deut besser, auch wenn ich beim Gassi nicht hörbar telefoniere. Ich telefoniere unhörbar, in meinem Kopf: mit mir selbst. Leider hat dieses körpereigene Handy keinen Ausknopf. Und es ist überhaupt nicht kommunikativ, da ich immer nur mit mir selbst konferiere. So gehe ich mit meinem Hund Gassi und spaziere in Gedanken ganz woanders herum. Dabei wäre das Dasein mit Luna so einfach. Ständig bietet sie mir ihre Hilfe an. Läuft vor mir her, wedelt, schnuppert, buddelt, freut sich. Noch mehr Anleitung kann ich nicht erwarten. Indem ich ihr zuschaue und mich mit ihr verbinde, müsste es doch zu schaffen sein, am Jetzt zu schnuppern!

Meine Vorsätze gehen ans Eingemachte: Niemand zwingt mich zu Verabredungen. Leider treffe ich andere manchmal nicht aus dem Bedürfnis heraus, sie zu sehen, sondern weil ein Warnton auf meinem Radar meldet: Du hast XYZ länger nicht gesehen. Ruf an. Verabrede dich.

Womöglich freuen meine lieben Freunde sich gar nicht, dass ich so fürsorglich auf sie schaue, sondern stöhnen: Oje! Jetzt ruft die schon wieder an.

Womöglich haben andere einen längeren Wiedersehenszyklus als ich, sonst würden sie ja auch mal anrufen?

Oder unser Zyklus ist schon längst in der Menopause, und ich habe das gar nicht mitgekriegt in meiner Aufrechterhaltung der Verabredungsordnung.

»Wie wichtig ist es, sich regelmäßig zu treffen?«, frage ich Luna.

Siehst du hier gerade einen, mit dem wir uns treffen, Chefin?

»Nein, natürlich nicht. Jetzt ist keiner da. Ich wollte nur mal wissen, so prinzipiell, ob wir manche vielleicht zu oft sehen.«

Du meinst, ob dir manche von den Leuten, mit denen du dich verabredest, vielleicht gar nicht so wichtig sind, dass wir sie so oft treffen?

»Ich denke eben gerade ganz allgemein über meinen Freundes- und Bekanntenkreis nach. Ob mir Treue wichtiger ist als Abwechslung.«

Aber es ist doch gerade keiner da.

»Nein, natürlich nicht.«

Also muss man sich auch keine Gedanken machen, ob man die- oder denjenigen gerne trifft, wenn es gar nicht möglich ist. Sie oder er könnten auch schon tot sein.

»Na dann wären sie aber sehr wichtig für mich, und ich wäre froh, dass wir sie noch mal getroffen haben.«

Also treffen wir jetzt noch mehr Leute, damit wir dann, wenn sie tot sind, froh sein können, dass wir sie noch mal getroffen haben?

Mein Hund verarscht mich. Oder bin ich selbst es? Natürlich spricht mein Hund nicht so mit mir. Aber ich höre da durchaus eine gewisse Stimme in meinem Kopf, und wer sagt mir, dass das meine ist?

»Ich würde gerne unterscheiden«, präzisiere ich, »wen wir aus Gewohnheit und wen aus Bedürfnis treffen.«

Aber das weiß man doch vorher nicht.

»Dann könnte man sich nie verabreden.«

Keine Antwort ist auch eine Antwort.

Vielleicht muss man sich gar nicht verabreden und trifft sich trotzdem. Ich würde das nicht ausschließen.

»Aber ist es nicht unhöflich, geradezu rüde, andere zu treffen, an denen« – ich wechselte vom Wir zum Ich, um Luna nicht auf mein Niveau herabzuziehen – »mir nicht wirklich liegt, eine Lüge? Andererseits: Kann ich nicht an jedem Menschen etwas finden, das mein Herz berührt, wenn ich wirklich hinschaue?«

Meine Güte, machst du es kompliziert. Wir sind im Urlaub. Können wir das jetzt auch mal genießen? Schau mal, da vorne ist das Segel von Johannes. Gerade kommt er aus dem Wasser. Ich lauf schon mal vor, okay?

»Los!«, bestätige ich ihr. Sie galoppiert an, ich brauche mich nicht zu wundern, im Vergleich zu ihr fehlen mir zwei Beine.

Als Leander starb, wandten sich einige Menschen, mit denen ich mich gut befreundet glaubte, von mir ab. Sie konnten nicht mit dem Tod umgehen, den ich nun in mir trug, sie wussten nicht, was sie sagen, was sie tun sollten, und mieden mich, vielleicht ohne es zu merken. Je länger sie mich in jener Zeit mieden, als ich sie so dringend wie nie zuvor gebraucht hätte, desto unmöglicher war es, den Kontakt wiederaufzunehmen. Ich war eine Zumutung, Belastung, Bedrohung. Gerade als ich am nötigsten auf sie angewiesen war, zogen sie sich zurück, nicht um mich zu strafen, sondern aus Angst. Aber da tauchten andere, neue Menschen auf, die mir plötzlich ganz nah waren. Ohne Vorgeschichte standen sie in meiner zerbombten Wohnstatt, brachten Essen mit und halfen mir beim Umzug. Da begriff ich, dass es nicht auf die Dauer einer Freundschaft ankommt, sondern auf die Tiefe der Begegnung. Eine Begegnung, eine einzige, kann so tief gehen, dass sie Jahre einer treuen Freundschaft überbrückt. Eine solche Begegnung muss man nicht verabreden. Sie geschieht. Ungefähr das könnte Luna gemeint haben, wenn sie etwas gemeint hätte.

»Ich mach jetzt überhaupt keine Termine mehr in meiner Freizeit aus«, sagte mir kürzlich eine entfernte Bekannte. »Denn es ist immer das Gleiche. Wenn ich mich verabrede, denke ich, das sei eine gute Idee. Sobald ich dann aber hinsoll, habe ich fast nie Lust.«

Sieh an, der geht es genauso wie mir, dachte ich ertappt.

»Wenn ich von dem Termin oder Treffen heimkomme«, fuhr sie mit meinem Text fort, »bin ich immer froh, dass ich hingegangen bin, weil es schön war. Aber hin wollte ich nicht. Und es war auch oft gar nicht schön wegen den Leuten. Sondern es war schön, dass ich mal weg war.«

»Das Aufraffen ist das Problem«, resümierte ich. Und da erstaunte sie mich.

»Nein«, widersprach sie. »Das Problem ist, dass du es aushalten musst, dass dir die Leute seit Jahrzehnten das Gleiche erzählen. Sie verpacken es anders, aber jeder trägt seine Geschichten mit sich rum. Was für eine Zeitverschwendung. Dabei haben wir alle keine Zeit. Und je älter wir werden, desto knapper wird die Zeit.«

Ja, damit hatte sie recht. Verrückterweise wurde die knappere und somit auch kostbare Zeit zu großen Teilen mit Dingen verbracht, die man nicht gerne machte. Aber was kann man schon dafür? Irgendwie ist alles so festgelegt. Der Job, das Haus, die Familie, Freunde, Hobbys, was man eben so machen muss, und das wird immer mehr. Wenn man Glück hat, bleiben zwei Stunden pro Woche zur freien Gestaltung, da quetscht man noch ein bisschen etwas von den Erledigungen hinein, die man im regulären Ablauf nicht geschafft hat.

In der Jugend ist es leicht, Freundschaften zu knüpfen, die halten auch bis in alle Ewigkeit, weil sie beginnen, wenn die Zäune noch niedrig sind, niemand Mauern um seine Seele gezogen hat. Je älter, desto höher die Mauern, meistens. Aber es gibt immer wieder Türen, und manchmal geschieht etwas, das eine Mauer einfach wegsprengt. Gegen einen Todesfall schützt keine Mauer. Als Leander tot war, hatte ich keine Kraft, Höflichkeiten aufrechtzuerhalten, Ja zu sagen, wenn ich Nein meinte. Ich war geistig sehr klar in dieser trüben Zeit und dachte viel darüber nach, wie Leander und ich unsere gemeinsamen Stunden verbracht hatten. Natürlich war es nicht genug gewesen. Aber wir hatten sie gut genutzt, und das machte mich dankbar.

Manchmal stelle ich mir mich selbst im Angesicht des Todes als alte Frau in einem Schaukelstuhl vor. Nein, keine schmauchende Pfeife, aber von dem Schaukelstuhl rücke ich nicht ab. So sitze ich und schaukle durch meine Vergangenheit. Sie ist nicht wiederholbar. Nichts davon ist wiederholbar, der Stecker des Staubsaugers kann nicht mehr in die Dose gesteckt werden. Was interessiert mich nun? Was jetzt gleich passiert? Das werde ich erfahren, ob ich es wissen will oder nicht, die Frage bleibt, ob ich es dann, wenn es geschehen ist, wissen werde. So wie ich mich kenne, frage ich mich vor allem, ob ich so gelebt habe, dass ich das Leben gut hergeben kann. Ob nichts offengeblieben ist.

Wer sagt, er hat zu wenig Zeit, meint damit meistens etwas anderes: Ich habe zu wenig Zeit für die Dinge, die mir am Herzen liegen. Zeitplanung ist Lebensplanung. 31 Millionen 536-tausend Sekunden umfasst ein Jahr. Eine Stunde besteht aus 3600 Sekunden, in denen wir entscheiden können, Augenblicken, die wir gestalten können. Wo schaue ich hin, was denke ich. 3600 mal in der Stunde.

Und was sagt mein Herz? Ich bleibe stehen und schnaufe dreimal tief durch. Dann lache ich. Es ist alles so einfach, wenn man sich spürt.

Was will ich?

Da sein. Im Jetzt. Mit meinem Hund.

»Luna, komm zu mir!«

»Es tut mir leid, aber ich muss dich jetzt mal kräftig knuddeln.«

Das Adressbuch

Luna war zirka fünf Monate alt, da wachte ich von einem seltsamen Geräusch auf. Ich hatte geträumt, es würde Cornflakes regnen, und ordnete das Bild nun dem Geräusch zu. Passte irgendwie. Aber ...was war das? Von unten knisperte und knasperte es weiter. Ich schlug die Decke zurück. Stille. Dann begeistertes Tapsen und Trapsen zur Treppe, Hecheln. Luna außer sich vor Freude, Begeisterung, Überschwang. Bloß weil ich aufstand. Das war schon herzerfrischend rührend. Über Nacht war sie wieder ein paar Zentimeter gewachsen. Sprang und tanzte und wedelte, als müsste sie unser ganzes Dorf mit Strom versorgen. Keine Spur schlechten Gewissens.

Neben dem Küchenbuffet lehnte meine Tasche, offen. Warum hatte ich sie gestern nicht auf das Buffet gestellt oder den Tisch gelegt oder ins Arbeitszimmer gebracht, wo sie hingehörte? Alles, was oben war, bedeutete Tabu, gehörte mir. Alles, was unten war ... nun, da würden wir noch einiges klären müssen. Die Aktenmappe klaffte offen. Ich bekam Herzklopfen. Das zerfleischte Exposé stellte sich zum Glück als Irrtum heraus. Aber! Das Adressbuch. Auf den ersten Blick konnte man sich täuschen, doch es lag seltsam verdreht und in sich zusammengesunken neben dem Küchenstuhl.

Lunas neugieriger Blick folgte allen meinen Bewegungen. Ich bückte mich zu dem vormals viereckigen Buch. Es war nahezu dreieckig gestutzt. Milchzahngestempelt. Ich schlug es auf. Ein dünnes Rinnsal Blut lief aus einer Ecke. Luna hatte ordentliche Arbeit geleistet. Bei A begonnen. Auf den ersten Blick sah es tatsächlich aus, als fehlten nur die Seiten mit A. Luna wedelte dienstbeflissen. Sie hatte schön gründlich vorne begonnen. Von wegen unstrukturiert, nein, das Alphabet begann mit A, nicht mit den zehn, zwölf Vorseiten mit Ferienterminen, Weltzeitkarten, persönlichen Daten. Durfte ich jetzt intervenieren? War es nicht schon längst zu spät, wie Frau Bärmann predigte? *Sie haben nur maximal fünf Sekunden Zeit, um dem Hund einen Zusammenhang klarzumachen.* Aber die Tasche stand unten, und unten war pfui. Ich hob das Adressbuch, sagte laut und bestimmt NEIN, packte Luna am Nackenfell. Sie wurde sofort kraftlos und schwach und mein Zorn weich wie ihr Welpenflaum. In ihrem Körbchen fand ich ein paar Fetzen von A. Ich sammelte sie ein. Ziffern ohne Zusammenhang. Hinter der Heizung fand ich Reste von B und F. Und vor dem Badezimmer zuckte R im Todeskampf. Ich sammelte alle Gebeine und legte sie auf den Küchentisch. Luna beobachtete mich. Ein wenig zu interessiert, wie ich fand. War das ein Test: Wie verhält sie sich in Krisensituationen? Und: War das eine Krisensituation? A fehlte komplett. A wie Anatol, das war sehr bedauerlich, A wie Amanda, das war eine Katastrophe, A wie Arthur, ein Glücksfall, A wie … wer noch? Armin? Luna gähnte. Ja, Armin war langweilig. Obwohl ich ihn kürzlich noch als guten Freund bezeichnet hatte. Merkwürdig. Seit Luna im Haus war, war vieles andere verblasst. Bestimmt war A kein unersetzlicher Buchstabe.

B hätte ein Desaster bedeutet. Wer stand noch mal unter B …? nein, B war ein schlechtes Beispiel. B war ja auch als Buchstabe nicht ernst zu nehmen. Ziemlich weit vorne, aber doch im Schatten des ewig Ersten, nein, es gab viel zu viele Leute, die hießen Bauer oder Berger oder Beate, mindestens fünf Beates kannte ich, auch wenn mir im Moment keine einfiel. B war zu verschmerzen. S wäre ein Unglück gewesen! Luna wedelte. Luna wusste, worauf es ankam. Ich versuchte, die Seiten mit S im Kopf zu rekonstruieren, und scheiterte. Das gab mir dann schon zu denken. Irgendwie war ich zurzeit anderweitig beschäftigt. Mit Gassigehen, Bauchkraulen, Erziehungsmaßnahmen, Frau Bärmann, Job, Johannes und Haushalt und dazwischen … immer dieses hingerissene Starren zum Körbchen. Wie sie schlief. Wie sie atmete. Wie sie zuckte. Und diese Ohren. Diese samtigen Lappen. Ich warf das Adressbuch in Lunas Körbchen und ging erst mal duschen. Hätte ich dabei wedeln können, ich hätte die ganze Kreisstadt mit Strom versorgt. Mal sehen, welche Prioritäten meine neue Lebensgefährtin setzen würde.

… Einige Monate später führte ich ein elektronisches Adressbuch, und darin war verzeichnet der Kranführer Herbie mit seinem Bärli, Dagmar und Blacky aus der Hundeschule, Sybille und Socke vom Einödhof und einige mehr. Es ging bei meinen Sozialkontakten nun nicht mehr um mich, sondern darum, dass Luna Gesellschaft hatte. Manchmal redeten wir Hundehalter kaum, schauten den jungen Hunden beim Spielen zu. Zuweilen hörte ich mir aber auch Geschichten an, die mich nicht interessierten. Zum Beispiel übers Kochen oder über einen Nachbarn. Endlose Geschichten, bis das Fleisch gar, der Nachbar mürbe war. Ich übte mich in Geduld und lernte Gassi für Gassi, dass Leute, die gerne kochen, und Leute mit Nachbarn total nett sein können. So sorgte Luna für meine Herzensbildung. Sie hielt mich so lange bei diesen Zweibeinern fest, bis ich meine Lektion gelernt hatte.

… Weit voraus ist sie wieder einmal, schon bei Johannes am Strand und trägt die Tasche für die Surfklamotten stolz vor ihm her. Wir umarmen uns. Er riecht nach Wind, und in seinen Augen verglimmen die letzten Böen.

»Du, ich verabrede mich jetzt nicht mehr!«, teile ich ihm meine bahnbrechende Erkenntnis mit und fühle mich dabei aufgeregt, als würde ich eine Straftat planen.

»Wieder mal?«, fragt Johannes ohne Spott. Diesmal könnte es ja klappen. Aber ich habe vergessen, dass diesmal nicht erstmals, sondern eine Wiederholung ist.

»Diesmal wirklich«, behaupte ich und denke: Wenn es allen so geht wie mir, wovon auszugehen ist, müssen mich die anderen genauso in ihre Termine quetschen, wie ich sie in meine quetsche. Wir alle werden ganz flach, und bestimmt kann man bei diesen Quetschereien schmerzhafte Verletzungen erleiden. Das kann doch nicht gut sein.

»Hilfst du mir mal mit dem Segel?«, bittet Johannes mich.

»Ich muss erst in meinem Terminkalender nachsehen, ob was frei ist«, necke ich ihn. Dann lässt die Surferbraut ihre Tasche fallen und hält den Mast.

Die Nachfolge

Plötzlich schießt etwas Schwarzes um die Ecke. Es ist schnell, mit Fell, und dann beißt es in meine Zehen. Erschrocken lasse ich die Einkaufstasche fallen. Der Welpe springt zurück, greift wieder an. Diesmal die Plastiktüte. Lachend sinke ich in die Knie. Irgendwo ruft jemand. Da kommt Johannes aus dem Supermarkt, wo wir gerade eingekauft haben. Auch er knickt sofort ein. Luna wedelt verhalten. Der schwarze Welpe mit den Schlappohren, er könnte ihrer sein, hoppelt auf sie zu, schnuppert, quietscht, stupst sie an. Luna gibt sich freundlich, aber reserviert. Der Kleine knabbert an ihrem Vorderbein. Sie dreht sich weg. Er stellt sich auf die Hinterbeine, will ihr in die Backe beißen. Gequält schaut sie uns an. Könnt ihr das nicht abstellen?

Da taucht die Besitzerin des Welpen auf, und mit einem Schrei – Luna könnte ihn fressen – rettet sie ihn. Dann merkt sie, dass keine Gefahr von Luna ausgeht, und lässt den Hund wieder ab. Johannes und ich knien wachsweich vor dem Welpen. Unter Lunas missbilligenden Blicken kosen und knuddeln wir den niedlichen Hund. Die Besitzerin lächelt geschmeichelt, wie wir damals auch gelächelt haben, als Luna klein war und wir überallhin zu spät kamen, weil wir für fünfhundert Meter durch die Stadt eine Stunde brauchten, da uns ständig in Ahhhhs und Ohhhhs zerflossene Passanten aufhielten. Meine Güte, ist die süüüüüß! Luna ließ es sich nicht nehmen, jeden ausgiebig zu begrüßen, bei vollem Einsatz ihres Schlabberlappens.

Wir wünschen der kroatischen Dame mit Händen und Füßen viel Freude mit dem kleinen Wesen, sie bedankt sich und wünscht uns mit Luna auch etwas, was wir nicht verstehen – Gesundheit vielleicht? Man sieht Luna den weisen Hund nun deutlich an, ihre Schnauze ist in den letzten Wochen schneeweiß geworden.

Auf der Fahrt zu unserem Ferienhäuschen erinnern wir uns heiter an Lunas Welpenzeit. Es tut gar nicht weh. Wir sprechen nicht über sie, wie man über Sterbende spricht, als wolle man ihnen und sich selbst mit der Beschwörung schöner Zeiten Brote für den bevorstehenden Abschied schmieren. Wir erinnern uns fröhlich, nur hin und wieder sticht es ein bisschen, aber das könnte auch vom Lachen kommen, weil uns so viel Lustiges einfällt. Weißt du noch, die Wiener Würstchen an der Schnur? Obwohl wir nicht vergessen haben, wie anstrengend die erste Zeit als Hundehalter war.

»So was würden wir heute gar nicht mehr schaffen«, entfährt es mir. Johannes überhört den Satz. Ich sage schnell etwas anderes. Der Satz ist derweil von einem Fließbandroboter aussortiert worden und liegt in einem blechernen Behältnis. Einer von den Weißkitteln aus der oberen Etage der psychoanalytischen Fakultät wird ihn später untersuchen.

Johannes und ich versichern uns gegenseitig, wie gut wir es haben mit einem älteren Hund. Wir stellen fest, dass man das Leben mit einem jungen und einem älteren Hund gar nicht vergleichen kann. In allem, was wir sagen, schwingt tastend eine Frage mit: Was meinst du? Wenn Luna nicht mehr wäre … Würden wir dann wieder einen Hund haben. Oder lieber nicht? Weil es zu wehtäte oder im Moment zu zeitaufwändig wäre, ihn einzugewöhnen. Aber wenn wir doch wieder einen Hund hätten … wann?

»Meine Eltern hatten einen Bekannten«, erzähle ich Johannes, »den Herrn Krause. Der hat sich so vorgestellt: Angenehm, Krause, einer der Größten.«

Johannes schaut mich neugierig an. Er kennt mich lange genug, um zu wissen, dass jetzt keine Themaverfehlung folgt.

»Der Herr Krause hatte immer einen Hund«, fahre ich fort. »Kaum war einer tot, hat er sich den nächsten geholt. Ich glaube, sie hießen sogar alle gleich, da brauchte er sich nicht umzugewöhnen. Einmal trafen wir Herrn Krause mit seinem neuen Hund. Der alte war am Vorabend gestorben. Ich fand das irgendwie … seltsam.«

Johannes nickt »So etwas kann ich mir überhaupt nicht vorstellen.«

Ich höre, dass er sich etwas anderes vorstellen kann, will es aber nicht ansprechen.

»Für mich wäre das auch nichts«, stimme ich zu. Ich weiß allerdings, dass jeder Mensch anders trauert und es niemandem zusteht, darüber zu urteilen.

Am Tag nach dem Tod Leanders wollte ich mit zwei Freundinnen dieselbe Radtour unternehmen, die ich mit ihm an unserem letzten gemeinsamen Sonntag gefahren war. In der ersten Zeit nach seinem Tod wollte ich ständig Dinge tun, die ich mit ihm getan hatte, so als würde ich ihn dabei finden, als würde er irgendwo hinter einem Baum auf mich warten, so als hätte er sich nur versteckt.

Es war ein hochsommerlicher Frühlingstag, und ich trug ein ärmelloses buntes Kleid. Schwarz zu tragen wäre mir niemals in den Sinn gekommen. Leander liebte meine bunten luftigen Sommerkleider. Sollte er mir von irgendwo zusehen, würde ihm das die Eingewöhnung in seiner neuen Umgebung erleichtern. Er sollte erkennen, dass ich zurechtkam. Ich würde es ihm nicht noch schwerer machen, sollte es schwer für ihn sein, wo es für mich doch schon schwer genug war, was er wusste, weil er ja in mich hineinsehen konnte.

Aufgewachsen in einer Großstadt, kam es mir in der Kleinstadt, in der ich mit Leander lebte, selten in den Sinn, an die Nachbarn zu denken. Ich neige prinzipiell nicht dazu, mir Gedanken darüber zu machen, was andere über mich denken; was nicht immer von Vorteil ist. Denn wenn man glaubt, alle anderen denken, was man selbst denkt, täuscht man sich: Es wurde mir zugetragen, dass ich wohl nicht besonders um Leander trauerte, wie man an meiner bunten Kleidung ablesen könne.

»Dieser Welpe geht mir nicht aus dem Kopf«, gesteht Johannes mir nach dem Abendessen, als wir im Garten sitzen.

»Ja, der war wirklich goldig«, erwidere ich lächelnd. Dass man bei so einem Welpen sofort lächeln muss.

Wir schauen zu Luna, die satt und zufrieden im Gras liegt.

»Also ohne Hund …«, beginnt Johannes.

Ich beuge mich vor.

»Das kann ich mir nicht vorstellen. Obwohl …«, er zögert. »Ohne dich würde ich keinen halten. Ich kann den Hund ja nicht immer mitnehmen, so wie du. Der Schriftstellerinnenberuf ist prädestiniert für die Hundehaltung.«

Wir schweigen. Wir haben ein schlechtes Gewissen, vor Luna über ihre Nachfolgerin zu sprechen. Vielleicht sollte es besser ein Nachfolger sein, damit wir sie nicht ständig vergleichen?

Isa lag am Freitagmorgen tot in ihrem Korb. Bis Freitagabend hatte Helmut in Erfahrung gebracht, dass es einen Züchter auf Rügen gab, der noch einen letzten Welpen aus einem Wurf zu vergeben hatte. Es musste Isas Rasse sein. Freitagnacht brach Helmut in Starnberg auf und erreichte Rügen Samstagnacht. Sonntagmorgen klingelte er beim Züchter, kaufte Isas Nachfolgerin und machte sich auf den Heimweg. Wir trafen uns am Dienstag, und Helmut klagte mir sein Leid: »Die hört einfach nicht. Ich rufe: ›Lisa, hier!‹, rufe ich, also genau so wie bei Isa, aber sie kommt nicht.«

Fassungslos starrte ich ihn an. »Aber die weiß doch noch nicht mal, wie sie heißt!«

»Die Isa hat das gewusst!«

Am liebsten hätte ich den Hund vor ihm beschützt, der nicht er selbst sein durfte, sondern in das große Fell seiner Vorgängerin passen musste, mit der Helmut vierzehn Jahre lang zusammengewachsen war. Da merkte ich, wie traurig Helmut war. Er trauerte ganz schrecklich um Isa und hoffte, der neue Hund könnte ihm helfen, aber eigentlich machte er alles nur noch schlimmer, weil er ihn ständig daran erinnerte, dass er eben nicht Isa war.

Ich versuchte, mich in Helmut hineinzuversetzen, um die richtigen Worte zu finden, damit er dem kleinen Hund gestattete, ein Welpe zu sein. Ich erzählte dem Metzgermeister Helmut, wie es Isa im Hundehimmel erging, wie sie liebevoll auf ihn hinunterschaute und sich freute, dass er jetzt die kleine Lisa an seiner Seite hatte. Dass sie und er nun quasi die Eltern von der kleinen Lisa wären und Geduld mit ihr haben müssten. Denn die Lisa, das sei keine Isa. »Sie ist ein kleiner Welpe, der das Recht hat, so behandelt zu werden«. Helmuts Augen glänzten feucht, und irgendwann rieb er sich grob über die Backe. Beim Abschied schlug er mir so fest auf die Schulter, dass ich zu Hause vor dem Spiegel kontrollierte, ob ich einen blauen Fleck hatte. Am nächsten Tag bekam ich ein riesengroßes Paket aus seiner Metzgerei geliefert, Johannes und ich aßen wochenlang an den Würsten, zu Lunas Empörung, da wir nicht mit ihr teilten – wer hatte mir wohl die schöne Geschichte mit dem Hundehimmel geflüstert?

»Also ich finde, zwischen zwei Hunden muss Zeit verstreichen«, sagt Johannes.

Ich nicke.

»Eigentlich kann ich mir keinen anderen Hund vorstellen außer Luna.«

»Ich auch nicht«, gestehe ich. Aber ich weiß es nicht sicher. Rund um den Tod ist überhaupt nichts sicher, und der Tod eines Familienmitgliedes reißt das Leben aus seiner Verankerung.

Meine Freundin Liane hatte sich einen Tag nach dem Tod ihrer Bordeauxdogge Billie einen Hund aus dem Tierheim geholt. »Nicht um seinen Tod zu verdrängen, sondern weil ich wusste, dass ich den Schmerz ohne Ablenkung nicht aushalten würde.«

»Und? Hat es geklappt?«, fragte ich, was ich nicht glauben konnte.

Denn die Trauer, die holt einen immer ein, manchmal so spät, dass man die Symptome nicht zuordnen kann.

»Ich habe gleichzeitig um Billie getrauert und mich über Sascha gefreut. Ich brauchte ein Gegengewicht, sonst wäre ich völlig aus der Balance geraten. Bis heute ist mir Billie unvergessen. Und irgendwie ist er noch immer da. Manchmal kann ich ihn sogar spüren.«

Liane führt einen Handwerksbetrieb mit mehreren Angestellten. Ich hatte sie bislang stets als praktisch denkende Frau wahrgenommen, die auch ihr Seelenleben dem Zollstock unterwirft. Wofür es keine Maßeinheit gibt, das existiert nicht. Doch viele Menschen zeigen sich neben ihren Hunden von ihrer Zuckerseite, oft locken Tiere die besseren Menschen in uns hervor.

»Man hätte bei Billie als letzte Möglichkeit eine Chemotherapie versuchen können. Allerdings hätte er nicht mehr richtig fressen können, es war ja der gesamte Unterkiefer betroffen. Ich fragte ihn, nein, fragen ist das falsche Wort: Ich habe versucht, mit ihm einig zu werden. Denn alles, was ich beschließen würde, betraf ja ihn. Er würde die Chemotherapie aushalten müssen – oder eben sterben. Ich entschied, dass es besser war, meine Aufmerksamkeit und mein Geld in ein anderes Tier zu investieren, das bessere Perspektiven hatte als Billie. Es gibt genug notleidende Hunde auf der Welt. Billie verließ seinen Platz bei mir zugunsten eines anderen Hundes.

Sascha war erst wenige Tage zuvor aus einer ungarischen Tötungsstation im Tierheim angekommen. Eigentlich wollten sie ihn noch gar nicht vermitteln. Ich bettelte lang, bis sie eine Ausnahme machten.«

»Man weiß nicht, was das dann für ein Hund ist«, sagt Johannes. »Eine Luna gibt es nur einmal.«

Ich stehe vom Tisch auf, gehe zu Luna und knuddle sie. Grunzend lässt sie es sich gefallen, kippt auf die Seite, drückt mir ihren Kopf in die Hand, als wäre sie eine Katze. Ohrenkraulen mag sie besonders gern.

»Vielleicht hätten wir aber auch mit einem anderen Hund großes Glück?«, fragt Johannes mich. »Als Chefs haben wir da schließlich ein Wort mitzusprechen. Wie sagte unsere einzigartige Frau Bärmann seinerzeit?«

»Konsequenz ist das A und O«, erwidere ich wie aus der Pistole geschossen.

Eine hauptberufliche Hundesitterin erklärte mir einmal: »Das Schöne an Hunden ist es, dass sie so schnell zu ersetzen sind. Wenn dir einer wegläuft, holst du dir einen anderen. Mit Männern ist es schwieriger. Die kriegst du nicht im Tierheim.«

Empört wies ich den Vergleich zurück. Hunde sind nicht austauschbar! Zumindest Luna. Die Art, wie sie mich morgens begrüßt, ihr Brummen, wann immer sie sich in ihren Korb legt, ihre mutigen Sprünge ins Wasser …

Doch viele ihrer Eigenheiten hatte ich auch bei anderen Hunden bemerkt und von anderen Hundehaltern gehört. Das ist halt ein Labrador. Die sind so. Typisch Labbi.

Es gibt auch typisch Mann, typisch Frau: Johannes und ich haben Angewohnheiten, die wir sicher mit Millionen von Menschen teilen. Wir sind nicht nur einzigartig, wir sind auch allgemein, wie sehr, das können wir nicht dokumentieren, solange es unmöglich ist, hoffentlich für immer, Gedanken sichtbar zu machen. Der Blick der Liebe freut sich am Einzigartigen, und es ist auch der Blick der Liebe, der dabei helfen kann, das Einzigartige bei Fremden, das Gemeinsame bei Feinden zu erkennen.

»Ich kann mir jedenfalls keinen anderen Hund vorstellen als einen Labrador«, sagt Johannes. »Ein Labrador passt perfekt zu uns. Stell dir vor, wir hätten einen wasserscheuen Hund! Nein, das geht gar nicht! Wobei mir wohler wäre, ein Tier in Not zu retten, als eines vom Züchter zu kaufen.«

»Angeblich sucht sich der Hund seine Halter aus«, erinnere ich mich an die Behauptung einer Bekannten aus der Prä-Luna-Zeit.

»Aber schwimmen muss er schon«, beharrt Johannes.

»Man wünscht sich einen Labradorwelpen und landet bei einem älteren Dackel«, grinse ich.

»Wo die Liebe hinfällt«, sagt Johannes und küsst mich.

»Also ein älterer Dackel bin ich nicht!«, widerspreche ich.

Wir lachen so sehr, dass Luna schwanzwedelnd zu uns läuft. Sie mag es, wenn wir lachen, und will teilhaben an unserer Freude. Auf einmal kommt es mir so vor, als würden wir dadurch, dass wir über ihre Nachfolge gesprochen haben, daran glauben, dass sie noch lange bei uns bleibt.

Hunde mit Migrationshintergrund

Jeden Tag fahren wir an einem eingezäunten Grundstück mit einer Gartenlaube vorbei, in dem ein Schäferhund vor dem Tor sitzt. Johannes ist mit dem VW-Bus und seinen Surfbrettern bereits am Meer, ich spaziere mit Luna hinterher und sehe zu spät: Das Tor ist offen, der Schäferhund stürmt heraus. Panik! Der macht Hackfleisch aus meiner Luna! Und dann stirbt sie nicht an einem Milztumor, sondern an Bissverletzungen.

Als Frauli benehme ich mich genauso wie früher als Frau. Mit hoher Stimme signalisiere ich Friedfertigkeit und versuche, die Situation zu deeskalieren. Ich zwitschere: »Hallo, hallo, wer bist denn du?«, um den Schäferhund zu besänftigen. Und um Luna zu zeigen, dass alles okay ist. Als würde sie nicht hinter meine Stimme hören. Als könnte ich ihr irgendetwas vormachen. Der Schreck lässt mich völlig falsch reagieren. Deeskalation wird nicht durch Unterwerfung und Schönwettermachen erreicht, sondern durch Grenzensetzen.

An der Körpersprache des Hundes erkenne ich, dass er nicht aggressiv, sondern neugierig ist. Ich halte ihn für jung, vielleicht ein oder zwei Jahre alt, er läuft mit leicht abgewandtem Kopf schüchtern auf Luna zu. An seiner linken Seite fehlt Fell. Ich kombiniere Vernachlässigung. Der arme Kerl hockt Tag und Nacht allein auf diesem Grundstück und starrt durch die Gitterstäbe des Tores. Heute sehe ich zum ersten Mal ein Auto auf dem Grundstück, eine Frau ruft den Hund, er kehrt um und läuft zu ihr. Gott sei Dank, es gibt Leute, die sich um ihn kümmern. Aber was war an all den Tagen zuvor? Der Hund lebt in Isolationshaft, mutmaße ich angesichts des Riesennapfes Trockenfutter, der neben einer Wanne mit Regenwasser steht.

Stunden später auf dem Rückweg, das Auto ist fort, der Hund sitzt wie immer allein hinter dem Gitter, rede ich freundlich mit ihm. Er spitzt die Ohren. Braune Augen schauen mich aus einem schön geschnittenen Gesicht an. Den müssten wir mitnehmen, schießt es mir durch den Kopf. Meine Freundin Eva hat auf Kreta einen Hund von der Kette gerettet, die Kette hatte sich schon tief in Philis Hals gegraben. Frau Bärmann unterrichtete zwei Schüler aus einer rumänischen Tötungsstation. Südländer hatten wir auch. Ich hege große Achtung für Tierfreunde, die sich auf das Risiko eines ehemaligen Straßenhundes einlassen. Phili büxte ständig aus, Lucy war das Jagen nicht abzugewöhnen, Momo wollte nicht allein zu Hause bleiben, und wenn man sie dazu zwang, rächte sie sich mit grauenvollem Jaulen und Verwüstungen. Was mich schnell ungeduldig und vielleicht auch ungerecht gemacht hätte, warf die Freunde dieser Hunde mit Migrationshintergrund nicht aus der Bahn: Sicher, zu Beginn ist es anstrengend mit einem solchen Hund, aber wenn er nach und nach Vertrauen fasst, wird man reich belohnt, und die Bindung ist umso tiefer.

Christophs und Andreas Hündin Hella starb innerhalb von drei Wochen an einem Lebertumor. Als er entdeckt wurde, konnte Hella nicht mehr geholfen werden. Der Tumor musste über Wochen und Monate gewuchert sein, Christoph und Andrea hatten nichts gemerkt. Kurz vor der Diagnose hatten sie beschlossen, das Futter zu reduzieren, da Hella ein Bäuchlein bekam. Sie ahnten nicht, dass sich die monströs vergrößerte Leber hervorwölbte. Hellas Fell war stumpf, und wenn man sie streichelte, ging es büschelweise aus. Christoph und Andrea glaubten, das sei dem im Frühling normalen Fellwechsel geschuldet. Erst als Hella mehrmals nach dem Fressen erbrach, gingen sie zum Tierarzt, erfuhren die Wahrheit, holten eine zweite und eine dritte Meinung ein.

»Wenn ich wüsste, dass man Hellas Leben verlängern kann«, vertraute Christoph mir verzweifelt an. »Sagen wir um sechs Monate. Dafür würde ich kämpfen.«

Ich staunte. Sechs Monate! Was war das schon! Andererseits war Hella erst sechs Jahre alt. Sie nahm ihm die Entscheidung ab, drei Wochen nach dem Befund ging es ihr so schlecht, dass sie eingeschläfert werden musste. Christoph und Andrea ließen Hella einäschern, sie war zu groß, um sie im Garten zu begraben, und das ist ja auch verboten. Ein bisschen verlegen erzählte Christoph mir von der Trauerfeier. »Das ist schon kurios, oder? Eine Trauerfeier mit Urnenbeisetzung für einen Hund.«

»Nein, nicht kurios«, erwiderte ich. »Das ist Liebe.«

Christoph und Andrea, deren Kinder seit zwei Jahren aus dem Haus waren, hielten ein Jahr Hundepause für angemessen. Doch schon nach zwei Monaten klapperten sie die

Tierheime in der Region ab. Sie versicherten sich gegenseitig, dass sie jetzt bestimmt keinen Hund wollten, nur mal gucken. Eines Tages verliebte sich Christoph in eine einjährige schüchterne Hündin aus Griechenland. Andrea war zuerst dagegen. Doch als die Griechin auf ihrem Schoß saß und ihr über die Backe leckte, da war es auch um sie geschehen. Sie nahmen die Griechin, die lange keinen anderen Namen hatte, mit nach Hause – und alles war anders als erhofft. Der Hund traute sich nicht, über die weißen Bodenfliesen zu laufen, die Treppe verweigerte er, hochheben ließ er sich nicht, das Futter vertrug er nicht, und sobald er durch die Fenster einen Vogel oder ein Eichhörnchen sah, bellte er wie verrückt.

Christoph und Andrea bewahrten die Ruhe. Geduldig versuchten sie herauszubekommen, worauf die Griechin wie reagierte, und puzzelten ihre Vergangenheit zusammen, um eine gemeinsame glückliche Gegenwart zu gestalten. Als wir das erste Mal mit der Griechin und Luna Gassi gingen, kläffte sie ohne Unterlass, sobald Luna sich Christoph näherte, griff sie zum Schein sogar an. Das nervte mich, obwohl Luna die Kapriolen nicht ernst nahm. Da sagte Christoph: »Sie hat Angst, mich und ihren Platz zu verlieren. Deshalb verteidigt sie mich gegen Luna.« Und später sagte er: »Einmal hat sie schon Sitz gemacht.«

Das rührte mich. Ich betrachtete die Griechin mit anderen Augen und sah keinen aggressiven Hund mehr, sondern ein unsicheres Geschöpf, das alles richtig machen will. Das den Zipfel Glück, den es ergattert hat, verteidigt. *Schick mich nicht weg!*

Die schönen hellbraunen Augen des Schäferhundes lassen mich nicht los. Ich stelle mir vor, ihn in einer Nacht-und-Nebel-Aktion zu befreien. Aber wie sollten wir ihn über den Zaun bringen? Ihn darüberheben? Die Gitterstäbe auseinanderbiegen? Und wenn er beißen würde? Ich könnte ihn ja nicht vorbereiten: Lieber Hund, wir nehmen dich jetzt mit nach Deutschland, da hast du es besser. Womöglich würde sich seine Situation verschlechtern bei mir, bei uns. Nur weil es mir bei mir gefällt, muss das nicht für andere gelten.

Ich könnte einen Brief an die Besitzer schreiben, dass sie doch bitte schön einen zweiten Hund anschaffen sollten, damit der eine nicht so allein ist? Wer übersetzt uns den? Vorher sollte ich achtundvierzig Stunden Wache stehen, um zu überprüfen, dass sich wirklich niemand um den Hund kümmert. Vielleicht wird er jeden Morgen von sechs bis sieben von seinem Besitzer, der einen Lebensmittelladen betreibt, Gassi geführt und nachts noch einmal? Vielleicht hat die Ehefrau des Besitzers sich den Knöchel gebrochen, und deshalb hat ausnahmsweise niemand Zeit für den Hund. Oder die Besitzer sind im Urlaub und die Hundesitter unzuverlässig oder haben sich den Knöchel gebrochen.

Ich will den Braunen loslassen. Und vor allem will ich mir kein Hintertürchen gestatten. Eine meiner Freundinnen, die mit Zwillingen schwanger war, sagte einmal zu mir: »Wenn einer stirbt, hab ich noch einen.« Ihre Offenheit schockierte mich, aber natürlich hatte sie recht. Ob ein Zwilling allerdings über den Verlust hinwegzutrösten vermag?

Ich würde es vielleicht für mich leicht machen, wenn ich zu Lunas Lebzeiten einen zweiten Hund aufnähme, denn dann würde ich nach ihrem Tod nicht hundelos dastehen, doch ich würde ihren Lebensabend trüben. Sie war immer ein Einzelhund und sollte plötzlich Aufmerksamkeit, Zuwendung, Liebe womöglich mit einem Welpen teilen? Nur damit ich ihr Wegsein leichter verschmerzte? Nein, diese Hintertür bleibt zu.

Das letzte Mal

Allmählich neigt sich unser Urlaub dem Ende zu, die letzten Tage brechen an. Johannes und ich zweifeln nicht daran, dass wir zu dritt nach Hause zurückkehren werden. Doch dann kommt alles anders. Johannes' Schwager, den ich kaum kannte, ist an einem plötzlichen Herzanfall verstorben. Fassungslos beschließen wir, früher nach Hause zu fahren, damit Johannes seiner Schwester beistehen kann.

Was habe ich mir alles im Vorfeld ausgemalt! Und nun ist alles anders schrecklich. Natürlich weiß ich, dass das Zahnrad unserer Existenz mit bloßem Auge nicht mal zu erkennen ist in dem Räderwerk der Weltformel, ach, kein Zahnrad, eher ein Zahn, Milchzahn, wenn überhaupt.

Am nächsten Morgen, als Johannes ein letztes Mal beim Bäcker ist, dehne ich das letzte Mal aus. Ob das unser letzter Urlaub mit Luna war? Es könnte auch mein letzter Urlaub sein. Wenn wir überhaupt heil bei Johannes' Schwester ankommen …

Als das Auto beladen ist, fahren wir ein noch mal mit den Rädern ans Meer. Ich versuche, all das in mich aufzunehmen, worauf ich glaube, zu wenig geachtet zu haben in den vergangenen zwei Wochen. Der Duft der Pinien, das Knacken der morschen Zweige unter den Reifen, die karge Schönheit der Küste, das Blau des Meeres, die Milde der Luft, Luna schwanzwedelnd vor uns. Wir sind ganz allein an diesem Morgen, es gibt ohnehin nur noch wenige Touristen, und um diese Uhrzeit ist unsere Lieblingsbucht menschenleer. Obwohl wir beim Radfahren ein wenig geschwitzt haben, kostet es uns Überwindung, ins Wasser zu gehen. Luna ist längst drin. Hand in Hand folgen wir ihr. Wir schwimmen sehr lang, irgendwann bekomme ich kalte Füße und will trotzdem nicht an Land. Mit ruhigen, kraftvollen Bewegungen schwimmt Luna neben mir. Wie immer wirkt sie leicht und frei im Wasser, so als würde sie das Schwimmen überhaupt nicht anstrengen, einmal sind wir eine Stunde mit ihr geschwommen. Als Labrador hat sie Schwimmhäute zwischen den Zehen, das Wasser ist ihr Element. Endlich kraule ich zum Ufer, doch noch immer kann ich mich nicht entschließen, das Meer zu verlassen, bleibe bis zum Bauch im Wasser, Luna kreist um mich herum. Johannes trocknet sich ab.

»Wirf mir doch mal einen Stock her«, bitte ich ihn.

»Wir sollten allmählich los«, erinnert er mich.

»Für einen schönen Abschluss! Es ist doch das letzte Mal mit Luna im Wasser!«

»Woher weißt du das?«, fragt er, und dann wirft er. Für uns beide.

Herbst

Der Föhn beschert uns einen Herbst wie Spätsommer. Das Leben geht weiter wie vor dem Schlangebiss, ich habe ein neues Buch begonnen, alles ist normal. Luna neben dem Schreibtisch hört sich meine Monologe über Struktur und Kapitelaufbau an und gähnt zwischendurch kräftig. Sobald ich mich festdenke, wird sie unruhig. Das macht mich unruhig. Luna wedelt versuchsweise: rausgehen? Ich lehne ab. Ich bin die Chefin. Der Urlaub ist vorbei, und im Alltag bestimme ich, wann wir rausgehen. Ohne Hund wäre ich viel effizienter, vermute ich, wie so oft. Eine Stunde später ziehen wir los, die Jacke lasse ich zu Hause. Wenn jetzt Frühling wäre, denke ich ein wenig sehnsüchtig und rufe mich dann zur Ordnung, nein zur Unordnung. Wollte ich mich nicht an dem freuen, was ist? Ganz im Sinne Karl Valentins: »Ich freue mich, wenn es regnet. Denn wenn ich mich nicht freue, regnet es auch.«

Wir laufen durch einen bunten Buchenwald an einem Bächlein entlang. Wie kleine Seiten von Notizheften fallen hin und wieder Blätter zu Boden. Auf einmal, während ich Luna beim Schnuppern zusehe, segelt mir die vorhin so krampfhaft gesuchte Struktur als Blatt in Herzform vor die

Füße. Ich zucke zusammen. Dann hebe ich den Geistesblitz auf. Luna dreht sich zu mir. Sie sieht aus, als würde sie grinsen. Wenn man nicht damit rechnet, findet man, was man sucht. Und manchmal findet man etwas, was man gar nicht gesucht hat.

Mein Handy klingelt. Ich will den Anruf wegdrücken, da sehe ich, es ist die Tierhomöopathin. Vor drei Tagen hat Frau Hölzel Luna Blut abgezapft, was sich schwierig gestaltete, da die Venen »wegrollten«, was auch immer das bedeuten mag. Ich spüre mein Herz im Hals. Jetzt gleich werde ich erfahren, wie es um Luna steht. So, wie sie aussieht – gesund?

»Lunas Werte befinden sich alle im Normalbereich!« Frau Hölzel schreit es mir ins Ohr.

»Normal?«, brülle ich zurück.

»Ja, normal«, bestätigt Frau Hölzel. »Das heißt zwar nicht, dass sie keinen Milztumor hat, aber zumindest ist er nicht gewachsen. Ich schlage vor, dass wir die Misteltherapie fortsetzen. Ich habe mit der Laborärztin gesprochen. Auch sie meint, dass der Verdacht auf Milztumor dem Schlangenbiss geschuldet sein könnte. So etwas kommt öfter vor. Wenn Sie Gewissheit haben wollen, müssen Sie noch einmal einen Ultraschall machen lassen.«

»Bestimmt nicht!«, rufe ich, denn mit dem unseligen Ultraschall fing ja alles an, nachdem ich geglaubt hatte, wir hätten das Schlimmste überstanden. Dann bedanke ich mich mehrmals hintereinander, als hätte Frau Hölzel eigenhändig Lunas Blut gewaschen – nun, das hat sie ja auch ein bisschen mit ihrer Therapie. Als ich den roten Knopf am Handy gedrückt habe, überkommt mich das mächtige Bedürfnis, mich zu bedanken. Ich weiß bloß nicht, wo. Bei wem? Ich schaue in den Himmel, ein paar weiße Wattebällchen fahren träge Richtung Westen, ich schaue die hohen Buchen entlang und auf das kupferrote Laub im Moos … und Luna. Meine Luna. »Danke, dass du noch da bist. Danke, du Kämpferin!« Ich renne auf sie zu, als wollte ich sie fangen, sie springt begeistert an mir hoch und galoppiert dann los, ich jage ihr nach, streife Büsche und Bäume mit meinen Handflächen und sage überallhin danke. In diesem Moment weiß ich, dass eine tiefe Dankbarkeit mich begleiten wird für immer. Auch, wenn Luna einmal fort ist. Ich werde dankbar sein, weil ich sie nicht verlor über Nacht, dankbar für die Zeit nach dem Schlangenbiss und für die davor sowieso. Nächste Woche wird sie zwölf. Ich zweifle keine Sekunde mehr daran, dass wir das erleben dürfen.

Auch meine Eltern freuen sich sehr über die gute Nachricht. Besonders meiner Mutter ist Luna ans Herz gewachsen. Sie liebt es, mit Luna einkaufen zu gehen, und beobachtet vom Geschäft aus, wie brav Luna davor sitzen bleibt. Lunas Schnauze ist weiß, meine Eltern sind alt. Luna passt sich ihnen an und trottet nebenher. Das Bild rührt mich. Obwohl mein Vater sie wegen seiner Allergie nicht anfassen soll, klopft er ihr auf die Flanken, danach muss er oft weinen. Am liebsten gibt er ihr Leckerlis. Nicht drei oder fünf, sondern alle auf einmal, und sie muss nichts dafür tun. Kein Sitz, kein Gimmie-five. Opa ist spendabel. Im Sommer schleppt Luna den Gartenschlauch an, damit er mit ihr Nassspritzen spielt. Davon kann sie nicht genug bekommen. Mein Vater ist immer zuerst müde. Ein Tag, an dem Luna nicht mindestens einmal nass geworden ist, zählt bei ihr vielleicht als verloren. Regen gilt nicht. Regen ist eine Zumutung. Da bleibt man lieber im Haus. So wie nun auch mein Vater immer öfter im Haus bleibt. »Allein spazieren gehen macht keinen Spaß«, sagt meine Mutter und fordert Luna an. Ich fahre sie zu ihr wie ein Enkelkind und gehe zum Yoga, während meine Mutter mit Luna einkauft. Danach erzählt sie mir stolz, wie gut Luna mitgelaufen ist, wie brav sie gewartet hat und wer alles gesagt hat: So ein lieber Hund. Die Wiener Wurst, die früher ihre Enkel bekamen, die dieser Delikatesse längst entwachsen sind, erhält nun Luna. Und zum Abschied sagt sie »So eine wie die Luna kriegst du nie wieder.«

»Ich weiß«, sage ich.

Zwölf statt tot

Johannes und ich singen Luna ein Geburtstagsständchen: Happy birthday to you. Wie immer, wenn sie dieses Lied hört, macht sie Männchen, so haben wir es ihr beigebracht. Wir wollen sie davon abhalten, schließlich ist sie heute die Jubilarin. Als wir beide prustend vor ihr Männchen machen, kennt sie sich gar nicht mehr aus. Ratlos schaut sie von mir zu Johannes und zurück. *Was wollen die jetzt? Wieso krieg ich meinen Napf nicht? Was muss ich tun?* Schnell geben wir ihr Frühstück, damit alles wieder in normalen Bahnen läuft, danach rollt sie sich zu einem Verdauungsschläfchen ein. Auch die Mails, die sie bekommt, interessieren sie nicht. Ja, es gibt Menschen, die ihr gratulieren, manche vielleicht auch, um ihre Verbundenheit mit mir zu bekunden. Für einige Freunde symbolisiert Luna eine heile Welt, in der man kontemplativ Gassi geht durch eine intakte Natur. Bilder, die Sehnsüchte wecken: Der Mensch und sein Hund durch Wälder voller Nebelschwaden, über weite Felder, am Seeufer entlang, in einem Farbenspektakel bricht die Sonne durch die Wolkendecke. An Sauwetter denkt da keiner, und wenn, ist es mystisch. Der Verbindung zwischen Mensch und Tier scheint ein Geheimnis innezuwohnen. Mein Freund

Peter erzählte mir einmal von einem Mann mit einem alten Boxer, der ihn sehr beeindruckte: Jeden Abend sah er die beiden auf dem Grünstreifen entlanglaufen. Der Mann hatte die Hände auf dem Rücken, der Boxer lief fünf, zehn Meter hinter ihm, er drehte sich nie nach ihm um. Es war, als wären die beiden ein Körper, und um sie herum rauschte der Verkehr. Obwohl der Mann scheinbar nicht auf den Hund achtete, erweckten sie den Eindruck, konzentriert aufeinander bezogen zu sein.

Wenn man mit einem Hund lebt, ist er immer da, sogar, wenn er nicht da ist. Vor einigen Jahren, als ich ohne Luna in einem Restaurant verabredet war, forderte ich beim Gehen einen auf dem Boden liegenden schwarzen Schirm auf: »Komm!« Und zuweilen habe ich ihre Pfoten hinter mir tapsen hören, obwohl ich allein unterwegs war. Luna gehört zu mir wie ein outgesourctes Körperteil. Und außerdem ist mein Hund gewissermaßen ein Zeitzeuge. Mit ihr habe ich so viel erlebt, nicht nur auf unseren Streifzügen durch das Fünfseenland. Wir haben unzählige Begegnungen mit Menschen gehabt, waren bei Meetings in Verlagen, sind Hunderttausende von Kilometern Auto gefahren, waren im Urlaub, haben uns in die Lebensgeschichten meiner Ghostwriting-Schützlinge vertieft, und wie oft hat sie mir eines ihrer Schlappohren geliehen, wenn ich eine Zuhörerin brauchte. Manchmal nur, um den Tag zu planen: Heute, Luna, machen wir Folgendes … Manchmal, um ein Problem zu erörtern: Was meinst du, wäre am besten …? Hin und wieder, um mich aufzumuntern: Gell, das schaffen wir! Oder einfach, um sich meine Liebe anzuhören mit den gereimten Wortketten voller Peinlichkeiten.

Eine der beeindruckendsten Begegnungen in meinem Leben ist die mit dem Fotomodell im Rollstuhl, Ines Kiefer. Das erste Mal fuhr ich allein zu ihr, mit dem Zug. Später, beim Schreiben – das Buch erhielt den passenden Titel *Das Glück geht nicht zu Fuß* –, begleitete mich Luna, die sich schnell mit Ines' Hündin Sita anfreundete. Bevor ich Ines traf, war ich überzeugt: Wenn ich auf einen Rollstuhl angewiesen wäre, würde ich nicht mehr leben wollen. Dann lieber gleich tot. Vier Stunden später bei der Rückfahrt hatte sich meine Meinung geändert. Ich wusste nun, dass im Rollstuhl sitzen nichts über die Lebenszufriedenheit, ja die Glücksfähigkeit eines Menschen aussagt. Und dass ich mit gelähmten Beinen dieselbe Person bliebe, wenn auch unter erschwerten Bedingungen, da die Bewältigung des Alltages aufwändig und manchmal schwierig ist, alles viel länger dauert und oftmals langer Planung bedarf. Bis zu ihrem neunzehnten Lebensjahr war Ines Kiefer eine »normale«, wenn auch herausragend fröhliche junge Frau, das ist sie heute noch, und ihrem Charme kann sich kaum jemand entziehen. Sie liebte das Tanzen und war neugierig und offen, engagiert in ihrer Lehre im Hotelfach und zum ersten Mal so richtig verliebt. Bei einer Routineuntersuchung wurde ein undefinierbares Ding in ihrem Brustkorb nah der Wirbelsäule festgestellt, und man riet ihr, es entfernen zu lassen, obwohl es ihr keine Probleme bereitete. Womöglich hätte es nie Probleme gemacht oder erst jenseits der vierzig, wenn überhaupt. Ines holte keine zweite Meinung ein, warum auch, es war doch nur ein kleiner Eingriff? Sie ging frohgemut in die Klinik, half den alten Damen in ihrem Zimmer, rannte hin und her, brachte Tee und Zeitungen vom Kiosk, wurde operiert, wachte auf und … spürte ihre Beine nicht mehr. Spürte auch ihren Bauch nicht mehr, nur einen seltsamen Ring wie ein zu stramm gezogener Gürtel um den Brustkorb. Das war die Stelle, wo die Lähmung begann.

Ines verlor alles. Ihre Lehrstelle, den Freund, die Wohnung, ihre Träume, Wünsche, Perspektiven; ihr ganzes vorheriges Leben. Mit ihrem Hund Marcky, den sie kurz vor der Operation aus dem Tierheim geholt hatte, zog sie in eine Parterrewohnung und begann schließlich eine Bürotätigkeit. Sie verliebte sich in einen »Gehenden«, hätte ich früher geschrieben, doch nun lernte ich, dass es Fußgänger hieß. Sie heiratete, bekam ein Kind, was sehr mutig war, denn es gibt wenige Frauen, die sich das trauen. Die meisten Mütter im Rollstuhl bekamen ihre Kinder als Fußgänger. Ines plante lang und gründlich, wie sie dieses Kind versorgen könnte. Noch mutiger geworden, ließ sie sich scheiden, als die Beziehung nicht mehr funktionierte, begann ein Studium und war nun alleinerziehende Mutter, Studentin und zweifache Hundebesitzerin, denn ihr Exmann hatte seinen zweiten Hund auch noch bei ihr abgestellt. Sie verliebte sich erneut in einen Fußgänger, heiratete ihn und bekam einen zweiten Sohn. Zwischendurch schloss sie ihr Studium ab und bewarb sich einfach mal so zum Spaß bei einem Fotomodell-Wettbewerb für Rollstuhlfahrerinnen. Sie gewann und startete eine kleine Karriere als Fotomodell.

Ich habe selten einen solch lebensbejahenden Menschen wie Ines kennengelernt. Ihre Persönlichkeit passt zu einer Untersuchung, die besagt, dass die Lebenszufriedenheit eines Menschen durch eine schwere Krankheit nicht dauerhaft getrübt werden kann. Wenn der Schicksalsschlag verdaut ist, haben die Menschen danach die gleiche Lebenszufriedenheit, die sie zuvor hatten. Ines hat kein einziges Buch über die Kunst, glücklich zu leben, gelesen. Aus eigener Kraft hat sie ihr Leben ins Rollen gebracht.

Als ihr erster Hund Marcky im Alter von sechzehn Jahren eingeschläfert werden musste, war das ein schrecklicher Schmerz für sie, der über den Abschied von einem geliebten Haustier weit hinausreichte. Marcky war der letzte verbliebene Zeitzeuge in ihrem Leben. Ihn hatte sie auf ihren eigenen Beinen aus dem Tierheim geholt. Seine Leine hatte sich um ihre Knie gewickelt, auf ihren eigenen kräftigen Tänzerinnenbeinen stand sie vor ihm, und er sprang an ihr hoch, sodass sie ein paar Schritte zurückwich. Von oben bückte sie sich zu ihm herab und streichelte ihn. Und dann liefen sie einfach los, setzte sie einen Fuß vor den anderen, Marcky neben ihr, und später, als er sich eingewöhnt hatte, machte sie die Leine los, und sie rannten um die Wette. Immer gewann Ines, weil Marcky zwischendurch buddeln musste.

Ich stelle mir vor, Leander hätte Luna gekannt. Ich glaube, dann hätte er in dem Hund ein bisschen weitergelebt für mich.

An Lunas zwölftem Geburtstag gehen Johannes und ich abends ausnahmsweise eine kleine Runde mit ihr. Lunas Tag ist in dieser Jahreszeit für gewöhnlich am Nachmittag beendet. Nach dem Fressen schläft sie bis auf wenige kurze Aufwachphasen und eine Pinkelpause im Garten bis zum nächsten Morgen durch. Dabei scheint sie manchmal mehr zu erleben, als wenn sie wach ist, wie wir ihren zuckenden Pfoten und

Ohren, ihrem japsenden Bellen und Wedeln zu entnehmen glauben. Wie gerne würde ich Mäuschen spielen in ihren Träumen und mich dafür sogar fressen lassen.

Wir schauen ihr beim Schnuppern unter einer Laterne zu und rufen sie schließlich. Sie reagiert nicht. Das passiert jetzt öfter. Wenn sie sich aufs Schnuppern konzentriert, sind die Ohren zu. Oder weiß sie, dass ich einen Artikel gelesen habe, in dem erklärt wurde, warum der ältere Hund nicht mehr multitaskingfähig sei? Er könnte entweder schnuppern oder hören. Luna sieht und hört noch gut, das testen wir regelmäßig, aber sie ist langsamer geworden. Sie schnuppert viel mehr als früher, es könnte natürlich sein, dass sie tiefer einsteigt in die Materie, Geschmacksnuancen wahrnimmt, die ihr früher entgangen wären. Auch ein Sommelier reift mit der Zeit. Im Alter urteilt man hoffentlich nicht mehr so schnell wie in der Jugend, wo man mit Vorurteilen rasch zur Hand ist und andere geschwind in Schubladen steckt.

Wenn sie müde ist, sieht Luna richtig alt aus. Doch kaum nimmt man einen Ball, einen Stock, die Frisbee in die Hand, strafft sie sich und verjüngt sich um ein ganzes Jahrzehnt. Frau Hölzel hat es ja verboten, aber Luna braucht das Spielen als Lebenselixier. Wir bringen es nicht übers Herz, es ganz einzustellen, wo wir doch schon fast nicht mehr werfen im Gegensatz zu früher, als wir erst an der natürlichen Grenze der Schleimbeutelentzündung stoppten.

»Wir müssen gut auf sie aufpassen«, sage ich zu Johannes. »Wir müssen herausfinden, was wir ihr zumuten können. Luna zeigt uns das nicht. Die rennt, bis sie umfällt.«

»Vielleicht zeigt sie es uns doch«, meint er. »Wir müssen ihre Zeichen nur besser lesen.«

»Vielleicht muss ich selbst ihr andere Zeichen senden, damit sie ein anderes Echo schickt«, denke ich laut.

Ausnahmsweise versteht Johannes mich nicht. Ich erkläre es ihm. »Ich habe bestimmte Erwartungen an Luna. Wenn sie sich benimmt wie ein junger, gesunder Hund, dann freue ich mich. Ich freue mich, wenn sie aktiv und fit ist. Das merkt sie. Also wird sie mir das zeigen, auch wenn sie es nicht ist, weil sie immer versucht, meine Erwartungen zu erfüllen.«

»Aber ist das im Tierreich nicht normal?«, fragt Johannes. »Dass Tiere so lange wie möglich vorgeben, gesund zu sein, damit die Artgenossen sie nicht fressen oder ausstoßen?«

Betroffen gestehe ich mir ein, dass ich einen unkomplizierten Hund bevorzuge. Ich will einen, mit dem ich morgens joggen kann, der sich mühelos in meinen Tagesablauf einfügt. Er soll fit sein und ... funktionieren. Bedrückt denke ich an die Nachbarin in meinem ehemaligen Dorf, die ihren todkranken Spitz monatelang täglich dreimal in den Garten trug, damit er sein Geschäft verrichtete. Der Hund konnte kaum stehen, kippte immer wieder um. Die Frau konnte sich nicht von ihm trennen, und er hielt durch, mehr tot als lebendig, treu noch als halber Leichnam.

Johannes zieht mich an sich. »Wir nehmen sehr wohl Rücksicht auf Luna«, sagt er zu mir, als hätte er meine Gedanken gelesen. »Denk mal an die Radtouren.«

»Ja, du nimmst Rücksicht«, schränke ich ein. Johannes fährt die Sänfte, einen Kinderfahrradanhänger, in dem Luna seit vier Jahren durch die Gegend kutschiert wird. Als wir in unser Haus umzogen, war uns klar, dass wir mehr von der neuen Gegend erkunden wollten als nur den Zehn-Kilometer-Umkreis, was zwanzig Kilometer zu laufen für Luna bedeutet hätte. Nun machen wir zwanzig, dreißig Kilometer lange Radtouren, und Luna kann sich immer wieder ausruhen in ihrer Sänfte. Ich radle hinter Johannes, um Luna im Blick zu haben. Die hält ihre Nase in den Wind und genießt die Ausflüge. Nichts bringt sie aus der Ruhe, keine Harley-Davidson Traube, kein Traktor, egal, wie dicht sie an uns vorbeifahren. Die Menschen, die uns von Weitem registrieren, vermuten ein Kind im Schlepptau, dann erkennen sie den Hund im Anhänger und reagieren überrascht. Viele reißen die Augen auf. Die meisten lachen. »Schau mal!«, machen sie andere auf Luna in ihrer Sänfte aufmerksam. Und natürlich gibt es welche, die glauben, Johannes und ich seien komplett bescheuert. Einen Hund durch die Gegend kutschieren. Wo gibt es denn so was! Hin und wieder hat uns jemand einen Vogel gezeigt. Da habe ich dann schon mal gerufen: »Der Hund ist alt!« Aber meistens sind die Leute gutmütig. Und manche meinen: »Ach, mit dem würd ich gerne tauschen.«

Johannes muss sehr schwer treten, bergauf lässt er Luna meistens aussteigen, aber manchmal absolviert er ein Extratraining und lässt sie sogar bei dem steilen Berg vor unserem Dorf im Anhänger sitzen. Den rast er auch mit knapp sechzig Stundenkilometern hinab. Lunas Ohren stehen waagerecht in der Luft. Der Wagen wackelt. Ich kann nicht hinschauen. Es ist Wahnsinn. Aber ich will nicht denken, was passieren könnte. Ich will mich freuen, dass es ihm Spaß macht. Und Luna wird es wohl auch Spaß machen, sonst hätte sie bestimmt mal gejammert. Immer müssen die beiden auf mich warten. Ich bremse im Gefälle. Wenn ich die zwei dann einhole, lehnt Johannes an einem Baum, Luna schaut fragend nach hinten, wo ich denn bleibe. Mir geht das Herz auf. Das ist mein Rudel.

»Drei Monate ist der Schlangenbiss nun her«, sinniert Johannes.

»Es kommt mir vor wie gestern«, erwidere ich.

Johannes nickt. Schon oft haben wir festgestellt, dass die Zeit immer schneller zu verstreichen scheint, je älter wir werden.

»Das, was jetzt ist«, sagt Johannes, »ist quasi der Bonustrack.«

Der Ausdruck gefällt mir. Ich stimme zu und ergänze im Stillen, was für mich alles zu diesem Bonustrack dazugehört. Ich nehme Luna wieder bewusster wahr, ich habe mich wieder einmal gefragt, was wirklich wichtig ist im Leben. Ich habe noch einmal erfahren, wie kostbar jeder Augenblick ist, so kostbar, dass es sich lohnt, immer wieder aufs Neue zu versuchen, wenigstens hin und wieder im Jetzt zu sein. Und ich schreibe dieses Buch, das ich ohne den Schlangenbiss kaum begonnen hätte.

Am Tag nach Lunas Geburtstag gehe ich bei meinem alten Wohnort Gassi. Schon lange sehne ich mich nicht mehr hierher zurück, doch es ist schön, die Erinnerungen auferstehen zu lassen, die ich mit diesem Ort verbinde. Und die Menschen, mit denen ich hier spazieren ging, sowie ihre Hunde. Oskar, Claudias Hund, ist vor zwei Jahren gestorben. Sie möchte keinen Hund mehr: »Je älter man wird, desto schlimmer werden die Abschiede. Als junger Mensch konnte ich den Tod eines Tieres besser verkraften. Jetzt reißt er eine solche Lücke, nein, es ist ein Loch, und es heilt nicht mehr.«

Ob das Herrchen von Merlin einen neuen Hund hat, frage ich mich, als wir am Grab des Hundes an der Pferdekoppel vorbeilaufen. Wenn ich morgens joggte, war das Merlin-Herrchen von der Frühschicht nach Hause gekommen, lief noch eine Runde mit dem Hund und legte sich dann schlafen. »Einen schönen Tag«, wünschte er mir und ich ihm »einen erholsamen Schlaf«. Dann sah ich die beiden plötzlich nicht mehr. Ich erkundigte mich und erfuhr, dass es ganz schnell gegangen war. Innerhalb von drei Tagen: Diagnose Krebs. Man hatte Merlin nichts angemerkt, bis er zusammengebrochen war. Im November wurde er beerdigt auf der Pferdekoppel, der Bruder seines Herrchens spielte Trompete, lang und klagend stachen die Töne durch den Nebel, und wenn ich an den folgenden Tagen an der Koppel vorbeiging, hörte ich sie noch immer. Das Herrchen von Merlin verpasste ich, doch ich wusste, dass er das Grab besucht hatte, denn es brannte immer eine Kerze.

Im Dorf machte man sich über ihn lustig. Früher hätte ich mitgemacht. Heute schäme ich mich für meine Hartherzigkeit. Wäre es nicht vielmehr ein Grund, sich über einen wie das Herrchen von Merlin zu wundern, wenn er nicht trauerte? Er hatte vielleicht seinen besten Freund verloren.

»Dass mir mein Hund das Liebste sei,
sagst du, oh Mensch, sei Sünde,
mein Hund ist mir im Sturme treu,
der Mensch nicht mal im Winde.«

Franz von Assisi

Lebensabend

Ich maile der Tierärztin, dass Luna die maximale Haltbarkeit laut ihrer Diagnose überschritten hat. Die Tierärztin bleibt eine gute und schreibt zurück, dass sie sich freut. Nun könne Luna einen schönen Lebensabend genießen.

Lebensabend. Das Wort in seiner beschaulichen Hülle gefällt mir nicht. Nach dem Abend kommt die Nacht. Niemand weiß, ob am nächsten Tag die Sonne aufgeht. Ich sollte den Tatsachen ins Auge sehen und mich in keiner falschen Sicherheit wiegen. Luna hat einen Schlangenbiss überstanden, sie ist in keinen Jungbrunnen gefallen. Es mag Gifte geben, die kurzfristig verjüngend wirken wie Botox. Luna ist zwölf Jahre alt. Sie soll alt werden dürfen. Wir alle sollen alt werden dürfen. Und vor allem soll sich niemand schämen müssen, wenn ihm das ärgerliche Missgeschick Alter passiert.

An Energie hat es mir nie gemangelt. Zappelphilipp nannte man mich als Kind, bei mir musste sich immer was rühren, ich konnte nie genug bekommen vom Rennen und Toben, Stillsitzen war eine Qual. Allein beim Schreiben klappte das gut, da rannte ich in meiner Fantasie. Mit zwölf Jahren begann ich meinen ersten »Roman«, die Geschichte von einem

Mädchen, das sich in der Puszta einen schwarzen Leithengst vertraut macht. Stundenlang saß ich an meinem weiß-roten Schleiflackschreibtisch und galoppierte durch die ungarische Ebene dem schönsten aller Hengste hinterher, der Donner hieß nach seinem Vorbild Blitz.

Menschen, die es gerne gemütlich und bequem haben, fühlen sich selten wohl mit mir. Menschen, für die das Sofa der schönste Platz der Welt ist, die stundenlang essen und das Nichtstun genießen, machen mich nervös. Ich will mich bewegen, und das täglich, wenn möglich, beim Sport. Je mehr ich schreibe – einmal waren es sieben Bücher in einem Jahr –, desto mehr Bewegung brauche ich, so als müsste ich all die Buchstaben aus meinem Körper turnen, um Platz für neue zu schaffen. Beim Sport erhole ich mich, und entspannt in der Sauna habe ich fast so gute Ideen wie beim Gassi mit Luna. Doch seit einiger Zeit hat mein Sofa zu sprechen begonnen. Es flüstert: *Bleib bei mir.*

Spinnst du!

Ich bin so weich und kuschelig!

Na und!

Schau doch mal aus dem Fenster, das ist doch kein Wetter, um Sport zu treiben. Morgen ist auch noch ein Tag, säuselt mein Sofa, und ich nehme nicht ohne Sorge zur Kenntnis, dass es zuweilen geradezu verführerisch lockt: Du warst heute doch schon joggen und zweieinhalb Stunden mit Luna unterwegs. Findest du nicht, das genügt … in deinem Alter?

Wenn das so weitergeht, ende ich irgendwann bei einem der Lieblingssprüche meines Opas: Wer rastet, der rostet.

»Man merkt deiner Luna an, dass sie ein aktives Leben führt«, sagt die Hundepsychologin Stephanie Lang von Langen zu mir, mit der ich mich wegen einer Buchidee treffe. »Sie ist noch so fit, weil sie immer gefordert wurde.«

Das ist die richtige Antwort für mein Sofa. Ich merke sie mir gleich zweisprachig: Use it or loose it.

Als Luna zu uns kam, war sie ein Welpe. Irgendwann einmal waren wir gleich alt, obwohl ein Menschenjahr bei einem Hund ihrer Größe keinen sieben Hundejahren entspricht. Als mittelgroßer Hund hat sie mich mittlerweile überholt. Luna durchläuft ein Leben im Zeitraffer. Sie schläft länger als früher. Sie ist ruhiger. Sie läuft langsamer. Wenn sie auf meinen Pfiff zu mir kommt, ist der Blitz nicht mehr geölt, manchmal ist es nicht mal mehr ein Blitz. Luna ist ein altes Mädchen.

Darf sie das sein? Oder muss sie sich mir zuliebe in Miniröcke und Stöckelschuhe zwängen?

Ich schaue meiner Gefährtin beim Schlafen zu, und da spüre ich mit einer tiefen Gewissheit: Sie darf alt sein, älter werden. Es ist ganz einfach. Wenn die Liebe groß ist, wächst auch die Geduld. Bis jetzt leidet sie an keinen für mich unangenehmen Alterserscheinungen. Sie ist nicht undicht, ganz im Gegenteil, erstaunt uns oft mit ihrer Sechzehn-Stunden-Blase, sie macht keine Umstände, sie ist … ganz die Alte, aber eben älter. An ihr werde ich Mitgefühl lernen und wie ich ihr helfen kann … vielleicht. Wenn nicht eines Nachts im Schlaf ihr Herz stehenbleibt. Es gibt Todesarten jenseits eines Milztumors.

Auch Lunas Freundinnen sind alt geworden, und vielen sieht man das an. Sogar im Wesen verändern sie sich. Socke kann jetzt nicht mehr allein sein.

»A oida Hund«, sagt ihre Chefin Sybille, die mit Hunden groß wurde, »der klebt dir an die Fersen. Der weicht dir ned von da Seitn.«

Luna ist noch nie an mir geklebt. Luna schmust auch nicht besonders gern.

»Oiso, wenn der Hund an dir dro hängt wia a Klettn, nachad lebt a nimma lang«, erfahre ich von Sybille. »Weil er Angst hod.«

»Wovor?«

»Dass' aus is, dass a hoid hi is.«

»Du glaubst oiso, a Hund hat Angst vorm Sterm?«

»Du vielleicht ned?«, fragt sie mich.

Ob Luna merkt, dass Socke alt geworden ist? Ist Luna traurig, dass sie mit Socke nicht mehr toben kann? Erinnert sie sich an ihre vormaligen Leistungen? Früher ließ ich sie zwei Kilometer vor dem Bauernhof, wo Socke lebt, aussteigen, sie galoppierte vor dem Auto her. Heute lasse ich sie lediglich die Hälfte laufen, manchmal nur die letzten fünfhundert Meter. Schließlich gehen wir dann noch eine Stunde Gassi. Erleichtert sie das oder enttäuscht es sie? Wahrscheinlich macht sie sich keine Gedanken. Fürs Gedankenmachen bin ich in unserem Team zuständig, und deshalb muss ich so viel Sport treiben, um einen freien Kopf herbeizumeditieren.

»Einen Marathon würde ich nicht mehr schaffen«, gestehe ich Johannes.

»Doch«, meint er, der seinen ersten als Dreißigjähriger ohne Vorbereitung absolviert hat. »Du müsstest halt trainieren.«

Im Hintergrund stöhnt das Sofa entsetzt auf.

Johannes lacht: »Und ich müsste es auch.«

Einmal ist er einen Halbmarathon mit Luna gelaufen, vom Veranstalter bekam sie eine Sondermedaille. Es war nicht geplant, aber sie wollte unbedingt mit. Eigentlich sollte jemand mit ihr umkehren, doch dann lief sie bis zum Ziel an seiner Seite, da war sie zwei oder drei Jahre alt, und wir verschwendeten keinen Gedanken daran, wie das ist, wenn ein Hund älter wird. Luna doch nicht! Wir kamen auch nicht auf die Idee, dass der Hund als Rudeltier auf *Dabeisein ist alles* programmiert ist.

An Luna kann ich lernen, mit dem Alter umzugehen. Indem ich Rücksicht auf sie nehme, werde ich eines Tages, wenn Zipperlein sich zu Zippern auswachsen, auch auf mein Sofa hören oder eben gerade nicht.

Mit zunehmendem Alter rückt der Krieg der Körper näher. Zuerst ist Gesundheit so normal wie das Grün des Grases. Und natürlich ist man unsterblich. Das gehört sich so. Sehr selten gibt es in der Jugend Probleme. Doch dann hört man von Unruhen, sie rücken näher, in der Ferne schlagen die ersten Granaten ein. Um die vierzig plötzlich ein Krebs im Freundeskreis, eine Knieoperation, eine künstliche Herzklappe, Asthma, Diäten. Die Einschläge rücken noch näher. Und dann trifft es einen selbst womöglich. Der Magen, die Bandscheiben, Bluthochdruck. Auf einmal ist das Gras nicht naturgegeben grün. Man muss es gießen. Und es braucht Sonne. Die ist nicht immer da, dafür muss man was tun. Den Teller schön leer essen, und es sollte das Richtige drauf sein. Normal und gesund wird zur Aufgabe, Genuss an die Wörter in Maßen gefesselt, aber es gibt keine Garantie, dass das vor Krankheiten schützt. Und auf einmal erwischt es jemanden in der Nähe. Einen Bekannten, guten Freund, vielleicht sogar endgültig, obwohl der doch immer so positiv gedacht hat und Yoga und Meditation gemacht hat. Jetzt ist man mittendrin im Kriegsgebiet. Und begreift, dass man sterblich ist. Da hatte ich doch tatsächlich all die Jahre geglaubt, mir würde das nicht passieren – und auf einmal musste ich den Fahrplan weiter weghalten, um ihn besser lesen zu können. Aber ich habe als Kind auch geglaubt, meine Oma sei als Rentnerin zur Welt gekommen.

»Luna, wie lang Gassi ist genug für dich?«, frage ich sie und bekomme natürlich keine Antwort. Ich muss die Antwort finden, wie es auch viele Gesellschaften von ihren Mitgliedern erwarten. Versetze dich in dein Gegenüber hinein und tue, was ihm guttut. Nicht jeder trägt seine Gebrauchsanweisung auf der Zunge. Wie viel ist gut für Luna? Wie viel ist gut für mich? Sie war fünf Jahre alt, als ich sie einmal rücksichtslos überforderte. Am Wochenende hatten wir zwei Fahrradtouren gemacht, damals noch ohne die Sänfte. Montagnachmittag hatte ich einen Verlagstermin. Ich wollte Luna vorher auspowern, damit sie die Besprechung verschlief, im Auto konnte ich sie nicht warten lassen, es war Sommer. Ich verabredete mich vor der Besprechung mit Dagmar, damit Luna einen Anreiz zum Spielen hatte. Doch so wild Blacky sie auch aufforderte, Luna hatte keine Lust. Da mischte ich mich ein und motivierte sie, bis sie mit Blacky fangen spielte. Auf einmal jaulte sie laut auf und kam dann auf drei Beinen zu mir gehumpelt.

»Kreuzband«, meinte der Tierarzt, den ich am nächsten Tag aufsuchte. Die Rekonvaleszenz dauerte drei Wochen, ich musste ihr täglich eine Spritze geben und sie quälend schonen, denn Luna wollte rennen, durfte aber nicht. Dieser Vorfall war mir eine Lehre. Es war mir nicht um den Hund gegangen, sondern darum, dass ich ein gutes Gewissen haben wollte. Doch Luna fühlte sich an diesem Tag nicht wohl und hätte das Gassi vielleicht sogar lieber ausfallen lassen.

»Wenn wir immer so viel mit ihr laufen, ist sie das auch gewöhnt«, meint Johannes.

»Ja, sie ist wahnsinnig fit«, sage ich und merke, dass ich mich schon wieder auf etwas wie Jugend beziehe. Gut ist immer fit und jung, beim Menschen und beim Tier. Das gefällt mir nicht. Ich will mich nicht gegen den Lauf des Lebens stemmen. Ein Siebzigjähriger muss nicht mehr fit sein. Die Bekanntschaftsanzeige des jung gebliebenen Endsiebzigers finde ich affig und die mädchenhafte Sechzigjährige geradezu peinlich. Aber vielleicht muss ich auch einmal beteuern, wie fit ich bin und dass ich doch noch gar nicht alt bin, was ja nichts anderes heißen soll als noch weit entfernt vom Tod? Wenn nun aber der Tod die Pforte zum Paradies wäre, dann wäre fit gar nicht mehr erstrebenswert, sondern ein Manko. Das hat mich im Religionsunterricht schon gestört, dass, wer an Gott glaubt, sich doch eigentlich nicht ans Leben auf Erden klammern dürfte. Was Religionen betrifft, gibt es einige offene Fragen bei mir. Dazu gehört die Geschichte mit der Rippe.

Bis zu meinem zweiundzwanzigsten Lebensjahr war ich davon überzeugt, Männer hätten eine Rippe weniger als Frauen. Auf solides Erzählhandwerk achtend, konnte ich mir eine solche dramaturgische Dreistigkeit, die Entstehung von Adam und Eva zu verbreiten, ohne Beweise vorzuweisen, nicht vorstellen. Für mich war klar gewesen, dass die anatomische Tatsache einer fehlenden Rippe beim Mann kirchlicherseits geschickt zu der Entstehung von Adam und Eva ausgebeutet worden war. So logisch war mir das erschienen, dass ich niemanden danach gefragt hatte. Eines Tages, der Unterschied zwischen Mann und Frau war zu jener Zeit ein beliebtes Gesprächsthema, führte ich die Rippe an. Meine Freundin Eva, die Ärztin ist, behauptet heute noch, an ihrem darauf folgenden Lachkrampf beinahe erstickt zu sein. In jüngster Zeit tauchte bei mir eine neue Frage auf: Werden auch weibliche Selbstmordattentäter von zweiundsiebzig Jungfrauen in Empfang genommen? Bedeutet dies einen diskriminierenden Vorteil in der Bewerbung lesbischer Selbstmordattentäterinnen oder ist die Jungfernschaft unter Frauen nicht so wichtig? Was sagt die Gleichstellungsbeauftragte dazu? Oder sollte gerade die Schriftstellerin nicht alles wörtlich nehmen? Man übersetzt »It's raining cats and dogs« ja auch nicht mit: Es regnet Katzen und Hunde. Sondern Schweine.

Sauwetter

Es regnet und regnet und hört nicht mehr auf zu regnen, auf den Wegen steht der Matsch knöcheltief, nein, da will ich nicht raus. Und muss. In den fast zwölf Jahren, die Luna nun bei mir ist, fiel das Gassi abgesehen von der Zeit des Schlangenbisses, als sie zu schwach war, nie aus, ungefähr fünfmal war es stark verkürzt. Gut für mein Gewissen! Luna und ich, bei Wind und Wetter. Es ist immer dasselbe: Kaum habe ich mich überwunden, kaum bin ich draußen, ist es gar nicht mehr so schlimm. Doch ich laufe nicht stur eine unserer bekannten Strecken. Seit dem Schlangenbiss mache ich immer was draus. Wir spielen fangen, ich werfe einen Stock, Lunas Rute schwillt an, ich schau ihr zu und freu mich einfach an ihrem Dasein. Dem schwarzen glänzenden Fell und den Muskelpaketen, die sich darunter abzeichnen, dem federnden Gang, ihren Blicken: Bist du da? Ja, Luna, ich bin bei dir.

Allein würde ich heute nie, nie, nie rausgehen. Gut, dass ich muss beziehungsweise es mir einbilde. Womöglich folgt Luna mir nur, damit ich kein schlechtes Gewissen haben muss. Hunde können auch mal auf ein Gassi verzichten, sind Meister der Anpassung. Ich bin es nicht.

Beim Heimkommen rubble ich Luna kräftig trocken und einigermaßen sauber, das mag sie. Zwischen ihren Ballen haben sich Dreckklumpen gesammelt, die kriege ich nicht alle raus. Wenn sie abfallen in der nächsten Stunde, werde ich die Böden in Küche und Flur wischen. Luna lässt mich nicht aus den Augen. Wir waren draußen, jetzt muss bald der Napf kommen.

»Nein, ich vergess dich nicht«, versichere ich ihr.

Wie immer bleibt sie skeptisch vor ihrem Korb in Startposition liegen. Erst nach dem Napf wird sie sich zurückziehen für ein längeres Schläfchen. Es wäre bequem, sie bereits jetzt zu füttern. Hunde können einen anbrüllen, ohne einen Ton von sich zu geben. Luna beherrscht die Kunst, brav in ihrem Korb zu liegen und dabei einen Lärm zu machen, dass man sich kaum unterhalten kann: HUNGER!

Angeblich ist ja alles, was die Hundehalterin in den Hund hineindenkt, was sie glaubt, dass in ihm vorgeht, Interpretation. In Wirklichkeit ist der Hund eine einzige Projektionsfläche. Die Hundehalterin glaubt, der Hund, der mit hängenden Ohren vor ihr steht, hat ein schlechtes Gewissen, weil er den Hausschuh zerbissen hat. In Wirklichkeit reagiert der Hund auf sie. Sie hat den Hausschuh gesehen, und irgendetwas in ihrem Verhalten hat sich verändert. Das erkennt der Hund, der auch dazu in der Lage ist, Hautkrebs zu erschnüffeln oder die Anfälle von Epileptikern vorherzu»sagen«. Unter dem Radar der Hunde können wir nicht durchfliegen. Wir können sie allerdings missverstehen.

Im Radio hörte ich einmal ein Interview mit einer Sozialarbeiterin, die in einer Begegnungsstätte für Muslime arbeitete. Am schwierigsten sei es für sie gewesen, die Mentalität ihrer

Klientel zu begreifen, erzählte sie. Zu Beginn ihrer Tätigkeit habe sie die Menschen direkt angesprochen. »Wie kann ich Ihnen helfen?« Viele seien daraufhin wortlos gegangen. Es dauerte Wochen, bis jemand der Sozialarbeiterin erklärte, dass man mit ihr nicht über Sorgen und Nöte sprechen würde, solange man nicht wisse, wer sie sei: Wir kennen dich doch gar nicht. Wir wissen nicht, ob du verheiratet bist, Kinder hast, wer deine Eltern sind und wie es ihnen geht. Woher also sollten wir das Vertrauen aufbringen, dir zu erzählen, wie es uns geht, was uns bewegt, was uns bedrückt? Die Sozialarbeiterin veränderte ihr Verhalten. Trank mit Frauen, die deutliche Spuren einer Misshandlung im Gesicht trugen, in aller Ruhe Tee, plauderte über ihre Kinder, fragte nicht, bohrte nicht, verabschiedete sich freundlich nach diesem scheinbar unverbindlichen Besuch, der ein zukünftiges vertrauliches Gespräch vorbereitete.

Ich setze Kaffee auf. Luna hat kurz geschlafen und will jetzt noch mal raus. Ich lasse sie in den Garten, zu spät fällt mir ein, dass sie dann wieder schmutzig wird, egal, ich wollte ja ohnehin putzen.

Fünf Minuten später steht sie vor der Terrasse und möchte wieder rein. Zehn Minuten später will sie wieder raus. Oder doch nicht? Sie nervt mich. Ich merke, dass ich angespannt bin, und das geht nicht von Luna aus, ihr Verhalten ist eine Reaktion. Bis siebzehn Uhr muss ich einen Klappentextvorschlag für meinen Kriminalroman *Verbiss* an den Verlag mailen, das Buch ist schon seit einigen Wochen fertig. Ein Klappentext benötigt zwar nur wenige Zeilen, aber da muss jedes Wort sitzen. Luna weiß das, beziehungsweise sie reagiert darauf, dass ich angespannt bin, solange ich das nicht geschafft habe. Also sollte ich jetzt als Erstes den Text schreiben. Alles ganz einfach. Luna ist meine Zeitmanagerin. Sie lässt es nicht zu, dass ich aus der Balance gerate, prophylaktisch quengelt sie. Natürlich könnte ich sie anbrüllen. Natürlich kann man einem Kind eine Ohrfeige geben. Weil es einen bis aufs Blut reizt. Kinder können das, Hunde auch. Aber sie sind meistens schneller zu beruhigen.

»Jetzt ist Schluss!«

Luna verzieht sich in ihren Korb, leckt sich über die Schnauze, rollt sich ein.

Jetzt tut sie mir leid. Sie hat doch gar nichts Verbotenes gemacht. Ich war zu harsch. Nach so vielen Jahren passiert mir das noch immer. Ich wünsche mir, es würde mir gelingen, gleichbleibend freundlich und souverän aufzutreten, wie Luna es von ihrer Chefin erwarten kann, die eben leider keine Führungsqualitäten an den Tag gelegt hat. Anstatt sie nun in Ruhe zu lassen, Hunde sind ja nicht nachtragend, knie ich mich neben den Korb anstatt in den Klappentext rein. »Hey, Luna! Entschuldigung. Ich hab's gleich, okay?«

Es läuft überraschend gut nach dieser Vorgeschichte. Nach zehn Minuten schon habe ich eine Fassung, mit der ich zufrieden bin. Keine Frage, Luna hat sie mir beim Regengassi zugeflüstert. Sie wedelt. Ich lache. Jetzt sind wir beide wieder gut drauf. Ich fülle den Napf, und dann putze ich nicht nur Küche und Flur, sondern alle Böden für möglichst viel Glückshormonausschüttung bei diesem Sauwetter. Den Hormonen ist es egal, wofür sie belohnen, es geht darum, etwas zu erledigen, das reicht denen schon, um das Füllhorn auszugießen.

Natürlich kommt man mit einem Hund zu nichts. Ich wundere mich oft, wie ich es schaffe, überhaupt so viele Buchstaben zu produzieren. Andererseits geht mit einem Hund alles viel schneller, weil er so eine heitere, kreative Atmosphäre verbreitet. Es flutscht einfach. Und … wir haben ja auch ziemlich tolle Sachen erlebt, die ich Johannes am Abend erzähle: sehr viel geschnuppert und gebuddelt, fast eine Maus erwischt, uns in den letzten Schneefeldern gewälzt und einen Riesenstock zerkaut. Außerdem zehn Seiten am neuen Krimi geschrieben, einen Klappentext verfasst und die Korrekturfahnen meines Buches mit der Feuerwehrfrau Manuela Wedel gelesen, alle Böden geputzt und Kinokarten reserviert.

»Und das bei dem Sauwetter«, staunt Johannes.

»Wo Luna ist, scheint die Sonne«, behaupte ich.

Schussunfest

Auf einmal ist Weihnachten vorbei, und Silvester steht vor der Tür. Wir sind zu Besuch bei Johannes' Bruder in Nürnberg und bummeln am Vormittag durch die Innenstadt. Lang waren wir in keiner Fußgängerzone mehr mit Luna. Sie erweckt noch immer Aufmerksamkeit, aber anders. »Allmächd na, a Medusalem«, sagt jemand zu ihr. Ja, ihre Schnauze ist wirklich recht weiß.

Manche Menschen schauen mich besonders freundlich an, und ich glaube, in ihren Blicken Mitgefühl zu lesen, weil sie sich an die Zeit mit ihrem eigenen alten Hund erinnern, diese ganz besondere Zeit des Glücks, wenn der Sommer sich dem Herbst zuneigt, wenn der Herbst müde wird und in den Winter fällt.

Während Johannes in einem Kaufhaus etwas für seinen Bruder besorgt, sitze ich auf einer Bank und beobachte Menschen und werde beobachtet. Viele Blicke treffen Luna, wandern von ihr zu mir. Luna und ich passen in irgendeine Schublade. Frau mit Hund. Luna merkt, dass es noch eine Weile dauern wird, und legt sich hin. Eine Frau setzt sich neben mich.

»Meine Sissy vermiss ich heut noch«, sagt sie, als wären wir mitten im Gespräch. Mit Hund ist man das irgendwie auch immer.

»Wie alt ist sie denn geworden?«, frage ich, was ich nun oft frage und dann vergleiche.

»Siebzehn.«

So etwas höre ich gerne.

»Und Ihre, wie alt ist die?«

»Zwölf«, sage ich.

»Da haben Sie ja noch viele schöne Jahre vor sich«, sagt die Frau.

»Ja«, nicke ich, und in diesem Moment zweifle ich nicht dran.

Lunas gute Laune bricht jäh ab, als es immer öfter zu knallen beginnt. Je älter sie geworden ist, desto mehr Angst bekam sie vor Schüssen. Als Johannes noch am See wohnte, zog sie bei Böllerschüssen, die eine Regatta ankündigten, den Schwanz ein und wollte nur eins: ins Haus.

Johannes und ich beeilen uns, zum Auto zurückzukehren. Leider knallt es auch in dem eigentlich ruhigen Wohnviertel bei Johannes' Bruder. Luna will das Haus nicht mehr verlassen. Johannes und ich möchten am Abend zu einer Party. Luna sollte bei seinem Bruder und seiner Familie bleiben …, doch wenn sie ihre Geschäfte nicht verrichtet, können wir sie nicht bei der hundeunerfahrenen Familie lassen. Ich habe mich sehr auf die Party gefreut, weil sie bedeutet, dass jetzt wieder alles normal ist. Die Großen gehen manchmal ohne die Kleine aus, das ist so. Silvester ist ein Fest, kein Abschied, an dem man Trübsal bläst, weil es womöglich das letzte Silvester ist, das man miteinander verbringt. Das ist es immer, nicht nur Silvester, in jeder Sekunde.

Luna sträubt sich, das sichere Haus zu verlassen. Schließlich tragen wir sie ins Auto auf der Suche nach einem Ort, an dem es nicht knallt. Wir fahren weit, halten an einem freien Feld, doch auch hier knallt es aus der Ferne. Luna hat das, was wir Verschlusssache nennen. Da geht gar nichts. Dabei müsste sie dringend mal. Mit eingezogenem Schwanz läuft sie neben uns. Nicht mal ein Ball hilft. Aber sie kommt mit. Wie immer tut sie, was wir von ihr wollen, auch wenn es ihr widerstrebt. Endlich pinkelt sie wenigstens. Wir loben sie und fahren zurück. Der Bruder und seine Familie empfangen uns feixend. Sie finden uns wahrscheinlich ein wenig seltsam, aber wir sind herzlich willkommen, was sicher auch an Luna liegt, die hier alle Herzen erobert hat. »Geht nur«, werden wir gedrängt. »Wir schaffen das schon mit Luna.«

Die Musik auf unserer Silvesterparty ist schrecklich. Die Luft ist stickig, es wird viel geraucht, und dauernd werden Knallfrösche gezündet. Johannes und ich wechseln einen Blick. Dann verabschieden wir uns und fahren dorthin, wo es am schönsten ist. Luna merkt erst nach einer Weile, dass wir wieder da sind, womit sie uns die größte Freude macht.

Selig im See

Der Frühling hält Einzug, zwei, drei Tage sitze ich im T-Shirt im Garten, lese Korrektur des Buches, das ich mit dem Verhörexperten Dieter Bindig geschrieben habe. Die Arbeit hat mir viel Spaß gemacht, weil er bei derselben Kriminalpolizei tätig ist wie mein Romankriminaler Felix Tixel. Ich habe es mir nicht nehmen lassen, Felix Tixel in dem Buch auftauchen zu lassen. Ich liebe es, wenn sich die Figuren aus meinen Büchern befreien, den Zaun der Seiten durchbrechen und mal kurz in andere Bücher hineinschlüpfen. Was ist schon wahr, was ist schon erfunden? Alles Ansichtssache.

Luna schnuppert an Schneeglöckchen entlang, immer wieder hebe ich den Blick und schaue ihr zu. Sie ist da. Es wird wärmer. Der Sommer kommt. Noch ein Sommer für Luna und mich. Und vielleicht noch einer und noch einer … und ein Herbst und ein Winter und ein Frühling … Egal, jetzt sind wir draußen, und genauso schaut Glück aus. Doch am vierten Tag bricht der Frühling zusammen wie ein halbseidenes Versprechen, und die Schneeglöckchen verschwinden unter einer bitterkalten weißen Decke. Luna wälzt sich vor Behagen grunzend im Schnee. Frühling, Sommer, Herbst, Winter. Sie nimmt, was da ist, und macht das Beste draus.

Der Tag, an dem wir Luna zu uns holten, bedeutet mir mehr als ihr Geburtstag. Auch er jährt sich nun zum zwölften Mal. Ich fühle noch immer die Wärme des kleinen Hundeleibes auf meinem Schoß, in meine milkafarbene Jacke gehüllt. *Du gehörst jetzt zu mir.* Alles, was ich mir gewünscht hatte vom Leben mit einem Hund, ist wahr geworden. Meine Kindersehnsüchte haben sich erfüllt. Und ohne Frage: Luna ist die bessere Lassie, denn sie ist echt. Ein schönes Leben habe ich ihr versprochen oder doch zumindest, dass ich alles dafür tun würde, damit sie ein schönes Hundeleben bei mir hat. Das habe ich gehalten, so gut ich es eben konnte. Und das ist die Fettschicht für mein Leben ohne Luna in einer nahen oder fernen Zukunft. Ich glaube, dass wir noch viele Wochen und Monate vor uns haben, vielleicht sogar noch ein paar Jahre. In jedem Augenblick davon keimt der Abschied, und ich wünsche mir ein dichtes grünes Feld, durch das der Wind streift, und alle Pflanzen, am liebsten Sonnenblumen, nicken. Es ist gut so, weil es gut so war. Das Jetzt ist eine Perlenkette.

Ich laufe dort entlang, wo ich gegangen bin, bevor ich die Diagnose mit dem Milztumor erhalten habe, an den ich nun nicht mehr glaube. Fehldiagnose nenne ich das Todesurteil. Alles, was seit dem Schlangenbiss geschehen ist, hat sich im Guten aufgelöst. Eigentlich ist es seit der Katastrophe immer besser geworden, weil sie so viel verändert hat. Luna und ich haben unsere Liebesgeschichte neu belebt, würde ich meinen.

Ich bin nur ein einziges Mal seither mit einem Manuskript in der Hand Gassi gegangen, und das war ein Notfall, weil ich die Korrekturen am Telefon durchgeben musste. Sonst war ich bei jedem Gassi nicht nur leiblich, sondern auch seelisch anwesend. Es hat mir gutgetan. Es hat mich lebendiger gemacht.

Nach fast zwölf Jahren ist sie mir noch einmal so neu und kostbar geworden wie ganz am Anfang. Ich war ein wenig schludrig geworden im Umgang mit ihr, hatte sie zu wenig beachtet, fast wie gegeben hingenommen. Aber was ist schon gegeben? Nichts, bis auf den Augenblick.

Abwartend steht Luna am Ufer, dort, wo wir im Sommer immer schwimmen. Aber es ist nicht Sommer. Es ist noch nicht mal richtig Frühling. Schwimmen?, scheint sie mich trotzdem zu fragen. Mit so einem gefetteten Pelzmantel und dichtem Unterfell fragt sich das leicht.

»Wenn du willst«, sage ich. »Aber mir ist es noch zu kalt.«

Sie legt den Kopf schräg.

»Okay, schwimmen«, erlaube ich ihr.

Vor Behagen grunzend, läuft sie ins Wasser. Ihre Rute wird nass, in hohem Bogen spritzt sie einen Wasserkreis. Schaut mich an. Durchdringend. Wedelt auffordernd. Heute ist unser Tag.

Ich überlege kurz. Warum nicht? Wie kalt das Wasser wohl ist? Blöde Frage: saukalt. Acht Grad oder neun? Vielleicht schon zwölf? Oder eher vier, wenn überhaupt? Ich schaue mich um. Niemand da. Ich stelle mir den Weg zum Auto vor. Wenn ich nur kurz eintauche, ein paar Züge schwimme, dann wieder raus, die Klamotten packe und die

Böschung hinaufrenne. Ich könnte mich im Auto in ein Handtuch wickeln, ein frisch gewaschenes liegt sogar auf dem Rücksitz, Heizung an und los, vier Minuten bis nach Hause. Nach der Sauna springe ich auch ins Kältebecken. Ich bin das gewöhnt, ich kann es wagen und werde es wohl überleben.

Luna starrt mich an. Nein, natürlich kann ein Hund keine Gedanken lesen, aber das Gegenteil ist nicht bewiesen.

»Okay«, rufe ich ihr zu.

Das Wedeln wird stärker.

Ich darf jetzt nicht abwägen. Ich muss es tun. Sofort. Ohne zu denken.

Ich reiße mir die Jacke, den Pullover, das T-Shirt, den BH, die Jeans, den Slip, die Socken vom Körper und renne los. Unterwegs vergesse ich zu denken, dass ich verrückt bin. Ich denke nicht mal, dass ich untergehen könnte. Ich denke gar nichts, tauche tief ein und schwimme. Seit' an Seit' mit meiner Seelengefährtin im See.

LESEPROBE

Was dabei herauskommt, wenn Luna als Muse wirkt,
lesen Sie in den Hundekrimis der Autorin.
Nachfolgend eine Leseprobe aus dem ersten Band
um das sechsbeinige Ermittlerduo Franza und Flipper.

»Wer einen Hund hält, muss mit einer Leiche rechnen.«
Davon ist Franza, Fitnesstrainerin und Frauchen beziehungsweise Chefin von Flipper, überzeugt. Flipper ist kein Delfin, kann aber für einen Hund gut schwimmen. Als die beiden einen Toten am Starnberger See finden, beißen sie sich an dem Fall fest. Und ein bisschen auch an Hauptkommissar Felix Tixel.

HEYNE

Die Leiche traf mich nicht unvorbereitet. Ich hatte mit ihr gerechnet. Schon seit Jahren, genauer gesagt seit drei Jahren. Wer einen Hund hält, muss mit einer Leiche rechnen. So steht es häufig in der Zeitung, Stichworte: Hundebesitzer, Wald, Spaziergang, Leichenfund. Ich hätte also eigentlich nicht überrascht sein dürfen. Ich hätte mir mehr Souveränität von mir gewünscht. *Aha, jetzt bin ich also dran*. Ein wenig früh vielleicht; andere Menschen leben jahrzehntelang mit Hunden, bevor sie ihre Leiche finden, bei mir geschieht es eher, dafür geht es in anderen Kapiteln langsamer, zum Beispiel in der Liebe, da bewegt sich gar nichts, aber das ist ein anderes Thema, das ich am liebsten ignoriere. Die Leiche jedenfalls konnte ich nicht übersehen, weil Flipper sie nicht überroch. Flipper drehte völlig durch. So hatte er sich noch nie benommen.

Die Hand ragte aus dem Gestrüpp. Drei Finger. Nein, zweieinhalb. Und Flipper war dabei, eine Gewebeprobe zu entnehmen. So kannte ich ihn nicht. So wild und knurrend, so völlig außer sich, mit gesträubtem Fell und gebleckten Zähnen, die Lefzen zurückgezogen bis zu den Ohren.

»Hierher!«, befahl ich, meine Stimme beschämend dünn. Aus Angst vor Jägern war ich Flippers Bellen panisch entgegengerannt. Er wildert nicht. Ich weiß das – aber wissen es auch die Jäger? Flipper gehorcht aufs Wort. Außer in Liebesangelegenheiten. Doch das hier konnte ja wohl keine Liebe sein, auch wenn die lange Flipperzunge wie zum Abschied über die grüngraue Masse leckte, unter der vielleicht die Trümmer eines Jochbeines knorpelten. Jetzt erst bemerkte ich, dass es hier bestialisch stank. In leeren Augenhöhlen räkelten sich Maden, Maden, Maden. Der Speck war weg.

Flipper saß auffordernd vor mir. Er wartete auf ein Lob. Er hatte schließlich etwas geleistet. Das hier war kein Stöckchen oder Ball, das war eine richtig fette beziehungsweise faule Beute. Außerdem hatte Flipper sich vorbildlich verhalten. Erst mal bellen. Aufsehen erregen. Die Umgebung auf die Gefahr aufmerksam machen. Hilfe holen. Das ist die Basis in jedem Selbstverteidigungskurs. Nicht umsonst hat Flipper an Dutzenden solcher Kurse teilgenommen. Als Nächstes sollte er den roten Knopf drücken, der ihn mit dem U-Bahn-Fahrer verbinden würde. Aber da war kein Knopf. Und der einzige irgendwie Bevollmächtigte weit und breit war ich: seine Vorgesetzte. Die ziemlich kopflos herumstand. Mein Herz schlug viel zu schnell, und meine Augen brannten vom Salz meines Schweißes. Ich schwitzte, als hätte ich ein paar hundert Crunches in der Sauna absolviert. Flipper musterte mich leicht beunruhigt. Seine Sensoren meldeten wahrscheinlich Alarmstufe Rot. Die gab es in der Tat, solange er mich mit der Gewebeprobe auf der Zunge anlächelte. Ich kramte in meinem Rucksack nach einem Taschentuch, hielt Flippers Zunge fest, sie flutschte mir durch die Finger, und Flipper schaute mich empört an. Er war schließlich kein Kleinkind. Fehlte gerade noch, dass ich auf das Taschentuch spuckte und seine Backen abrieb. Wie unhöflich aber auch. Warum schleckte ich ihm nicht kameradschaftlich übers Maul? Keine Manieren, die Menschen!

Hoffentlich würde ich bald aufwachen. So lange dauerten Träume normalerweise nicht. Oder dieser Typ da im Gestrüpp sollte aufwachen. Ich wollte damit nichts zu tun haben. Ich wollte einfach nur mit meinem Hund spazieren gehen. Und wenn ich irgendwann mal eine echte Leiche finden würde, dann würde ich mich professioneller benehmen, schließlich war ich vorbereitet. Ich wusste, dass man damit rechnen muss, als Hundebesitzerin. Ich lebte nicht hinterm Mond!

Ich war eine Großstädterin, 33 Jahre alt, mit einem Körperfettanteil von 20 Prozent, trotz meiner Schokoladensucht oder gerade deshalb, denn wenn ich einen anderen Beruf hätte als Fitness- und Selbstverteidigungstrainerin, könnte ich mir so viel Schokolade gar nicht erlauben.

. . .

Es dauerte 45 Minuten, ehe die Kulisse aufgebaut war, die ich aus dem Fernsehen kannte. Streifenwagen, Notarzt, zivile Polizeifahrzeuge, ein Leichenwagen, rot-weißes Absperrband.

»Ich kann nichts dafür, dass ich die Leiche gefunden habe, ich habe sie gar nicht gefunden, mein Hund hat sie gefunden. Ich bin bloß mitgegangen«, erklärte ich einer Polizistin. Flipper kratzte sich hinterm Ohr und schaute peinlich berührt weg. Er mag das nicht, wenn ich so schwach und unentschlossen bin. Er bevorzugt eine starke Chefin, keinen weichen Eierstock. Ich im Übrigen auch. Dennoch rang ich mich schließlich durch zu »Wir haben die Leiche gefunden«. Das stiftete Verwirrung, jetzt wollten sie wissen, wer *wir* sei. »Ich und mein Hund«, sagte ich. Flipper seufzte. »Mein Hund und ich«, korrigierte ich. Nun seufzten die Beamten. »Also ich«, wiederholte ich.

Auf einmal ging ein Ruck durch die Truppe. Kurz davor hatte Flipper seinen Rücken gestreckt. Er hatte es natürlich als Erster gemerkt. Ein Alphatier trat auf. Er kam aus dem Wald, die Sonne im Rücken, eine Lichtgestalt, über den Feldweg auf uns zu, als wäre das sein Feldweg, sein Wald, sein Starnberger See. Dies war sein Fall, seine Leiche.

»Kriminalhauptkommissar Felix Tixel. Sie sind die Auffinderin des Toten?«

Auffinderin, wiederholte ich innerlich. Das Wort wollte ich mir merken.

»Ja, das heißt, nein«, blieb ich bei der Wahrheit.

»Also haben nicht Sie den Toten gefunden«, er machte eine Pause und drehte sich zu Flipper, der ihm sein Hinterteil entgegenstreckte. Flipper kann attraktive Männer nicht ausstehen, »sondern Ihr Freund hier.«

Damit punktete der Kommissar natürlich.

»Flipper«, sagte ich.

»Servus, Flipper«, sagte er und punktete gleich noch mal. Die meisten Leute fragen an dieser Stelle nämlich nach. *Aha, Flipper, das ist doch ein Delfin.* Nach ungefähr zwanzigtausend Malen fand ich das nicht mehr originell. Vor allem, weil Flipper nichts dafür kann, dass er schwimmt wie ein Seehund.

Flipper deutete ein Wedeln an, das mit viel gutem Willen als höflich interpretiert werden konnte. Er hatte den Kommissar mittlerweile eingescannt. Überzeugt war Flipper nicht von der Kompetenz dieses Rudelführers, warum stand der so blöd in der Gegend herum, anstatt endlich die Nase auf den Boden zu senken und wie ein Hannoverscher Schweißhund Witterung aufzunehmen?

»Fordern Sie Polizeihunde an?«, fragte ich das Erstbeste, was mir in den Sinn kam.

Der Kommissar musterte mich. »Wahrscheinlich liegt die Leiche schon ein paar Tage da. Es wird kaum verwertbare Spuren geben. Nein, ich glaube, wir brauchen keine Hunde. Ist ja alles dran, so weit.«

»Zweieinhalb Finger fehlen«, verbesserte ich und hoffte, dass niemand auf die Idee käme, Flipper zu bezichtigen. Fleisch ist er gar nicht gewöhnt, würde ich ihn verteidigen, er kennt bloß Dosen- und Trockenfutter, und hoffen, dass niemand von Finger auf Wiener Würstchen schließen würde.

Der Kommissar zuckte mit den Schultern. »Die finden wir nicht mehr. Wir können froh sein, dass es keine weiteren Fraßdefekte gibt.«

Fraßdefekte! Auch das Wort wollte ich mir merken.

»Schöner Kerl«, sagte der Kommissar und schaute zu Flipper. *Schöner Kerl*, dachte ich und schaute zum Kommissar. Er war groß und breitschultrig, hatte blaue Augen und ein Gesicht wie ein Marathonläufer – kantig und willensstark. Er sah eigentlich gar nicht aus wie ein Kommissar. Er sah aus wie ein richtig guter Typ. Er könnte mir auch in einem Sportstudio begegnen, wo sich sein Bizeps rundete, während er lässig seine Langhantel bestückte.

Flipper stellte sich zwischen mich und den Kommissar, den er weiterhin ignorierte. Der Kommissar grinste.

»Und du passt auf dein Frauchen auf?«, fragte er.

»Ich bin kein Frauchen«, sagte ich. »Ich bin hier die Chefin.«

Er ließ sich nicht einschüchtern. »Und, Chefin, kennen Sie den Toten?«

»Nein.«

»Haben Sie ihn sich richtig angeschaut?«

»Natürlich habe ich hingeschaut, sonst hätte ich ihn ja nicht gesehen! Aber ich kenne ihn nicht. Ich kenne hier niemanden. Und ich möchte den Toten auch nicht näher kennenlernen«, fuhr ich fort. »Ich komme ja nicht mal mit den Leuten klar, die ich bereits kenne, will sagen, ich kenne viel mehr Leute, als mir lieb ist, und die sind am Leben, da muss ich keine Toten kennenlernen, die ich doch nicht mehr kennenlernen kann.«

»Hm«, machte der Kommissar. Es klang, als wüsste er mehr, als er mir in diesem Moment zumuten wollte.

Lesen Sie weiter in:

MICHAELA SEUL

Alle Vögel fliegen hoch

ISBN 978-3-453-43608-4

WILHELM HEYNE VERLAG